风险社会的刑法危机及其应对

FENGXIAN SHEHUI
DE
XINGFA WEIJI JIQI YINGDUI

张道许 / 著

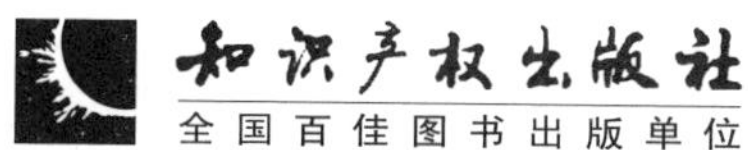

图书在版编目（CIP）数据

风险社会的刑法危机及其应对/张道许著．—北京：知识产权出版社，2016.8
ISBN 978-7-5130-4410-3

Ⅰ.①风… Ⅱ.①张… Ⅲ.①刑法—研究—中国 Ⅳ.①D924.04

中国版本图书馆 CIP 数据核字（2016）第 204715 号

内容提要

风险社会的来临，给现代法治秩序提出了挑战，在一个无法将风险削减为零的世界中，如何去预防和控制风险，是人类最应该考虑的问题。纵观人类历史，每遇到一次危机，总会伴有科技和制度的不断创新。风险社会已经来临，高科技风险、环境风险、公共安全风险等危机纷至沓来，风险的不确定性，全球性、有组织的不负责任等特征不同于先前社会，传统刑法理论及其研究范式受到了严峻挑战。面对风险社会，刑法不能墨守成规。传统的刑法价值体系既然已经存在裂缝，所以在某些特定领域，有必要将风险思维引入传统刑法立法当中，对现行刑法理论、立法、司法层面进行适度修正，以满足风险社会控制风险的需要。

责任编辑：崔　玲　　**责任校对**：韩秀天
装帧设计：棋　锋　　**责任出版**：刘译文

风险社会的刑法危机及其应对
张道许　著

出版发行：知识产权出版社有限责任公司　　**网　　址**：http：//www.ipph.cn
社　　址：北京市海淀区西外太平庄 55 号　　**邮　　编**：100081
责编电话：010-82000860 转 8121　　**责编邮箱**：cuiling@cnipr.com
发行电话：010-82000860 转 8101/8102　　**发行传真**：010-82000893/82005070/82000270
印　　刷：北京科信印刷有限公司　　**经　　销**：各大网上书店、新华书店及相关专业书店
开　　本：720mm×1000mm　1/16　　**印　　张**：14.75
版　　次：2016 年 8 月第 1 版　　**印　　次**：2016 年 8 月第 1 次印刷
字　　数：220 千字　　**定　　价**：42.00 元
ISBN 978-7-5130-4410-3

献给我的父亲

摘　要

20 世纪 80 年代，德国社会学家贝克提出了风险社会理论，赋予了风险一词新的概念。贝克认为：“夸张地说，风险是个指明自然终结和传统终结的概念。或者换句话说：在自然和传统失去它们的无限效力并依赖于人之决定的地方，才谈得上风险。风险概念表明人们创造了一种文明，以便使自己的决定将会造成的不可预见的后果具备可预见性，从而控制不可控制的事情。”我们开始很少担心自然能对我们怎么样，更多地担心我们对自然所做的一切。这标志着外部风险所占的主导地位转变成了被制造出来的风险占主要地位。贝克的风险社会理论起源于对科技风险的反思，但不局限于科技风险，它强化了一种反思的思维模式。贝克等社会学家对“风险”及“风险社会”概念的阐释，其意义已远大于字面含义，意在昭示人类进行宏观性的全面反思，反思的范畴包括制度层面、观念层面、生活层面等。

刑法学作为研究刑法规范的科学，是随着刑法的产生而出现的。在漫长的历史发展过程中，随着人类对犯罪和刑罚的认识不断深入，积累了大量的刑法文化遗产，成为人类文明的重要组成部分。刑法学理论属于上层建筑的范畴，也要受马克思主义理论中生产力与生产关系学说的制约，它是一个开放系统，要不断顺应社会发展并不断充实。风险社会已经来临，高科技风险、环境风险、公共安全风险等危机纷至沓来，风险的不确定性，全球性、有组织的不负责任性等特征不同于先前社会，传统刑法理论和它的研究范式受到了风险社会的严峻挑战。

在风险社会中，刑法的走向应以社会发展形势为导向，审慎而动。过于夸大风险社会给传统刑法带来的冲击，全盘否定传统刑法理论的历史贡献和现实意义，是片面的不可取之策，也是杀鸡取卵的盲从做法。应该承认刑法具有割裂性的特征，面对风险社会带来的新问题，不再一味坚持传统刑法的罪责自负原则，而是给风险控制的某些“刚性需求”在刑法中留下一部分“特区”。在归责原则上，可以适度借鉴德国刑法原理中的客观归责理论；在对法益的理解上，传统法益的内涵需要适合社会发展变革的需要，超越了“核心刑法”领域的疆界，被赋予了时代的特征；在过失理论方面，采用新过失理论，是应对风险社会的合理之策；在刑罚理论方面，风险社会暗合于积极的一般预防理论。

风险社会中，基于公共安全的考虑，可以适度扩大犯罪圈的范围。我国正面临从几十年的计划经济社会向市场经济社会转轨，各种新鲜事物不断涌现，随之而来的是犯罪态势严峻、新型犯罪行为日渐增多。可以说，客观的社会情势决定了在较长时期内犯罪化将成为中国刑法立法的基本趋势，或者说宽严相济刑事政策面对有些犯罪将呈现严的一面。在风险社会中，科技风险管理的最大目标是预防风险，最大限度地发挥科技对人类的有利一面，避免其消极一面。当科技发展产生的风险超越了一定限度，仅凭管理的手段恐怕很难奏效，刑法应有选择地提前介入科技风险的预防。借助刑法预防科技风险，要处理好刑法的进取性与刑法的谦抑性之间的关系，应构建行政法与刑法相结合的综合防控体系。在风险社会视野下，刑法的立法应具有前瞻性，犯罪构成应具有开放性，同时应加大危险犯的立法。对于刑罚的完善，应适度加大对危害公共安全类犯罪的刑罚力度，加大自由刑的服刑期限，增设资格刑的种类，完善罚金刑的设置，加大对累犯的处罚力度，并适时引入保安处分制度。

风险社会中，宽严相济的刑事政策，恰恰和风险社会的秩序需求相暗合；同时宽严相济的刑事政策也能起到缓和矛盾，减少社会对立面之功效，充分发挥刑事司法的社会调节器之功能。同时，应避免刑事司法地方化，加强行政执法与刑事司法的衔接，并避免谣言风险的泛滥。在刑事审判过程中，应发挥法官解释的主观能动性，采用合目的性解释原理。基于刑事一体化的考虑，在程序上要充分重视“9·11”事件之后，全球范围内刑事程序理念的变迁。在证据方面，要加大科技证据运用的立法完善。此外，要通过立法来保障检察机关能够有效地介入刑事公益诉讼当中来，以期有效保护公共利益。

关键词：风险社会　刑法危机　应对

ABSTRACT

In the 1980s, Beck presented the theory of risk society. It was the term given to a new concept. Baker said: risk is a natural end and the traditional end of the specified concept. In other words, when nature and tradition only depend on the infinite decision to place people, we can talk about risk. Concept of risk indicates that there is created a civilization in order to make their own decisions will result in unforeseen consequences that are predictable, so as to control things beyond their control. We lees worried about what the nature could do , and more concerned that we have done on nature. This marks the dominance of external risk was transformed into the risk created by the dominant.

Criminal Law appeared along with generation of the Criminal Code. There are a lot of Cultural heritage, which is an important part of human civilization. The theory of Criminal law belongs to the superstructure. It is constraint by the theory of the productive forcesand relations of production. It should meet the social development. The risk society has come, such as technology risk, environmental crisis and public safety. The uncertainty, global, irresponsibility of the risk are different with previous social. The traditional theory of criminal law has received from the challenges of criminal justice practice.

In the risk society, the criminal law should be adapt to the situation of social development. It is irrational to exaggerated the impact of risk society and the overall negative contribution to the history of the traditional criminal law theory and practical significance. We should recognize the divisive characteristics of the criminal law. In the risk society, we could not insist on the traditional principle of being responsible for one's own crime. We should introduce the pininciple of Risk Control into the traditional criminal law. To the theory of imputation, should be appropriately learn the principle of objective responsibility of German criminal law; to the understanding of legal interest, the traditional legal interests should be adapt to social development and the need for change; to the theory of negligence, we should apply the neo-theory of negligence; to the theory of penalty, we should adopt the positive theory of general prevention.

Risk society, based on considerations of public safety, we should moderately expand the scope of criminal circles. Our country is facing the reform from program-based society to market economy system. There are new things followed by a serious crime situation. It can be said objectively, the social situation of crime in the long period of time determine the basic trend of China's criminal legislation. In the risk society, the object of technology risk management is to prevent the greatest risk, maximize technology to benefit the human side. When the risks of technology development transcend a certain limit, only the means by management would be difficult work. Criminal law should have to early prevent the risk of technology. Technological risk prevention through criminal law, properly handle the relationship of aggressiveness and modesty. In the perspective of risk society, the legislation of criminal law should be forward-looking; the composition should be open; in the same time, we should increase accusation on potential damage. The penalty should be an appropriate to the need of public security penalties. The time limit of fixed-term imprisonment should be increased; we should enhancing property penalty and import protective measurres.

In risk society, the criminal policy of temper justice with mercy coincide wih the need of social order. It can ease conflicts. At the same time, we should avoid the local criminal justice, combine administrative law enforcement and criminal justice and avoid the risk of spread of rumors. In the criminal justice process, we should pay attention to judicial interpretation power of judges. On criminal integration dimensions, We should give full attention to 9 · 11 events. We should increase scientific and technological evidence Legislation. In addition, procuratorial organs should bring public interest litigation, so as to effectively protect the public interest.

KEY WORDS: risk society, the criminal law crisis, response

目　录

前　　言

我们不要过分陶醉于我们人类对自然界的胜利。对于每一次这样的胜利，自然界都对我们进行了报复。每一次胜利，起初确实取得了我们预期的结果，但是往后和再往后却发生完全不同的、出乎预料的影响，常常把最初的结果又消除了。

我们每走一步都要记住：我们统治自然界，绝不像征服者统治异族人那样，绝不是像站在自然界之外的人似的，——相反的，我们连同我们的肉、血和头脑都是属于自然界和存在于自然之中的；我们对自然界的全部统治力量，就在于我们比其他一切生物强，能够认识和正确运用自然规律。

——摘自《恩格斯选集》

现代社会是一个充满风险的社会，已经成为世界范围内的共识。传染病、火灾、矿难、污染等事故频发，尤其是近些年发生的一系列全球性危机事件，诸如非典、禽流感、甲流等灾难，都以席卷全球的态势震惊了整个世界。可以说，风险的规模、性质和程度远远超过先前任何时代，而且已经跨越了地域、民族、国家、阶级和意识形态的界限，对人类的安全构成巨大的威胁。

风险社会的来临，给现代法治秩序提出了挑战，在一个无法将风险削减为零的世界中，如何预防和控制风险，是人类最应该考虑的问题。纵观人类历史，每遇到一次危机，总会伴有科技和制度的不断创新。风险社会理论的创始人贝克认为，风险社会中的风险主要来自人类自身，防范风险的手段主要靠制度的理性建构，而制度中最具有理性和公信力的就是法治。刑法学作为研究刑法的科学，是随着刑法的产生而出现的。在漫长的历史发展过程中，随着人类对犯罪和刑罚的认识不断深入，积累了大量的刑法文化遗产，成为人类文明的重要组成部分。刑法学理论属于上层建筑的范畴，也要受马克思主义生产力与生产关系学说的制约，它是一个开放系统，要不断顺应社会发展的新趋势。风险社会已经来临，高科技风险、环境风险、公共安全风险等危机纷至沓来，风险的不确定性，全球性、有组织的不负责任性等特征不同于先前社会，传统刑法理论及其研究范式受到了严峻挑战。

从危害性方面来看，风险社会中的风险对社会的危害范围极其广泛，涉及人身、财产、人格、名誉、尊严、伦理、信用、人类生存环境和条件、社会经济、政治等。其中，最突出、最直接、最严重的是危害公共安全。它不仅对包括人的生命安全、身体健康安全、财产安全乃至生存条件和生存环境安全的公共安全形成严重的威胁，而且很多风险已现实化为对公共安全巨大的现实损害。因此，不断反思并用刑法手段预防风险的重要目的在于保障社会公共安全。

风险社会中，刑法对风险预防和危害管理日渐重视，这一转向有可能导致国家以避免风险为由滥用刑罚权力，导致个人自由的工具化。不能将人权保障与公共安全彻底对立，二者之间应该是对立统一的，风险社会的刑法不能放弃对自由的保障，这是现代刑法确立的基础，是个大局。但基于风险社会的现实，在遇到个人自由与公共安全发生冲突时，应该具体问题具体分析。

面对风险社会，刑法不能墨守成规。传统的刑法价值体系既然已经存在裂缝，所以在某些特定领域，有必要将风险思维引入传统刑法立法当中，对现行刑法理论、立法、司法层面进行适度修正，以满足风险社会控制风险的需要。

第1章

风险与风险社会理论

1.1 风险问题的历史演进

1.1.1 风险的词源考察

在人类文明的发展进程中，风险现象一直存在，人们一直以来都努力使用准确的词汇来描述风险现象。这一点，在不同文明和不同国度的历史中，都有相应的词汇表述。

1.1.1.1 “风险”词源的域内考察

在古代汉语中，没有风险一词，仅有分别存在的“风”和“险”两字，但有不少类似词汇。比如“劫数”一词，《醒世恒言·吕洞宾飞剑斩黄龙》：“襄劫七十七万七千七百年，释教已尽，此是劫数。”清·纪昀在《阅微草堂笔记·槐西杂志一》提及：“述流寇事颇悉，相与叹劫数难移。”劫数在此指的是厄运、灾难、大限。又如风云一词，南朝·梁·庾信《入彭城馆》诗：“年代殊之民俗，风云更盛衰。”在此，“风云”比喻的是时局变化迅速，动向难以预料。可以看出，古汉语对风险的描述，多用于描述事物的不可预料性及其灾难性。在现代汉语中，已明确有风险一词，在书面语言和日常生活中也多有使用。《现代汉语词典》对风险一词解释为：“主要是指可能发生的危险。”❶ 而《辞海》对风险作了比较全面的定义：“人们在生产建设和日常生活中遭遇能导致人身伤害、财产损失及其他经济损失的自然灾害、意外事故和其他不测事件的可能性”❷。

1.1.1.2　“风险”词源的域外考察

现代意义上的风险一词，来源于西方世界。英语中风险一词为“risk”，意思是可能发生的危险。风险与灾害不同，风险有可能成为现实灾害，但具有不确定性，有可能发生，也有可能不发生。谈及风险的词源，存在一定的争议。有的学者认为其根源于阿拉伯语；有的学者则认为其根源于古希腊语和意大利语；还有的学者根据法国的语源学词典，将法语中的风险（risque）追溯到意大利语“risco”，它的意思是撕破（rips），起源于暗礁（reef）、礁石（rock），主要是指在大海中航行的货船随时具有的危险性。近代西方的繁盛皆源于其早期海上探险活动，所以在这个背景下，风险被理解为自然现象造成的客观危险。近代以来，风险又被现代保险理论和保险法规赋予新的涵义，即毁灭或者丧失的危险和可能性。❸

20 世纪 80 年代，德国社会学家贝克提出了风险社会理论，赋予了风险

❶ 中国社会科学院语言研究所. 现代汉语词典［M］. 北京：商务印书馆，1978：325.

❷ 舒新城. 辞海［M］. 上海：上海辞书出版社，2000：4351.

❸ 参见薛晓源，周战超. 全球化与风险社会［M］. 北京：社会科学文献出版社，2005：7.

一词新的概念。贝克认为:“夸张地说,风险是个指明自然终结和传统终结的概念。或者换句话说:在自然和传统失去它们的无限效力并依赖于人的决定的地方,才谈得上风险。风险概念表明人们创造了一种文明,以便使自己的决定将会造成的不可预见的后果具备可预见性,从而控制不可控制的事情,通过有意采取的预防性行动以及相应的制度化的措施应对发展带来的副作用。”❶ 贝克还进一步对现代风险的特征进行了归纳,贝克认为:“风险不等于毁灭也不等于安全或信任,它是现实的一种虚拟;风险指的是未来的危险,与当前现实相对,但同时又成为影响当前的因素之一;风险包括事实和价值的综合评价,是两者的有机结合;风险可以看做人为因素造成的控制与失控;风险是在认知过程中,人们体会到的知识与无知;风险是全球性的,在不同国家中流动;风险是知识、潜在危机和事实之间的差异;风险是潜在的冲击、知识和症候之间的差异;风险是一个人为的混合世界、割裂了自然与文化之间的关系。”❷

1.1.2 风险问题的历史考察

对风险问题的认识,应该建立在马克思主义的历史唯物主义的方法论基础之上,不能凭空臆断。风险现象是个历史现象,辩证地考察风险问题的历史发展脉络,是深入认识风险问题的必经之路。对风险的考察不应仅是历史的角度,同时也应该是辩证的。要辩证地审视风险现象在人类社会历史进程中的作用和价值,在看到风险在社会发展中的不利一面的同时,也要看到风险促进社会不断进步的历史意义。正如在社会发展中,人类实践其实是一把

---

❶ [德] 乌尔里希·贝克,约翰内斯·威尔姆斯. 自由与资本主义 [M]. 路国林,译. 杭州:浙江人民出版社,2001:119.

❷ Barbara Adam Ulrich Beck, Joost Van Loon. The risk society and beyond [M]. SAGE Publications Ltd., 2000:211-229.

双刃剑，风险在社会发展中的作用也具有两重性。[1]

1.1.2.1 前工业社会的风险状况

在工业社会之前的社会发展中，人类实践水平较低，科学发展缓慢，社会生活的风险在范围和强度上相对较小，风险的类型相对也比较单一。在这个社会阶段，风险具有以下几个特点：其一，来自自然的风险是对社会生活构成的主要风险，人类主要担忧和需要应对的是自然风险。其二，风险具有局部性和区域性，在工业革命之前，人类的实践能力虽然在不断发展中，可能会带来局部性的环境生态风险，但是由于人类在这一时期总体上对环境索取较为单一，所以对环境的破坏行为还仅仅是局部性的，一般不会对整个人类生存与发展产生总体性的危险，全球性的风险尚不存在。其三，风险的单一性和弱影响性。风险的单一性指其仅对社会生活的某一方面产生影响，而不会对社会生活的全部产生威胁；风险的弱影响性指对人类生存发展影响程度较弱。[2]

1.1.2.2 工业文明时代的风险状况

文艺复兴和启蒙运动开启了人类发展的新思维，伴随着思想的理性化和不断发展的科学技术，手工生产为机械化大生产所替代。人类在创造了日益丰富的物质财富的同时也制造了空前严重的风险。“这个新文明的诞生，是我们生活中唯一最为爆炸性的事件，工业社会的到来带来了震撼世界翻天覆地的变化。”[3] 生产方式的转变，提高了人类利用自然、改造自然的能力，人类不断摆脱自然界的种种制约，但是同时人类破坏自然的程度不断加剧，制

---

[1] 参见庄友刚. 跨越风险社会——风险社会的历史唯物主义研究［M］. 北京：人民出版社，2008：6.

[2] 参见庄友刚. 跨越风险社会——风险社会的历史唯物主义研究［M］. 北京：人民出版社，2008：17.

[3] ［美］阿尔温·托夫勒. 第三次浪潮［M］. 朱志炎，等，译. 上海：三联书店，1983：51.

造人为风险的能力增强。工业化进程在一定意义上加剧了自然资源的破坏进程，在不足几百年的时间，生态恶化和环境污染问题摆在了人类面前。在这个阶段，风险具有以下几个特点：其一，人类实践活动引发的风险成为社会主流风险。由于人类实践能力不断增强，社会生活中的风险在数量上呈不断上升趋势，其强度也逐渐加剧。其二，风险现象呈现复杂化趋势，表现为风险后果的多重性，风险成因的综合性。风险不再仅涉及人类生活的某个方面，而是对全社会产生广泛的影响。其三，风险的潜伏期不断拉长。人类实践能力越是发展，改造自然的程度越是加深，风险后果的显现就越来越延迟。[1]

1.1.2.3 后工业时代的风险问题

随着人类社会进入后工业时代，科学技术水平空前提高，超越了人类所有历史时期的总和。虽然人类科技风险管理水平也日益提高，但是人类自身活动所产生的风险速度已远远超过其控制能力。特别是日益恶化的生态环境，环境风险已经超越了人类的现有认识能力，它们引发的往往是不可逆转的伤害，而且这些伤害一般是不可见的。从地域角度来看，后工业时代的风险，不像19世纪和20世纪上半期与工厂相联系的、职业性的危险，它们不再局限于特定的地域或团体，而是呈现出一种全球化的趋势，这种全球化跨越了生产和再生产，跨越了国家地域界线，成为带有一种新型的社会和政治动力的非阶级化的全球性危险。所以，风险社会也是世界性的。[2] 但是，发达国家和发展中国家所面临的风险问题又不相同，所处阶段不同，差异很大。对于发展中国家而言，除了要面对自己发展中遇到的经济问题，还要过多地承担全球化的负面效应。例如在环境问题上，发展中国家不得不面临高污染、高耗能的困境。发达国家把高污染的工业转移到发展中国家来，让发

---

[1] 参见庄友刚. 跨越风险社会——风险社会的历史唯物主义研究［M］. 北京：人民出版社，2008：23.

[2] 参见［德］乌尔里希·贝克. 风险社会［M］. 何傅闻，译. 南京：译林出版社，2004：7-21.

展中国家承担了更多的风险。[1] 总的来看，后工业时代的风险具有以下几个特点：其一，风险的来源依然以人造风险为主。其二，风险更具有普遍性，这是全球化的必然趋势。其三，风险产生的因果关系难以准确预测。其三，风险如果变成实害，危害结果难以恢复。表 1-1 对三种社会形态中的风险进行了详细对比。

表 1-1　不同社会形态风险类型比较表

风险类型 特　征	前工业社会	古典的工业社会	后工业的风险社会
危害方式	自然灾害	在交通及职业上的风险及意外	自我灾害，人为灾害
因果关系的认识	可以理解因果关系	可以理解因果关系	因果关系具有争议性
因果关系的预测	无法完全预测，但可以概率方式评估	无法完全预测，但可以概率方式评估	难以预测、评估
对于危害发生成因得否控制	否，因危害来自自然	可，决定于工业发展的状况	可，因主要是被制造出的风险
可否进行事先之预防以减缓实害	可，例如保险（因为具有规律性，因果关系预测可能性）	可，例如保险（因为具有规律性，因果关系预测可能性）	不可，（因为不具有规律性，因果关系预测可能性）
冲击后果	—	可评估	高度不确定性
扩散方式	—	直接相关周边扩散	全球性扩散
扩散速度	—	可掌握	难于掌握
扩散地区（影响范围）	一国、一民族、一文明	地域（有时、地、社会性界限的事故及破坏力）	从地域、区域到全球无法控制的事故

[1] 参见张道许. 风险社会视野下环境犯罪的刑法规制——以环境危险犯的设立为切入点［G］// 赵秉志. 京师法律评论（第四卷），北京：北京师范大学出版社，2010：316.

续表

风险类型 / 特　征	前工业社会	古典的工业社会	后工业的风险社会
扩散领域	—	单一相关领域	跨领域
控制恢复	—	在一定程度内	灾难性强、难恢复
国家能力	—	全能国家	国家能力衰退、需跨国合作

注：本表引自李仲轩："风险社会与法治国家——以科技风险之预防为立法核心"，台湾大学2007年硕士论文，第44页。由李仲轩参考郭淑珍："科技领域的风险决策之研究——以德国法为中心"［台湾大学法律学研究所硕士论文（1998年6月）］后，自行整理。

1.1.3　当代西方风险问题研究的基本脉络

随着技术文明的不断发展，风险问题在西方社会变迁中逐渐凸显出来，关于风险问题的争论也逐渐从专家话语体系过渡到公共话语体系，民众的风险意识亦逐渐增强，风险问题的研究进入了理论自觉阶段。

国外从20世纪50年代开始提出风险问题，到目前对风险展开全方位研究，大体经历了四个阶段：第一个阶段为20世纪50年代。这一时期，人们开始意识到核能的使用过程中所潜在的风险，并对如何安全地使用核能、如何控制和评估核能给人类带来的风险展开了争论。这一时期风险研究所使用的研究方法主要是理论分析、商业管理、决策和成本收益分析。第二个阶段大体上是20世纪60年代。这一时期，人们开始对各种风险进行比较，并提出了社会承受风险的能力问题。尽管讨论的问题仍然局限在核问题的范围内，但争论的主体中除了专家以外，公众也开始关注核问题产生的风险。这意味着社会公众和其他参与者走进了风险争论的圈子，由此扩大了争论的范围，风险分析也开始扩大到不同的社会科学领域。第三个阶段是20世纪70年代。这一阶段的风险问题研究不再由专家们关于科技问题的争论来主导，而是由越来越多的批评者和新技术的反对派们来主宰，他们反对高科技发展所带来的负效应。第四个阶段大约是从20世纪70年代后期开始到现在。这一时期开展了全方位的风险讨论。在该时期，发生了切尔诺贝利核泄漏事故。这一时期对风险问题的研究主要是在可持续发展、生态现代化以及与此相对应的反思现代化、集体责任和生态公民身份的框架内展开。[1] 而且由德国学者发起从刑法的角度审视风险社会问题的研究也逐渐开展起来，并提出了设立安全刑法等一系列刑法应对风险的主张。

1.2　风险社会理论简介

一位名叫沃尔夫斯坦（Wulfstan）的大主教在纽约布道时宣称：这个世界正急匆匆地走向它的尽头。[2] “可以毫不夸张地说，从来没有任何一个文明，能够创造出这种手段，能够不仅摧毁一个城市，而且还可以毁灭地球。从来没有整个海洋面临中毒的问题。从未有过开采矿山如此凶猛，挖得大地满目疮痍。从未有过这么多尾气排放，几乎使臭氧层消耗殆尽，造成对全球气候的严重威胁。由于人类贪婪或疏忽，整个空间可以一夜之间从地球上消失。”[3]

1.2.1　风险社会理论的提出

在20世纪六七十年代，西方发达国家处于经济高增长，科学技术跨越

---

[1] 参见薛晓源，周战超. 全球化与风险社会［M］. 北京：社会科学文献出版社，2005：3-5.

[2] 参见［英］安东尼·吉登斯. 失控的世界［M］. 周红云，译. 南昌：江西人民出版社，2001：1.

[3] ［美］阿尔温·托夫勒. 第三次浪潮［M］. 朱志炎，等，译. 上海：三联书店，1983：125-126.

式发展时期，罗马俱乐部❶（Club of Rome）于1972年发布了第一份研究报告——《增长的极限》❷，该报告指出了当前人类社会严重的生存危机，这给西方各国主张经济发展高于一切、科技发达可以解决一切问题的政客当头一棒，但是由于当时各国忙于比拼经济实力，对该问题没有充分重视。直到乌尔希里·贝克提出风险社会理论，学界才开始关注这一问题：人类是否正面对着一个不同以往的风险社会。

乌尔希里·贝克是德国著名社会学家，风险社会理论的主要创始人之一，他在1986年出版的《风险社会》一书中，首次提出了风险社会理论。随后，贝克又相继出版了一系列相关著作，其中《风险社会》《风险时代的生态政治学》《世界风险社会》等构成其关于风险社会的理论体系。

贝克所说的风险，指称的是完全逃离人类感知能力的放射性，空气、水和食物中的毒素和污染物，以及相伴随的短期的和长期的对植物、动物和人的影响。❸贝克所说的风险社会，指称的是在后工业化时期，随着科学技术的迅猛发展，产生于人类实践活动的各种全球性风险和危机对整个人类生产、生活乃至对人类的生存和发展造成严重的威胁，而人类对此又失去控制

---

❶ 罗马俱乐部是关于未来学研究的国际性民间学术团体，也是一个研讨全球问题的全球智囊组织。其宗旨是研究未来的科学技术革命对人类发展的影响，阐明人类面临的主要困难以引起政策制订者和舆论的注意。目前主要从事有关全球性问题的宣传、预测和研究活动。成立于1968年4月，总部设在意大利罗马。宗旨是通过对人口、粮食、工业化、污染、资源、贫困、教育等全球性问题的系统研究，提高公众的全球意识，敦促国际组织和各国有关部门改革社会和政治制度，并采取必要的社会和政治行动，以改善全球管理，使人类摆脱所面临的困境。由于它的观点和主张带有浓厚的消极和悲观色彩，被称为“未来学悲观派”的代表。

❷ 罗马俱乐部给世界的第一个报告，给人类社会的传统发展模式敲响了第一声警钟，从而掀起了世界性的环境保护热潮。报告的主要观点是，产业革命以来的经济增长模式所倡导的“人类征服自然”，其后果是使人与自然处于尖锐的矛盾之中，并不断地受到自然的报复，这条传统工业化的道路，已经导致全球性的人口激增、资源短缺、环境污染和生态破坏，使人类社会面临严重困境，实际上引导人类走上了一条不能持续发展的道路。

❸ 参见王小钢．贝克的风险社会理论及其启示——评《风险社会》和《世界风险社会》［J］．河北法学，2007（1）．

的一种状态。为了理解风险社会的概念，贝克提出了四组问题：其一，谁定义并确定了产品的有害性、危险和风险？谁应该是责任的承担者：是风险制造者、从中渔利者、潜在受影响者，还是公共机构呢？其二，涉及风险产生的原因、领域和行为者，存在何种不确定的因素。对于他们来讲，有相关证据予以证明么？其三，如果关于环境风险的知识充满了争论，而且这些知识都充满了偶然性，那么在这样一种知识语境下，有什么可以算是充分的证据？其四，谁来决定对受害者的赔偿事宜？谁有权采取相关措施将未来灾害控制到最低限度？谁有权制定相关的规则来预防风险？❶

西方学者关于风险社会的界定，总的来说有以下三种不同看法。其一，现实主义的观点。该观点认为，风险社会的出现是由于新的社会危机造成的，例如世界霸权主义，贫富差距拉大，种族歧视、金融危机、核扩散等。其二，文化角度的观点。该观点认为风险社会的出现是人类对自然界认识程度加深导致的，代表人物是英国学者斯科特·拉什（Scoot Lash）。拉什从批判贝克等人的风险社会理论出发提出自己的看法，他认为贝克所提的风险社会概念无法准确地描绘出我们当前面临的境况，因为风险并不是有序排列，带有明确的结构性和指向性。更重要的是，风险作为一种心理认知的结果，在不同文化背景中有不同的解释话语，不同群体对于风险的应对都有自己的理想图景，因此风险在当代的凸显更是一种文化现象，而不是一种社会秩序。其三，制度主义的观点。该观点认为，风险社会中，风险的避免要靠合理的制度，包括社会政策、法律等手段来预防和控制风险。贝克、吉登斯等人是制度主义的代表人物，也是风险社会理论的提出和建构者。相对而言，他们对于风险的分析更为全面深刻，更强调制度对风险的预防作用，而制度最重要的东西是责任的承担。贝克于 1986 年在德国出版了《风险社会》一书，开始反映比较平淡，但在 1992 年被马克·里特（Mark Ritter）翻译成英文版后，风险社会作为一种新的概念和理论才广泛地被西方理论界和民众接

---

❶ 参见［德］乌尔里希·贝克. 风险社会再思考［M］. 郗卫东，译. 北京：社会科学文献出版社，2005：145.

受。而吉登斯涵盖丰富、内容全面的著作无疑在推广这个理论的过程中起到推波助澜的作用。他们两人关于风险社会的论述具有高度的互补性，贝克更强调技术性风险，特别是在《风险社会》一书中重点予以论述，而吉登斯侧重于制度性风险；贝克的理论带有明显的生态主义色彩，而吉登斯的理论则更侧重于社会政治理论的阐述。虽然两者都认为在风险结构和认知上，传统社会与现代社会存在根本的区别，但他们并没有停留在简单的二分法上，而是对现代性进行了更详细的区分。在他们看来，早期现代性解决的是传统社会的风险，但也产生了新的风险，并且这些风险的累积构成晚近现代性的特征。由于风险是一个时代的特征，所以才可以说出现了风险社会。[1]

1.2.2　风险社会的特征

与先前社会相比，风险社会中的风险无论在规模上，程度上都发生了根本性的变化。风险社会的基本特征与先前社会存在本质上的区别，其独特性主要体现在以下几个方面。

1.2.2.1　风险来源的人为性

风险社会是一种被制造出来的社会，吉登斯在《失控的世界》一书中将风险分为两类，即来自自然的外部风险和被制造出来的风险。吉登斯指出："外部风险就是来自外部的、由于传统或者自然的不变性和固定性所带来的风险。所谓被制造出来的风险，指的是由于我们不断发展的知识对这个世界的影响所产生的风险，是指我们没有多少历史经验的情况下所产生的风险。我们可以认为，在所有传统文化中、在工业社会中以及直到今天，人类担心的都是来自外部的风险，如糟糕的收成、洪灾、瘟疫或者饥荒等。然而，在某个时刻（从历史的角度来说，也就是最近），我们开始很少担心自然能对

---

[1] 参见杨雪冬．全球风险社会呼唤复合治理［N］．文汇报，2005-01-10（2）．

我们怎么样，更多地担心我们对自然所做的。这标志着外部风险所占的主导地位转变成了被制造出来的风险占主要地位。”❶

1.2.2.2　风险的全球性

在先前社会中，风险的规模和范围往往是局部的、区域性的，只会产生区域性的影响，甚至仅对区域内的部分主体产生影响。风险社会中的风险，其规模和范围急剧的扩张，打破了相对狭隘的区域性范围，甚至超越了地理上的民族和国家的界限，成为全球性的风险。风险不再仅对局部区域内的主体产生影响，而是扩展到了对全人类的影响。应对和规避未来风险，已经不单单是某个民族、某个区域、某个国家的内部事务，而是一种全球性、全人类都应该重视和参与的行动，“各扫门前雪”的时代已经逝去。❷ 对于风险的全球化问题，贝克指出：“当你去审视现代化风险的特殊类型、特殊分配方式时，你会发现它们拥有一种全球化的内在倾向。危险的普遍化伴随着工业生产，这种情况是独立于生产地的：食物链实际上将地球上所有的人连接在一起。风险在边界之下蔓延。空气中的酸性物质不仅腐蚀雕像和艺术宝藏，它也早就引起了现代习惯屏障的瓦解。即使是加拿大的湖泊也正在酸化，甚至斯堪的纳维亚最北端的森林也在消失。”❸

1.2.2.3　风险的潜在性

随着科学技术的快速发展，人类自身已经无法预见并不能控制科技的副

---

❶ 参见［英］安东尼·吉登斯. 失控的世界［M］. 周红云，译. 南昌：江西人民出版社，2001：22-23.

❷ 大龙隆司是日本非政府环保组织“绿色网络”（Green Net）中国区负责人。自 2000 年起投入内蒙古科尔沁沙漠的绿化工作。1997 年，日本国内第一次感受到了从中国吹来的沙子，在内蒙古集结的沙尘暴竟然越过了太平洋抵达日本本土。这一年大龙隆司刚刚大学毕业，他来到内蒙古的西部伊盟（现在的鄂尔多斯市）进行考察，当地沙漠化的严重程度触动了他，萌生了种树绿化的想法。回到日本后，与好友斋藤晴彦一起成立了日本“绿化网络”（Green Net），一个以沙漠绿化、预防荒漠化为主要目的的非政府组织。

❸［德］乌尔里希·贝克. 风险社会［M］. 何傅闻，译. 南京：译林出版社，2004：7-21.

作用，甚至对某些新科技、诸如转基因食品等，既不能证实其是否有害于人类和自然界的物种平衡，也不能证实其完全无害于环境和人类。风险转化为现实危害后果的周期也难以预料，有时是在几十年、上百年之后，有的甚至可能在几代人之后，风险的后果才显现出来，但为时已晚。对于风险的潜在性，贝克也有论述："从氮肥中产生的高浓度硝酸盐到目前为止很少（如果有的话）会渗透到我们汲取食用水的深层地下水中。硝酸盐在底土层就分解了。这如何发生、还能够持续多久并不知道。我们没有理由不无保留地期望在未来这种保护层的过滤作用还存在。应该小心的是，现有对硝酸盐的过滤经过几年或几十年会发展到更深的地下水层，这对应于时间的流逝有一种延迟。换言之，定时炸弹在滴答作响。"❶

1.2.2.4　风险的平等性——飞去来器效应

飞去来器（boomerang）又名回旋镖、自归器、飞去飞来器等，顾名思义就是飞出去以后会再飞回来。风险社会的风险分配模式，与阶级社会的财富分配模式不同，财富的分配是不平等的，具有阶级性，而风险的分配是不分阶级的。正如贝克的名言："贫困是等级制的，化学烟雾是民主的。""风险在它的扩散中展示了一种飞去来器效应，即使是富裕和有权势的人也不会逃脱它们，那些产生风险或从中得益的人迟早会受到风险的报应。"❷"生态危机则不同，它甚至削弱农业的经济基础，从而减少了人们的食物供应。在这儿，影响是可见的，它不仅影响自然，而且影响富人的钱袋和当权者的健康。"❸

1.2.2.5　风险的个人化——反思现代性

在风险社会中，风险意识也可以说是一种反思式思维，其自身也成为一

❶ ［德］乌尔里希·贝克. 风险社会［M］. 何傅闻，译. 南京：译林出版社，2004：34-35.

❷ ［德］乌尔里希·贝克. 风险社会［M］. 何傅闻，译. 南京：译林出版社，2004：39.

❸ ［德］乌尔里希·贝克. 风险社会［M］. 何傅闻，译. 南京：译林出版社，2004：41.

种风险。风险意识的逐渐大众化，许多风险对大众来说耳熟能详，却又熟视无睹，同时公众也认识到自身专业知识匮乏而导致的局限性。所谓风险的个人化包括两个方面的涵义：其一，个体生活中的任何选择都会产生风险，并且选择的范围不断扩大，甚至包括自身和后代的产生方式，比如整容、试管婴儿等；其二，个体所遭遇的风险又由于选择方式不同而不同。所以，对于个体来说，风险既是普遍的又是独特的。风险的个人化是对风险制度化的一种补充，个人风险意识的提高导致人们在风险面前会更加主动地采取自我保护的措施，并且积极参与改革现有风险管控制度。贝克和吉登斯理论的核心思想就是反思现代化，虽然风险的个人化代表着风险意识水平和风险知识水平的提高，但是个人在风险认知上存在两重困境：其一，尽管个人的风险意识提高了，对许多风险的了解加深了，但是在某些后果严重的风险面前常常反应过度，作出非理性的反应，尽管这些风险只是可能要发生的。典型的例子是人们的核恐惧以及对交通事故的习以为常，尽管后者发生的概率远远高于前者。其二，个人在风险判断上越来越信任专家系统，但是专家系统本身也在风险的认知和解决上存在内部争议，加之有时受政治之影响，权威性亦受到了质疑，因此个人应对风险的方式更加个人化。典型的是健康危险，比如吸烟曾为某些医学专业部门所提倡，认为可以令人放松。由于专家系统判断的不统一，有些人对临床医生采取将信将疑的态度，只有在绝望的时候才去就医，并且顽固地坚持自己的行为习惯。由于分析了风险对个人生活的影响，所以吉登斯的理论除了与贝克的理论同样具有宏观制度分析的特点外，比贝克的理论更加微观细致，能直接推导出更多的具有操作性的政策措施，因此也受到了官方的重视。[1]

1.2.3 风险社会中的责任——有组织的不负责任

在风险社会中，“有些风险，一旦出现，就会自然而然地产生责任问题。

[1] ［英］安东尼·吉登斯. 现代性的后果［M］. 田禾，译. 南京：译林出版社，2001：32-38.

迷宫式的公共机构都是这样安排的，即恰恰是那些必须承担责任的人可以获准离职以逃避责任。这是此种风险判断中最引人注意的方面之一，即有组织的不负责任。其含义在于，第一次现代化所提出的用以明确责任和分摊费用的一切方法手段，如今在风险全球化的情况下将会导致完全相反的结果，即人们可以向一个又一个主管机构求助并要求它们负责，而这些机构则会为自己开脱，并说其与此毫无关系，或者其在这个过程中只是一个次要的参与者。在这种过程中，是根本无法查明谁该负责的。”❶

“在我们的社会中，科学和立法的认可及灾难的归责原则是根据因果关系法则，‘谁污染谁治理原则’确立的。”❷ 贝克通过德国铅水晶工厂案，直观地反映出了风险社会中追责原则的异化。“一便士的铅砷微粒飘落在城镇，氟化物蒸气把树叶熏焦，蚀刻玻璃，致使砖块瓦解为碎片。居民们遭受皮肤起疹、呕吐和头痛的痛苦。所有这一切从哪里来的是明摆着的。显见，白色烟尘明显是从那个工厂的烟囱冒出来的。一个事实清楚的案例，然而事实真的是清楚的吗？磨难的第十天，主审法官建议以不起诉为代价课以10 000德国马克的罚款，一个典型的联邦共和国的环境犯罪的结果（1996 年：21 000 项调查，49 个监禁期的定罪，其中 31 个暂缓，其余不了了之）。”❸ 出现这样的判决结果，其原因是多方面的，其中有环境犯罪法律方面的缺陷，但是最主要的是传统的“谁污染谁治理”原则的刚性太强。“在铅水晶一案中，犯罪行为不能也没有被任何人否定。有一个起到缓和作用的因素为该项犯罪起了作用：附近还有三家玻璃厂排出同样的污染。注意：污染越多越是

❶ ［德］乌尔里希·贝克，约翰内斯·威尔姆斯. 自由与资本主义［M］. 路国林，译. 杭州：浙江人民出版社，2001：143.

❷ ［德］乌尔里希·贝克. 世界风险社会［M］. 吴英姿，等，译. 南京：南京大学出版社，2004：72.

❸ ［德］乌尔里希·贝克. 世界风险社会［M］. 吴英姿，等，译. 南京：南京大学出版社，2004：73.

无罪。”❶

1.2.4 科技发展与风险社会

现代社会是一个充满风险的社会，这已经是全球范围内的共识。传染病、火灾、矿难、污染等事故频发，尤其是近些年来发生的一系列全球性事件，诸如疯牛病、非典、禽流感、甲流以及各种生态灾难等，都以席卷全球的态势震惊了整个世界。因此，可以说，风险的规模、性质和程度都远超过以往任何时代，已经跨越了地域、民族、国家、阶级和意识形态的界限，成为一种新型的、全球性的危险，对人类的安全构成巨大的威胁。其中，科学技术的发展和运用所产生的风险是现代人类社会面临的最主要和危害最大的人为风险。“现代科技深刻改变了人类的生活秩序与方式，提供了传统社会无法想象的物质便利，也创造出众多新生危险源，导致技术风险的日益扩散。现代社会越来越多地面临各种人为风险，从电子病毒、核辐射到交通事故，从转基因食品、环境污染到犯罪率攀升等工业社会由其自身系统制造的危险，而身不由己地突变为风险社会。风险社会不是某个具体社会和国家发展的历史阶段，而是对目前人类所处时代特征的形象描绘，是社会存在的客观状态。”❷ 从危害性方面来看，科学技术风险对社会的危害范围极其广泛，涉及人身、财产、人格、名誉、尊严、伦理、信用、人类生存环境和条件、社会经济、政治等。其中，最突出、最直接、最严重的是危害公共安全。它不仅对包括人的生命安全、身体健康安全、财产安全乃至生存条件和生存环境安全的公共安全形成严重的威胁，而且很多风险已现实化为对公共安全的巨大的实际损害。

---

❶ ［德］乌尔里希·贝克. 世界风险社会［M］. 吴英姿，等，译. 南京：南京大学出版社，2004：73.

❷ ［德］乌尔里希·贝克. 世界风险社会［M］. 吴英姿，等，译. 南京：南京大学出版社，2004：102.

现代社会是科技社会，这意味着科技正逐渐成为生活的核心，到处是现代科技形成的生活环境，人们逐渐融入了自己所创造的工具之中，并顺着科技的发展自得其乐，最后变得只剩下科技而已。人们以为科技仅是改造世界的工具，事实上现代科技已经逐渐由工具变成了目的，科技正在操纵人类的发展，并变得难以控制。自启蒙时代以来，科学发展就是以启迪蒙昧、消灭无知为主要目的，逐步扩展人类认知世界的范围，这种以科学技术为基石形成的确定性信赖，成为现代社会的基石。但在科技爆炸的时代，科学过去所面临的风险，和当前风险大不一样，当前科技的种种成功，可能是一时的成功，未来则可能是无尽的灾难。

"风险社会中，各种科技风险交错、相互影响，且其影响深远难以预估其界限。某种程度上来说，就是以世界作为第一次实验之实验室，而且这唯一一次的漫无止境的实验，已形成一种混沌的系统。在现代风险社会中，已不可能利用概率、统计乃至保险计算，来应对风险，处理风险的传统风险已然失效。纵观之，面对风险问题，不但无法厘清其因果关系，甚至也没有机会透过反复的经验、观察，来积累资料判断事件发生之概率。"❶ 所以，人类必须清醒地认识到当前风险形态的转变，与先前社会状态的风险从不同层面予以比较，并积极寻求应对措施，做到有的放矢（见表1-2）。

表1-2　全球核电事故统计

时间	风险事件
1966年	密歇根州展示性反应炉两组炉心熔毁，自动关闭设施没有发挥功能
1978年	加州 Clay Station 厂部分感应器与控制器发生短路，反应炉自行停机，反应炉容器内壁在温差及高压下出现收缩现象，差点造成容器出现裂痕而丧失冷却水

❶ 李仲轩. 风险社会与法治国家——以科技风险之预防为立法核心［D］. 台北：台湾大学，2007：41-42.

续表

时间	风险事件
1980年	加州 Humholdt Bay 早期沸水式反应炉，紧急冷凝器未能启动，反应炉压力超过安全限度，24000磅水受到高压排出炉心
1980年	弗吉尼亚电力公司 North Anna 核一厂断电器保护开关意外关闭，致通到控制棒的电流被截断，反应炉自动紧急停机
1981年	美国核二厂因冷却风扇长期漏水，自动排水设备失效，将反应炉容器淹没
1999年	日本茨城县东海村铀燃料加工厂事件
2000年	英国一核电厂泄漏百人疏散
2003年	日本关西电力公司汽轮机管道出现蒸汽泄漏事件
2004年	日本关西电力公司美滨核电站发生泄漏，造成5人死亡，10多人受伤
2005年	英格兰塞拉菲尔德核电站热氧再处理电厂因管道破裂，导致 $83m^3$ 含有钚和铀的硝酸液体泄漏
2006年	日本核燃料公司核燃料再处理工厂发生泄漏事故

资料来源：刘凤元. 欧美高科技风险应对策略及对我国的启示 [J]. 中国科技论坛，2007 (7)：120.

1.3　风险社会视野下的中国

中国自改革开放以来，实现了计划经济体制到市场经济体制的转型，从闭关锁国到对外开放的思想解放，极大地促进了中国经济的高速发展，从人们的衣食住行到国家的综合国力，无不体现出高速发展的影子。与此同时，发展所带来的负面效应也摆在了人们面前，从山西王家岭矿难到四川大竹群体性事件，从三鹿毒奶粉事件到南京“6·30”酒驾车祸惨案，从东北的黑土层厚度大幅下降到西南滇池的大面积污染，风险与经济快速发展如影随形。当公众的目光不断投向危及自身安全的隐形风险时，当舆论的焦点不断折射出民众日渐增强的风险意识时，当社会整体对生态、公共安全、灾难、科技的副作用等问题日渐重视时，中国在不知不觉中已进入了“风险社会”。

1.3.1 中国正步入风险社会

社会转型（Social Transformation）一词从1992年开始在中国流行，它最早的典型含义是指计划经济体制向市场经济体制的转变。经过十几年的演进，我国社会科学界以自己独特的视角对社会转型理论进行了深入阐述，特别是围绕中国社会生活具体结构形式和发展方式的转变做了不少研究，并在社会分层、贫富差距、环境污染、群体性事件、公共安全等方面的研究取得了长足进展。[1]

在西方世界日益关注风险社会的同时，中国的政治家也以自己独特的眼光审视着中国社会的转型引发的风险问题。邓小平同志就多次论及风险问题，他的风险概念没有西方理论界表述的那么抽象，更多的是论述由于中国社会转型和经济高速发展所导致的很多不确定因素，从而引发的社会风险。在《邓小平文选》第三卷中，对风险问题多次提及，其要义可以归纳为三个方面：第一，主要从改革开放政策自身的风险考量。“不要怕冒一点风险。我们已经形成一种能力，承担风险的能力，为什么这次治理通货膨胀能够见效这么快，而且市场没有受多大影响，货币也没有受多大影响？原因就是有十一二年改革开放的基础。改革开放越前进，承担和抵抗风险的能力就越强。我们处理问题，要完全没有风险不可能，冒点风险不怕。”[2] 第二，主要从改革开放的消极方面出发。“实行改革开放政策必然会带来一些坏的东西，影响我们的人民。要说有风险，这就是最大的风险。我们用法律和教育这两

---

[1] 参见王雅林. 全球化与中国现代化的社会转型［J］. 中国青年政治学院学报，2003（2）：102.

[2] 中共中央文献编辑委员会. 邓小平文选（第三卷）［M］. 北京：人民出版社，1993：183.

个手段来解决这个问题。”❶ 第三，主要是从开放过程中出现的一些社会问题着手。“要整好我们的党，实现我们的战略目标，不惩治腐败，特别是党内高层的腐败现象，确实有失败的危险。”❷

当代中国因巨大的社会变迁，正在进入一个风险社会甚至是高风险社会。对此，很多知名学者都有论及。郑杭生教授指出：“2003年的SARS事件、2004年的禽流感爆发事件以及各地频发的导致重大伤亡的灾难，看上去似乎并不相关，但它们在本质上是有联系的，共同预示着一个高风险社会的来临。”❸ 社会学者刘能列举了城市化过程中最突出的六大社会安全问题：“贫富分化加剧，众多人口的生命安全和社会尊严安全受到威胁；社会治安状况恶化；食品质量降低，众多人口的健康安全和心理安全受到威胁；SARS、艾滋病、性病等高强度传染病爆发和流行；生态恶化及灾害应对机制落后；危机预警和监控机制欠缺，行政执法监控出现漏洞，以及危机处理操作不当而导致的人为社会安全危机。”❹

1.3.2 中国当前的公共安全状况

风险与发展并存，风险不仅具有客观性，而且具有主观性，不同时代、不同层面的主体有不同的风险意识，民众风险意识的提高，成为遏制社会风险不断增加的“阻燃剂”。心理学家马斯洛认为，人类的需要是分层次的，由低到高。它们是：“生理需求、安全需求❺、社交需求、尊重需求、自我实

---

❶ 中共中央文献编辑委员会. 邓小平文选（第三卷）[M]. 北京：人民出版社，1993：156.

❷ 中共中央文献编辑委员会. 邓小平文选（第三卷）[M]. 北京：人民出版社，1993：313.

❸ [EB/OL]. [2010-11-3]. http：//zhidao. baidu. com/question/51198662. html? fr=ala0.

❹ [EB/OL]. [2010-11-3]. http：//zhidao. baidu. com/question/51198662. html? fr=ala0.

❺ 安全的需要要求劳动安全、职业安全、生活稳定、希望免于灾难、希望未来有保障等。安全需要比生理需要较高一级，当生理需要得到满足以后就要保障这种需要。每一个在现实中生活的人，都会产生追求安全感的欲望、自由的欲望和提高防御实力的欲望。

现。"❶ 在我国当前，人们已经逐步从仅盲目追求物质进步，而开始聚焦于关乎人类自身发展的安危，这种转变有助于风险的预防。

当前，我国的公共安全状况令人忧虑。据有关资料显示，在中国 GDP 以平均每年 8%的高速度增长之时，由于各类自然灾难和人为事故死亡的人数达 20 万人之高，每年由于公共安全事件造成的损失有6 000多亿元人民币之巨，这相当于我国 GDP 的 6%。❷ 概括起来，我国目前主要面临的公共安全问题有：

其一，自然灾害问题。中国幅员辽阔，地理气候条件复杂，自然灾害种类多且发生频繁，除现代火山活动导致的灾害外，几乎所有的自然灾害，如水灾、旱灾、地震、台风、冰雹、雪灾、山体滑坡、泥石流、病虫害、森林火灾等，每年都有发生。自然灾害表现出种类多、区域性特征明显、季节性和阶段性特征突出、灾害共生性和伴生性显著等特点。近 10 年来，每年自然灾害造成的经济损失在1 000亿元以上。1998 年的长江、松花江、嫩江的特大洪水，1999 年太湖流域的洪涝灾害，1999～2001 年严重的持续旱灾，2008 年汶川"5. 12"特大地震灾害，2010 年舟曲特大泥石流灾害，给中国造成了巨大损失。❸

其二，环境污染问题。"就水资源来说，中国平均工业产值每增加 1 万元，需耗水 330 立方米，并产生 230 立方米污水；每创造 1 亿元 GDP 就要排放 28. 8 万吨废水。此外，还有大量的生活污水。其中 80% 以上未经处理，就直接排放进河道，用不了 10 年，中国就会出现无水可用的局面。全国 1/3 的城市人口呼吸着污染严重的空气，有 1/3 的国土被酸雨侵蚀。经济发达的浙江省，酸雨覆盖率已达到 100%。酸雨发生的频率，上海达 11%，江苏大概为 12%。华中地区以及部分南方城市，如宜宾、怀化、绍兴、遵义、宁波、温州等，酸雨频率超过 90%。在中国，基本消除酸雨污染所允许的最大

---

❶ [EB/OL]. [2010-11-6]. http://baike. baidu. com/view/17446. htm#sub17446.

❷ 参见林雄弟. 公共安全问题及其化解途径 [J]. 江苏警官学院学报，2007 (2)：24.

❸ 参见李福胜. 国家风险 [M]. 北京：社会科学文献出版社，2006：153.

二氧化硫排放量为1 200万～1 400万吨。2003 年，全国二氧化硫排放量就达到2 158.7万吨，比 2002 年增长 12%，其中工业排放量增加了 14.7%。按照目前的经济发展速度以及污染控制方式和力度，到 2020 年，全国仅火电厂排放的二氧化硫就将达2 100万吨以上，全部排放量将超过大气环境容量 1 倍以上。这对生态环境和民众健康将是一场严重灾难。”❶

其三，食品安全问题❷。近些年来，食品安全事件在我国频频出现。一些不法之徒基于对经济利益的追求，不惜以损害大众健康为代价，大肆在食品中掺进有毒有害物质。2004 年 4 月 30 日，“大头娃娃”事件曝光，安徽省阜阳市一家劣质奶粉厂生产的劣质奶粉几乎没有营养，致使 13 名婴儿死亡，近 200 名婴儿患上严重营养不良症。2009 年 1 月 22 日，三鹿“三聚氰胺奶粉”案终审宣判。自 2008 年 7 月始，全国各地陆续收治婴儿泌尿系统结石患者多达1 000余人，卫生部调查证实这是由于三鹿集团生产的婴幼儿配方奶粉受三聚氰胺污染所致。

其四，群体性事件。❸ 群体性事件是指由某些社会矛盾引发，特定群体或不特定多数人聚合临时形成的偶合群体，以人民内部矛盾的形式，通过没有合法依据的规模性聚集、对社会造成负面影响的群体活动、发生多数人语言行为或肢体行为上的冲突等群体行为的方式，或表达诉求和主张，或直接争取和维护自身利益，或发泄不满、制造影响，因而对社会秩序和社会稳定造成重大负面影响的各种事件。近几年来，由于贫富差距拉大，民众心理异化，有些地方政府肆意妄为或肆意不作为，加之被有些不法之徒利用，往往导致事件转向、升级，严重危及公共安全。例如贵州瓮安事件、云南省曲靖市陆良县“8.26”群体性事件、四川大竹群体性事件等都引起了局部的社会

---

❶ [EB/OL].[2010-11-12]. http://zhidao.baidu.com/question/51198662.html? fr=ala0.

❷ 食品安全（food safety）指食品无毒、无害，符合应当有的营养要求，对人体健康不造成任何急性、亚急性或者慢性危害。根据世界卫生组织的定义，食品安全是“食物中有毒、有害物质对人体健康影响的公共卫生问题”。

❸ 2009 年 9 月，《中共党建辞典》时隔 20 年后再次出版，将群体性事件收入其中。

骚乱，给人民群众生产生活造成了严重影响。

其五，安全生产事故。近几年来，一些企业片面追求经济效益而忽视安全生产、作业，从而导致安全责任事故发生的现象，已经成为近年来我国生产、经营领域中频繁出现并日益突出的严重问题。2009 年生产安全事故死亡 83 196人，亿元国内生产总值生产安全事故死亡人数为 0. 248 人，工矿商贸企业就业人员 10 万人生产安全事故死亡人数为 2. 4 人。全年共发生道路交通事故 23. 8 万起，造成 6. 8 万人死亡，27. 5 万人受伤，直接财产损失 9. 1 亿元；道路交通万车死亡人数为 3. 6 人。[1] 安全生产事故，特别是煤矿安全生产事故，损失大、伤亡多，处理善后相当复杂，稍有不慎就可能导致群体性事件。

其六，恐怖主义犯罪。恐怖主义犯罪目前在全球范围内呈现蔓延之趋势，特别是"9·11"事件以后，恐怖主义问题尤为突出。很多著名的恐怖组织如基地组织，已经不满足在本国内的发展，把目光投向了他国。他们借助于现代通信和互联网技术，不断扩张，试图构建"全球化恐怖"网络。我国目前比较突出的是新疆分裂主义分子，他们借助中东某些恐怖组织的支持，进行恐怖分裂祖国活动。我们绝不能低估此类事件的危害后果，如果放任不管就会造成恐怖主义流毒的泛滥。所以预防此类犯罪，也成为维护公共安全的应有之义。

1. 3. 3　风险社会与法律变革

风险社会的来临，给现代法治秩序提出了挑战，在一个无法将风险削减为零的世界中，如何规制有危险的活动，是人类最应该考虑的问题。纵观历史长河人类每遇到一次危机，总会伴有科技和制度的不断创新，从石器时代到网络时代，从商鞅变法到戊戌维新，都给人类一种经验，那就是每一次生

[1] 资料来源：国家统计局 2009 年度国民生产公报。

产力的发展，都伴随着制度的变革。

当一个社会具有风险属性时，作出风险性决策的精英阶层势必与广大风险受众之间产生裂痕，从而产生对风险评估的不同话语体系。例如西部大开发的宏观政策与防止西部资源破坏性开采政策之间的矛盾、城市不断扩张理念与被拆迁者合法权益之间的矛盾，就反映出不同的利益主体对同一事件的风险意识不同。特别是在决策过程不透明的情况下，公民因不能有效的参与决策，从而对决策者产生一种先天的敌意，这就会加大决策者的决策风险，在一定条件下还会演化为社会敌意事件。"现代法学体系是以个体化的'人格'和'选择自由、责任自负'的原则为基石，以确定性或者可预测性为绳墨而构建的，在追究行为的责任之际必须充分考虑到行为者的主观意志和客观控制能力。但是'风险社会'出现之后，不分青红皂白让所有人都分担损失或者无视各种情有可原的条件而对行为者严格追究后果责任逐步成为司空见惯的处理方法，法律判断本质已有所改变。"❶

当前的中国，要厘清风险与法治之间的关系，不能就事论事，应遵循知难行易的道理，理念的更新要超前于制度的变革。首先，要树立生态环境主义理念。生态环境主义与人本主义理论相对应，人类不再是世界的中心，和其他动物、植物一样都是生态环境的一分子。人类不能将生态环境视为自己的私有财产，生态环境的毁坏同样会殃及人类，这也就是风险社会的飞去来器效应。其次，要树立新的权利观。人们往往重视自身的权利，把自己的拥有看成是理所应当。进入风险社会后，人类应该认识到，现有的一切不仅属于自己，也应该属于我们的子孙后代，现在我们不断破坏环境、攫取资源，其实际上已经侵犯了后代的生存发展权。❷ 再次，要处理好自由与安全之间的关系。风险社会下，公共安全问题涉及社会秩序和多数人的安危，在对待有些高风险行为上，应以预防原则为主。就刑法而言，应加大对环境犯罪、

---

❶ 季卫东. 风险社会的法治 [EB/OL]. [2010-11-12]. http://www.9ask.cn/blog/user/jiweidong/archives/2009/81309.html.

❷ 参见徐显明. 风险社会中的法律变迁 [J]. 法制资讯，2010 (Z1)：35.

交通类犯罪的抽象危险犯的设立。就刑事诉讼而言，则应对危及公共安全重大利益的犯罪，减轻公诉人的举证责任。“实际上，自20世纪80年代以来，在联邦德国的刑法以及对于刑法规范变迁的公开讨论上已经确立这一点，就是这些变迁涵盖了刑事政策、刑事司法以及刑法理论，并且在自由与安全的关系上这些变迁也明确地新产生了有利于安全的调节。在刑事实体法上，这些变迁涉及了刑法的禁止规范与刑罚，而在刑事程序法上，这些变迁则是和刑事诉讼程序之规定有关，至于在刑事政策方面，则是与我们所有人经由民主方式所决定之刑法走向有关。”❶

立足于风险社会背景之下，我们不能希冀绝对的安全和零风险，而是需要考虑抑制风险的合理性和合法性，还要考虑抑制风险的成本以及抑制风险的制度设计。“我国的法律制度正发生着价值选择、理念更新和制度创新三方面的变化。法律的天性是保守的，而今后将变得富有包容性、开放性和灵活性。法律活动与那些对我们的生活构成巨大影响的科学技术问题之间，将产生更为密切的联系。所有这些，都将对中国法律理论产生深远的影响。”❷

---

❶ ［德］哈斯默尔. 刑法与刑事政策下自由与安全之紧张关系［EB/OL］.［2010-10-10］. http://homepage.ntu.edu.tw/~ntuihs/05forum-ss07.htm.

❷ 徐显明. 风险社会中的法律变迁［J］. 法制资讯，2010（Z1）：36.

第 2 章

风险社会的刑法危机

刑法学作为研究刑法的科学，是随着刑法的产生而出现的。在漫长的历史发展过程中，随着人类对犯罪和刑罚的认识不断深入，积累了大量的刑法文化遗产，成为人类文明的重要组成部分。刑法学理论属于上层建筑的范畴，也要受马克思主义生产力与生产关系学说的制约，它是一个开放系统，要不断顺应社会发展而充实。风险社会已经来临，高科技风险、环境风险、公共安全风险等纷至沓来，风险的不确定性，全球性、有组织的不负责任性等特征不同于先前社会，传统刑法理论及其研究范式受到了严峻挑战。

2.1 方法论上的科学主义反思

2.1.1 科学主义的概念

科学主义是主张以自然科学技术作为整个哲学的基础，并认为自然科学技术能够解决一切问题。其盛行于现代西方，它把自然科学奉为哲学的标准，自觉或不自觉地把自然科学的方法论和研究成果简单地推论到社会生活中来。科学为人类社会发展作出了不可磨灭的贡献，但是当科学成为一种主义时，就会产生一些深层次的问题。纯粹的科学主义导致了事实与价值的相互分离，导致了科学与人文的对立。科学主义论者认为只有自然科学才是客观可信的，人文学科只能为人们提供精神的抚慰。实际上，人类的认识能力是有限的，现在的认知范围不过是很小的一部分。如果用科学并冠以主义的名义去指导一切，那么许多尚不能准确认知的事物，就会成为迷信而被科学打倒。唯科学主义在国外是一个贬义词，是对那种把自然科学看做文化中价值最高部分的主张的一种贬称。

2.1.2 科学主义发展简史

随着科学技术的发展，20 世纪以后出现的哲学家已经没有启蒙时期哲学家那种领风气之先，注重哲学思辨，并能够深刻影响人类命运的舍我其谁的气魄。在科学技术社会到来之前，各个时代的伟大思想家都是哲学家，诸如康德、黑格尔、宾丁等。在人类进入 20 世纪以后，科学家在各个领域占据了主导地位，最伟大的思想家已经不再属于哲学领域，例如提出相对论的科学家爱因斯坦、心理学家弗洛伊德等。而在哲学领域，“近代西方哲学家对近代科学及其思维方式不仅没有批判，反把其作为效仿的楷模，使哲学根本无法抵御近代科学逻辑的诘问和质疑，造成了黑格尔死后哲学居然在肤浅的科学主义和实证主义的攻击下溃不成军，丧失了延续几千年的骄傲和自信，差点沦为科学的附庸。”❶

科学主义发源于经验论，由贝克莱的主观经验主义直到逻辑实证主义。法国著名的哲学家、社会学的创始人孔德主张人类社会包含于自然世界，仅

---

❶ 张汝伦. 现代西方哲学十五讲［M］. 北京：北京大学出版社，2003：16.

仅是自然世界的部分延伸；探究人类社会的规律实际上和研究自然科学规律如出一辙。他把实证哲学分为：天文学、物理学、化学、生物学和社会物理学五门基础科学。社会物理学也是按照物理学分类法，包含了研究人类社会秩序的社会静力学和以社会发展为研究对象的社会动力学。❶ 经验主义者认为世界诸事都是由经验构成的，其强调感觉经验而否认理性思维，他们认为理性认识是抽象的、间接的认识，思维愈抽象则愈模糊，距离真理则愈远。逻辑实证主义以维也纳学派为代表，该学派把数学和实证主义相结合，把经验作为基础，运用逻辑进行推理，最后运用概率论来检验结果。逻辑实证主义虽然把经验作为基础，但是没有承认感性认识的积极作用，其实际上仍属于理性主义的范畴。逻辑实证主义的要点在于经验是需要证实或者证伪，强调自然科学的崇高地位，甚至主张物理学话语应作为所有学科的普遍语言，企图把一切经验学科归纳到物理学中，实现科学的大一统。

2.1.3　科学主义方法论的反思

科学主义自古典犯罪论体系开始就一直影响着刑法学理论，传统刑法理论在运用过程中，总是潜移默化地采取自然科学的研究范式。过分注重客观实害，对于行为理论、犯罪的基本概念、因果关系理论、违法性理论以及归责理论的认识都存在这种倾向。从近代刑法思想产生的理论背景中，我们能找出这种泛科学化现象盛行的原因。启蒙运动是在自然法观念渐入人心，近代工业革命初步萌芽的历史背景下发生的。启蒙运动覆盖了各个知识领域，如自然科学、哲学、伦理学、政治学、经济学、历史学、文学、教育学等。自然科学成为反对封建专制的法宝，如中国的“五四运动”也一度打出民主与科学的两面大旗。早期科学主义更加激进，社会科学界一度曾出现科学性就等于真理，追求科学就是追求真理的浪潮。在这个背景之下，刑法学也不

---

❶ ［EB/OL］.［2010-11-24］. http：//baike. baidu. com/view/676485. html.

能例外，加之保障人权的大旗飘扬，无论从立法上还是司法上，定罪量刑的依据主要根据客观方面来进行判定。再加之绝对的罪刑法定原则的禁锢，刑事审判成了一条机械的生产线，法官也沦为“法律的传声筒”，甚至有些地方还在搞电脑量刑，把法律当成自动售卖机中的商品。到了 19 世纪末期，受孔德实证主义思潮影响，自然科学实证主义和刑法上的罪刑法定主义完全契合了。新派学者李斯特就认为，刑法学理论就是在于解释犯罪与刑罚之间的因果关系，而只有自然科学的方法才能奏效，传统的三阶段的犯罪构成理论就是自然科学实证主义影响下的产物。❶ 主观主义刑法理论的实证主义研究方法，以科学的方法对犯罪人、犯罪人的生长环境等进行了深入研究，以期找到其犯罪原因。审视主观主义刑法学理论，发现它是一个围绕犯罪人自然特征来进行研究的体系，与其说是刑法理论，倒不如归入犯罪学理论更为贴切。规范是法律的核心，一切法学理论的闪光点最终都要反映在规范这面镜子上，主观主义刑法理论对抽象规范的形成可以说助力不多。

从刑法学理论的发展简史中，可以看出，刑法学方法论上的科学主义一直伴其左右。自然法学和实证法学一样，都过于依赖科学的作用，与时代的发展有一定间隙。人们依据自己的先前理解对客体进行再认识，形成各自的价值判断，又由于价值的多元化，借助对话机制以获得共识便成为必要。作为刑法推理的基础，客观事实不可或缺，但事实性的要素不具备标准的意义，只有由事实上升到价值的规范性要素才能充当标准。这种方法论上的去自然科学化，是由刑法学作为一门社会科学具有的特性所决定的，也决定着传统刑法学在风险社会的背景之下能否跟上时代的步伐。

---

❶ 参见许玉秀. 当代刑法思潮［M］. 北京：中国民主法制出版社，2005：119.

2.2　自由与安全之间的价值冲突

价值是表征主体与客体之间关系的哲学范畴，是客体的属性、功能及其运行对于满足主体一定需要所具有的肯定或积极的意义。❶ 价值在很多领域有特定的形态，如社会价值、个人价值、经济学价值、法律价值等，这些价值反映了不同领域的本质属性。“刑法的价值是个关系到刑法存在合理性的问题，是刑法的内在生命。”❷ 英国学者彼得·斯坦和约翰·香德在他们所著的《西方社会的法律价值》中指出：法律制度的三大价值是指秩序、公平和自由。所有的法学家所做的一切，不过是围绕着法律在多大程度上实现社会秩序、公平和个人自由这些基本价值而已。❸

2.2.1　刑法价值简述

刑法价值，是指国家在运用刑罚手段对犯罪行为进行控制的过程中，刑法自身属性、功能及对于主体利益的需要，修复、维持与发展合理的社会利益关系所具有的意义。从其定义可以看出，刑法价值具有如下几个特征：其一，刑法价值是刑法对主体所具有的积极或消极的意义。其二，刑法对主体的价值具有多重性，可以满足或限制主体的正当或不正当的利益，也可以修复、维持和发展合理的社会利益关系。其三，刑法价值在国家运用刑罚对犯罪进行社会控制的过程中体现。刑法价值观是刑法观念的核心，是一定主体

❶ 赵秉志. 刑法基础理论探索（第一卷）［M］. 北京：法律出版社，2003：64.

❷ 陈兴良. 本体刑法学［M］. 北京：商务印书馆，2001：55.

❸ 参见［英］彼得·斯坦，约翰·香德. 西方社会的法律价值［M］. 王献平，译. 北京：中国人民公安大学出版社，1990：35.

在刑法实践过程中沉淀形成的关于刑法价值的心理取向、目标和理念的综合，它对主体的刑法实践具有激励、导向、尺度、调控等功能。[1] 刑法的价值目标是刑法价值观的精髓部分，刑法的三个主要价值目标是秩序、公正和自由。

秩序是反映社会生活有序性的一个基本范畴。西方社会学者对秩序存在不同的理解，分别从社会的可控性、社会生活的稳定性、行为的互动性、社会活动中的可预测性来解读秩序的涵义。[2] 实际上，秩序一词用安全来替代可能更为妥帖。第一，确立良好的社会秩序正是为了人们获得安全感，安全是人们实际想获得的结果；第二，秩序关注的是法律制度的形式规范，而非其背后所包含的意义，秩序需求会促进法定犯的增加。秩序控制或社会控制，因为对象不同，有广义和狭义之分：最广义的秩序控制，其对象包括社会化行为在内的所有社会行为；广义的秩序控制，其对象是一般意义上的行为；狭义的秩序控制，其对象是社会越轨行为。[3] 犯罪是最严重的越轨行为，犯罪的刑罚控制，是秩序控制中的重要组成部分。它以刑法为尺度，以刑罚为手段，对犯罪进行控制，维持社会生活的基本秩序，实现公共安全。[4]

公正就是公平，正义。公平就是法律制度无论从立法上还是司法上对于所有人都是平等的；正义就是一种对平等的回报，古语有云："善有善报，恶有恶报"，就是一种朴素的正义观。人们对公正有自己的不同认识，"正义具有一张普罗透斯的脸，变幻无常，随时可以呈现不同形状，并具有极不相同的面貌。"[5] 法与公正有天然的联系，中国古语法字写作"灋"，"灋，刑也。平之如水。从水，廌所以触不直者去之，从去，会意。"[6] 从"水"，象征法律法度公平如水，从"廌"，神话中的一种怪兽，能辨别是非曲直，能

[1] 参见赵秉志. 刑法基础理论探索（第一卷）［M］. 北京：法律出版社，2003：66.

[2] 参见邢建国，等. 秩序论［M］. 北京：人民出版社，1993：3.

[3] 参见李德顺. 价值学大词典［M］. 北京：中国人民大学出版社，1995：617.

[4] 参见赵秉志. 刑法基础理论探索（第一卷）［M］. 北京：法律出版社，2003：96.

[5] ［德］博登海默. 法理学——法哲学及其方法［M］. 邓正来，译. 北京：华夏出版社，1987：238.

[6] 东汉·许慎《说文》。

以其独角触其不直者。刑法与公正不可分割，公正是刑法的生命线。

自由一词源于拉丁文 Libetates，原义是指从被束缚、被虐待中解放出来。在政治上，自由是指个体按照自己的意志活动的权利。到了近代，自由的主要涵义已经不再是自主和自立，而是指人的解放。自由可以分为两种形式：一种是以人的本性为基础的自然法意义上的自由；另一种是人以理性为基础的社会自由。❶ 对此，黑格尔指出：“人类的本质是自由的；然而人类首先必须成熟，才能够达到自由。”自由不是无限制的自由，自由有其底线，这个底线就是个人与社会和国家博弈的边界。法律与自由之间的关系，是既限制又保障的关系，西塞罗曾说过：“我们都是法律的奴隶。正因为如此，我们才是自由的。如果没有法律所强加的限制，每一个人都可以随心所欲，结果必然是因此而造成自由的毁灭。”❷ 刑法乃国家法律之底线，在维护秩序的同时，亦有保障自由之内在价值。“其一，对于一般社会而言，保障社会各分子，凡未有违反刑法规范之行为者，皆不受国家刑罚权之干涉；其二，对于特定犯罪人而言，保障其不受超过法律范围之处罚，亦即保障国家绝不设置违反人道或蔑视人格尊严之残虐刑罚。”❸ 基于此，西方学者也将刑法称之为“犯罪人的大宪章”。

2.2.2　风险社会中自由与安全的紧张关系

自现代的罪刑法定原则确定以来，人们特别注重刑法保护个人自由的价值，把其放在刑法价值的首位。风险社会的到来给人类社会提出了挑战，日益严重的公共安全问题也使传统刑法陷入了危机，为了维护秩序，刑法逐渐突破了一些基本原则，造成了对自由的侵害，自由与安全价值之间产生了一

❶ 参见陈金钊. 法理学［M］. 北京：法律出版社，1996：270.

❷ ［英］彼得·斯坦，约翰·香德. 西方社会的法律价值［M］. 王献平，译. 北京：中国人民公安大学出版社，1990：174.

❸ 韩忠谟. 刑法原理［M］. 北京：中国政法大学出版社，2002：6.

种紧张关系。

“大概是自上个世纪80年代以来，在联邦德国的刑法以及对于刑法规范变迁的公开讨论上已经确立这一点，就是这些变迁涵盖了刑事政策、刑事司法以及刑法理论，并且在自由与安全的关系上这些变迁也明确地产生了有利于安全的调节。在刑事实体法上，这些变迁涉及了刑法的禁止规范与刑罚，而在刑事程序法上，这些变迁则是和刑事诉讼程序之规定有关，至于在刑事政策方面，则是与我们所有人经由民主方式所决定之刑法走向有关。”❶ 风险社会的风险具有不可预测性、极大的破坏性，风险一旦任其转化为现实，必然给社会、国家甚至是全球造成无法弥补的危害。基于此，传统刑法已无法承担保障公共安全之责任，应该作出适度反应。我们需要一个被德国刑法学家称为“安全刑法”的出现。刑法是抵消社会危险的最终调节器，如果不能做到与时俱进，就无法适应现实社会的发展需求，所以在不限制自由法治，不背弃最基本的自由法治精神前提下，刑法有必要进行理念上的革新。❷

自由、公正和安全是刑法的基本价值，缺一不可，但是应将其作为一个整体进行考虑，不能无限制地强调某一个价值，而完全忽略其他价值，它们之间应该呈现一种抑扬顿挫的和谐旋律，在不同的社会形势下，三者之间的疆域应该呈现微妙的调节。风险社会背景下，安全应该置于刑法价值的首位，在涉及严重的公共安全问题时，安全价值应优先于其他价值，在安全的基础之上去协调其他价值的统一。从历史的角度看，人类对安全的渴望早于对自由的需求，因为如果人类所处的社会都是不安全的，缺乏基本秩序的，那根本谈不上自由。在当今风险社会背景下，个人对安全的追求大大超越了先前社会。国际上，美国自“9·11”恐怖袭击事件以后，一向以追求个人自由著称的美国民众，也纷纷喊出了安全优先于自由的口号。公众需求是社

---

❶ 参见［德］哈斯默尔. 刑法与刑事政策下自由与安全之紧张关系［EB/OL］.［2010-10-20］. http：//homepage. ntu. edu. tw/~ntuihs/05forum-ss07. htm.

❷ 参见［德］乌尔斯·金德霍伊泽尔. 安全刑法：风险社会的刑法危险［J］. 刘国良，译. 马克思主义与现实，2005（3）：38.

会变革的基础，同时影响公共政策的制定，而刑法自产生阶级和国家以来，就与公共政策如影随形。霍布斯曾有名言“人民的安全乃是至高无上的法律”，❶ 所以刑法作为社会安全与稳定的最后屏障，应充分发挥其保护人类社会的共同秩序的作用。但是在考虑刑法的安全价值的同时，也应兼顾刑法的谦抑性，刑法的适用应遵循最后原则、合理性原则。这就需要针对具体的危险类型予以判断，风险管理也应成为风险社会刑法的重要任务。

表 2-1、表 2-2 是一组对某地普通民众安全感的随机抽样调查，反映了民众对安全的担忧。

表 2-1 您认为当前的社会治安状况情况如何

单位：%

年份	未填答	好	较好	说不清	不太好	不好
2002	0.2	2.2	37.0	11.1	41.5	8.1
2003	0.2	1.2	46.9	12.2	33.4	6.4

注：本表来自朱力. 变迁之痛——转型期的社会失范研究［M］. 北京：社会科学文献出版社，2006：99.

表 2-2❷ 晚上 12 点，您是否敢走夜路

单位：%

年份	未填答	敢	不敢
2002	0.4	64.1	35.6
2003	0.1	64.4	35.4

显然，传统的罪责刑法，脱胎于反封建专制刑法的斗争中，以保护自由为己任，这和立足于安全价值的风险刑法存在紧张关系。对此德国宪法法院副院长哈斯默尔教授有精辟论述：“刑法已经演变成危险防御法，作为古典

❶ ［美］博登海默. 法理学：法律哲学与法律方法［M］. 邓正来，译. 北京：中国政法大学出版社，1998：293.

❷ 朱力. 变迁之痛——转型期的社会失范研究［M］. 北京：社会科学文献出版社，2006：99.

刑法的目标，报应与赔偿早已退居到次要地位。预防，亦即犯罪行为人的改善，对于其他所有人的吓阻以及确保对于规范的信赖是现在短期内无可取代的核心方法论。对于管制的强烈需求所期待于刑法的无非是有效的预防，这项需求期待的是效率与安全，不是刑法传统内容中所包含之责任原则的有限能量，而是藉由比例原则来控制其侵犯的尝试居于突出的地位。传统的确信，亦即在刑法上所谓的判断是社会道德的非价值判断，而且牵涉在程序中的人员是居于焦点地位，这些确信已经失去了昔日的光彩，在一个功能已经降低为控制风险与防御危害的刑法，它们已经不具有意义，更确切地说它们将阻碍这些目标的达成。”❶

2.2.3　风险社会中自由与安全的合理界限

风险社会中刑法逐渐将风险预防和危害管理当作其主要任务，这一转向将导致国家以避免危害为由滥用刑罚权力，导致个人自由的工具化。“在面对安全政策的过度要求，就如同德国批判的刑法理论在过去数十年所为者一样，仅只是防卫性地指出这一点仍然是不足的，亦即德国宪法所阐述的各项保障，这些保障也是刑法所指涉，并且这些保障也经由以下这一点取得正当性的依据，也就是在这里不仅是和名誉、自由和财产方面之特别强烈的侵犯有关，并且也是特别涉及让受到波及的人员在社会道德上被公正地加以对待。”❷

不能将人权保障与公共安全彻底对立，二者之间应该是对立统一的，风险社会的刑法目的首先要肯定的仍是自由的保障，这是现代刑法确立的基础，是个大局。但基于风险社会的现实，在遇到个人自由与公共安全发生冲

---

❶ 参见［德］哈斯默尔. 刑法与刑事政策下自由与安全之紧张关系［EB/OL］.［2010-10-20］. http://homepage. ntu. edu. tw/~ntuihs/05forum-ss07. htm.

❷ ［德］哈斯默尔. 刑法与刑事政策下自由与安全之紧张关系［EB/OL］.［2010-10-20］. http://homepage.ntu.edu.tw/~ntuihs/05forum-ss07.htm.

突时，应该具体问题具体分析。所以在风险社会中，刑法应平衡两者之间的关系，使其界限更加合理，既摘了葡萄，又不倒了葡萄架。

对此，有学者主张并合论，即以传统的归责理论为前提，以刑罚的可需性为补充，用以化解人权与安全价值在风险社会中的紧张关系。该学者主张，责任的认定应首先保障人权。同时，在具体刑罚的运用上，则要充分考虑刑罚的实施能否达到安全的目的，以照顾到公共安全。❶ 可以看出，并合论实际上是从具体的刑事法本体微观层面来考虑问题的，并不适合风险社会中刑法的价值观迁移这个话题。笔者认为，人权保障与公共安全本身就是一体两面，公共安全是多数人的生命财产安全，是人权的重要体现，如果公共安全都保障不了，就谈不上个人人权的保障，更谈不上自由。刑法作为一种最严厉的制裁措施，适用之后往往具有无法恢复性，运用刑法防范风险依然应该坚持刑法的内敛性、补充性、经济性。因此要将刑法调控范围和目标确定在必要的水平上，既要防止其调控范围的不足，更要防止其恣意扩大。“一切不是由于必要而施用的刑罚都是暴虐的”，❷ 那肯定会侵害到公民自由。刑罚只是必要的恶，“刑罚超过必要限度就是对犯罪人的残酷，刑罚达不到必要限度就是对未受保护的公众的残酷，也是对已遭受的痛苦的浪费。”❸ 在风险社会，刑法在介入社会生活力求控制风险的同时，仍然要兼顾保障权益和扩大自由，在风险较小的情况下，要为发挥个人能力和满足个人需要留出充分的空间。罗克辛对此也有论述：“在借助刑法与风险做斗争时，必须捍卫法益关系和其他法治国的归责原则；在无法这么做时，刑法的介入就必须停止，刑法的空间只存在于风险决定能够公平地归咎于个人的场合。”❹

---

❶ 参见董邦俊，王振．风险社会中刑法人权保障机能之危机［J］．云南大学学报：法学版，2010（1）：61.

❷ ［法］孟德斯鸠．论法的精神（上册）［M］．张雁深，译．北京：商务印书馆，1961：311.

❸ ［美］戈尔丁．法律哲学［M］．齐海滨，译．上海：三联书店，1987：151.

❹ Roxin，a. a. O，S. 20. 转引自姜涛．风险社会之下经济刑法的基本转型［J］．现代法学，2010（4）.

法律是社会关系的调节器，随社会发展而变动，对风险社会的应时而动是法律的必然之举，但应在变动中谨慎前行，防止在规避风险的同时，又造成了法律自身的风险。特别是中国，辛亥革命尚不足百年，对自由的重视刚刚起步，却又步入风险社会这个大潮流，所以在我们借鉴西方风险社会理论的同时，也应看到社会基础和文化差异。不应顾此失彼，盲目照抄，我们要的是人与社会之间的井然有序，要的是自由与秩序之间的和谐相处，要的是有所为有所不为的辩证主义态度。

2.3 风险社会对责任理论的冲击

2.3.1 责任主义概说

我国刑法理论认为，一个行为是否成立犯罪，在具备构成要件符合性、违法性之后，还要具备有责性，也即认定行为人的责任。对责任可以作两个层面上的理解：一是指分内应做的事，如职责、应尽责任、岗位责任等。二是指没有做好自己工作，而应承担的不利后果或强制性义务。刑法学意义上的责任，指以“实施了符合构成要件的违法的行为为理由对行为人所进行的社会的非难或者是非难可能性。”❶ 首先，责任具备非难性。刑法上的规范，就是要求人按照规范行为，并且能够期待行为人实施合规范行为，所以在违反规范时能够对行为人处以刑罚；其次，责任是基于社会伦理的否定性评价，所以仅有违法行为，还不能产生责任，行为主体还要具备责任能力和期待可能性；最后，责任是对违法行为的非难，是刑法意义上的违法行为，也就是违反刑法规范的行为。❷

❶ ［日］大谷实. 刑法讲义总论（第4版）［M］. 东京：成文堂，1994：314.

❷ 参见马克昌. 比较刑法原理［M］. 武汉：武汉大学出版社，2002：421.

我国刑法理论中的责任主义强调“无责任则无刑罚”，英美刑法理论中也要求“无犯罪意图的行为不构成犯罪”。责任主义首先是一种主观责任主义，是在否定客观责任主义或结果责任主义的基础上形成的。在古希腊时代，对行为人的主观心态不加考察，无论是故意抑或偶然情形，凡是引起了客观的法益侵害后果就追究行为人的结果责任。那个时代，还存在血亲复仇的情形，实际上是个人犯错惩罚全家的团体责任和连坐责任的原始形态。到了古罗马时期，受希腊伦理学的影响，产生了恶意的观念，行为人的主观恶性被重视起来，成为处刑的前提条件。在以责任主义为基石的近代刑法理论中，责任包含了两个方面的意义：其一，主观责任。指排除结果归责的旨趣，以责任能力、故意或过失为必备要件，在具备非难可能性的场合才能予以追责；其二，个人责任。指个人仅对自己所实施的犯罪行为负责，不承担他人犯罪的责任。❶ 以责任主义的机能为分类标准，大塚仁教授将责任主义分为归责中的责任主义，量刑中的责任主义。所谓归责中的责任主义，是指把符合构成要件的违法行为与行为人联系在一起，对行为人进行非难，也就是本来意义上的责任主义。所谓量刑中的责任主义，就是在归责的基础之上，把责任作为进一步量刑的重要标准。当然，在量刑时，允许考虑责任以外的种种政策性要素，但不应超出责任的底线科处刑罚。❷ 可见，责任的认定在定罪与量刑中都有重要作用。

古典责任主义是与报应思想紧密相连的责任主义，而现代的责任主义则是报应与功利相融合的责任主义，使实际刑罚的处罚考虑了多重因素，但责任主义还是以刑法的限制机能为己任，着重于人权保障之价值。❸

---

❶ ［日］大谷实. 刑法讲义总论（第4版）［M］. 东京：成文堂，1994：315.

❷ 参见［日］大塚仁. 犯罪论的基本问题［M］. 冯军，译. 中国政法大学出版社，1993：176-177.

❸ 参见陈兴良. 刑法本体论［M］. 北京：商务印书馆，2001：316.

2.3.2　有关责任的学说[1]

2.3.2.1　道义责任论

道义责任论是古典学派的主张，认为所谓责任是对有自由意思者基于其自由意思实施的违法行为所加的道义非难。该学说发源于启蒙时代思想家所提倡的个人主义和平等主义，并以意思自由论为基础，主张犯罪都是基于行为人自由意思决定的理性行为，行为人既然以自己的意志去实施了犯罪，就应当自己承担责任，这是伦理要求的应有之义。凡是达到一定年龄，精神健全的人，都应具有自由理性。按照道义责任论，责任的大小不考虑行为人自身的素质或周边的环境因素，首要考虑的是实害的程度大小，接下来考虑故意或过失的心理状态。

显见，道义责任论重视犯罪人的行为，而不是犯罪人自身，这是客观主义的立场，其代表人物有德国的康德，日本的小野清一郎、团藤重光、大塚仁等。

2.3.2.2　社会责任论

社会责任论是近代学派的观点，为意大利犯罪学家菲利首创，后来德国学者李斯特、日本学者牧野英一等对其进行了补充。该学说从因果决定论出发，认为犯罪是行为人自身素质与周边环境综合的产物，对具体的行为道义上没有给予非难的理由。刑事责任的根据不在于行为人的自由意志，而在于防卫社会的需要，即为了使社会免受犯罪人的侵扰，而使其负刑事责任。所以，凡是实施危害社会行为的人，不论其年龄、精神状态如何，都应予以非难，并给予相应的防卫社会措施。所以，不仅有责任能力的人由于实施侵害

[1] 参见赵秉志. 外国刑法原理［M］. 北京：中国人民大学出版社，2000：144-146.

社会的行为而有责任问题，未成年人和精神病人也有责任问题。

可见，社会责任论是以社会防卫为中心的责任理论，它的落脚点不是在个人行为上，而是在行为人的社会危险性上，所以国家的刑罚权力容易扩张，因而丧失了责任原本的意义。

2.3.2.3　心理责任论

心理责任论也是古典学派责任论中的一种学说，以意志自由为其哲学基础，认为责任应在行为人对行为的心理关系上寻求，刑事责任的实质就在于行为人自己的心理关系或故意过失的心理状态，责任实际上是在确定行为人对自己行为的心理态度。心理责任论把行为人的心理态度分为对结果的认识和认识的可能性，把前者称为故意，后者称为过失。按照心理责任论，只要行为人具备责任能力，对行为结果具有认识或认识可能性时，责任就能够成立。心理责任论不能直接说明作为非难可能性的价值判断责任，不能正确把握责任，受到了学者们激烈的批判。

2.3.2.4　规范责任论

规范责任论由德国刑法学者麦耶于1901年提出，主张责任的本质不在于对结果认识或认识的可能性，而是从规范的角度对事实加以非难可能性，也就是说行为人违反了关于不该作出违法行为决意的法律上意思决定的规范要求，而依然决定实施此行为。责任的结构除了包括心理事实以外，还包括规范性评价和期待可能性。心理事实，是指行为人在实施行为时故意或过失的心理状态。规范评价，是指行为人违反了遵守法规范的义务而实施了违法行为。期待可能性，是指在行为人实施行为时，是否具有实施适法行为的可能性。根据规范责任论，如果行为人没有故意或者过失，就不存在责任。如果有了故意或过失，但不存在期待可能性，也不存在责任。显见，期待可能性是规范责任论的核心内容。

2.3.2.5　人格责任论

人格责任论，是指将犯罪行为作为行为人的人格主体的外化予以把握，一方面以道义责任论作为其基础，另一方面在行为人的人格上寻求责任的根据。该学说由德国学者麦兹格和鲍克曼所倡导，麦兹格主张行为责任论，鲍克曼主张生活决定责任论。根据人格责任论，犯罪行为是行为人人格的主体实现，犯罪行为是责任的第一基础，但人格一方面受自身素质、周边环境的影响，同时又是行为人主体自行形成的，所以在行为责任的背后，存在第二次责任的基础，即对人格形成的责任。简单地说，就是行为责任是第一位的，人格责任是第二位的。人格责任论克服了行为责任论和性格责任论的不足，很好地解决了惯犯的刑事责任问题。惯犯在过去的人格形成过程中，由于生活态度的散漫慵懒形成了其固有的习惯性犯罪的人格特征，这就是非难的根据。

2.3.3　风险社会对传统归责原则的冲击

前述责任理论虽各有不同的侧重点，但均是以个人负责主义为基础的，这也是罪责自负原则的要求。“罪责自负原则也称罪及个人、反对株连原则，是指刑事责任只能由实施犯罪行为者承担，即谁犯罪谁承担刑事责任。绝不能株连和处罚与犯罪人仅有某种联系，而与犯罪无关的人。”❶ 罪责自负原则是在反对封建专制刑法的过程中产生的。“古代刑法，受客观的责任（以结果论责任）以及团体的责任所支配，法律之责任，不问有无故意或过失，凡对于共同生活有害之行为皆加以处罚，此系以侵害法益的结果为依归，其责任之主体，在于团体，而不在于个人，此种‘团体责任’之观念，系使个人就他人之行为代负责任，连坐法即为此种观念而来之产物。”❷ 然而，随着社

---

❶ 张文，等. 刑事责任要义［M］. 北京：北京大学出版社，1997：126-127.

❷ 洪福增. 刑事责任之理论［J］. 台湾刑事法杂志社，1982：6.

会的进步，个人主义的勃兴，资产阶级启蒙思想界提出了“刑止于一身”的思想，其要求行为人只对自己实施的行为负责，承担责任的主体不是团体而是个人，行为人不对他人的行为负责，无论行为人与他人有何关系都不能追究其刑事责任。可以看出，罪责自负原则以个人责任原则为底线，与古代的团体责任和株连制相比，有极其重要的历史进步意义。

罪责自负也是与传统社会中的风险特征相适应的，在传统社会之中，生产力水平较低，人类的生活方式也较为简单，主要风险来源于天灾和一些传统人造风险行为，例如杀人、盗窃、伤害等犯罪。因此，就这些传统人造风险对社会秩序的影响来看：一方面，造成的物质性损害较小，风险的危害领域较小，而且较为容易控制；另一方面，风险及其危害后果之间的因果关系较为明晰，对行为人追究责任所需要的举证较为容易。所以，传统社会往往采用个人负责原则。

然而，科学技术的发展使因果关系理论受到了冲击，普通的以机械因果率为基础的条件理论遭受了前所未有的挑战，对于科技的运用而衍生的一些新型犯罪无能为力。因为传统的罪责自负原则只是选取了复杂的因果关系链条中的一环作为评价行为与结果之间关系的基础，而在风险社会，导致风险发生的因素不再只是负有直接责任的某个行为人的行为，风险制造因素之间的重叠与交错，使得因果关系的形式越来越复杂。1927年，德国科学家海森堡提出了著名的“测不准原理”，[1] 从侧面也给高科技风险社会中因果关系的复杂性予以了印证。科技的发展是一把双刃剑，在带来社会生产繁荣、社

---

[1] 该原理表明：一个微观粒子的某些物理量（如位置和动量，或方位角与动量矩，还有时间和能量等），不可能同时具有确定的数值，其中一个量越确定，另一个量的不确定程度就越大。测量一对共轭量的误差（标准差）的乘积必然大于常数 h/4π（h 是普朗克常数）是海森堡在1927年首先提出的，它反映了微观粒子运动的基本规律——以共轭量为自变量的概率幅函数（波函数）构成傅立叶变换对；以及量子力学的基本关系（E=h/2π×ω，p=h/2π×k），是物理学中又一条重要原理。量子世界里存在不确定性，根据海森堡的不确定原理可知，粒子在某一时刻的位置与动量，是不能同时准确给出的。对粒子的位置进行一次精确测量，会影响到粒子动量的精确性，位置测量的越精确，它的动量就会越不精确，反之亦然。海森堡不确定性原理是世界的一个基本的不可回避的性质。

会生活丰富的同时，也产生了大量不确定性的事物，其危害后果难以被准确估测。如转基因食品和生物，生化污染、核能利用等高科技风险可能引发的危害，已经超出了人类的认知能力。而且，风险社会中危险的引起，有的是一因多果，有的是一果多因，机械的因果关系理论已经难以认定其间的准确联系。

因而，传统的罪责自负原则，如果仍然只是机械地追究直接造成危害结果的行为人的刑事责任，则不仅导致刑法归责的范围过窄，无助于有效防范风险的发生，而且对被追究的行为人也不公平。风险社会的到来，促使人们不得不对“谁来负责”的问题进行重新思考，Mary. Douglas 提出了风险的法医学功能，他将当代对风险先入为主的观点表述为：“我们现在所处之处总是将每起死亡事件记在什么人的账上，认为每一起事故都是由什么人的犯罪过失引起的，一个人生了病也是什么人的责任。究竟是谁的错？这是第一个问题。”❶ 随着法人犯罪的大量出现，传统的个人归责原则出现了松动。正如有学者指出的，“法人犯罪出现在刑法领域，从根本上动摇了传统刑法理论赖以建立的个人责任这块基石，它要求在刑法上不仅要承认个人责任而且要承认法人责任即整体责任。”❷ 以环境犯罪为例，许多污染事件往往不能确定具体的责任人，比如某个地区有很多造纸厂，都在向江河里面排污，每个造纸厂都按排污的最低限度排放，但就这个地区总的排污总量来说已经严重超标了，而且最终造成了该地区大量居民饮用水出现污染，最终的这个责任由谁来负？每个企业都有自己的辩护理由，传统的罪责原则无法解决这个问题，这就是贝克的著名论断“有组织的不负责任”，也是我们常说的“人人有责，人人无责。”显见，传统罪责刑法理论中的个人责任，已经无法应对这个日益组织化的社会，以组织的名义在实施犯罪活动正肆无忌惮地侵蚀着人们的正常生活秩序，法律面临着改革的危机。

---

❶ ［英］海泽尔·肯绍尔．解读刑事司法中的风险［M］．李明琪，译．北京：中国人民公安大学出版社，2009：12.

❷ 何秉松．法人犯罪与刑事责任［M］．北京：中国法制出版社，2000：72.

同时，风险社会中，还存在着大量的责任事故，现有的归责理论也应对乏力。近年来，在国内外发生了很多安全责任事故，例如矿难、火灾、重大交通事故等。在此类犯罪中，重大的危害后果往往不仅是由具体的实施者造成的，实施者背后的监督管理者也负有不可推卸的责任。而传统的个人责任主义，往往只认定危害后果和行为之间的直接因果关系，因此，不可能追究对危害结果仅负有监督责任的人员的刑事责任。而事实上，负有监督责任的管理者在责任事故中，往往负有更大的管理责任，如果仅追究具体行为人的责任，就会造成刑事责任的分配不公，进而放纵犯罪，也不利于重大事故的风险预防。

2.4　风险社会对传统法益理论的冲击

2.4.1　传统法益保护范围的局限

法益就是指受法律所保护的利益和价值。[1] 一种行为之所以被法律规定为犯罪，根本原因就是其对刑法所保护的利益构成侵害或具有侵害可能性。在德日刑法理论中，法益的概念在刑法理论中一直处于核心地位。其原因有二：①犯罪构成要件的主要功能就是保护法益，法益在刑法解释时经常要适用；②法益具有立法批判机能，检验刑事立法正当性，限制刑罚的肆意性。[2]

传统刑法所保护的法益范围，主要集中在一些传统的生命、财产等个人法益。其一贯彻坚持以实害为追究犯罪的基础之研究范式，在立法上则以处罚结果犯为主旨。传统刑法可以说是一部以法益为核心的保护法，其基本理念就是将行为与法益的实际损害紧密相连，而一些风险相关行为，诸如危险

---

[1] 参见赵秉志. 外国刑法原理［M］. 北京：中国人民大学出版社，2000：26.

[2] 参见［英］安德鲁·冯·赫尔希. 法益概念与损害原则［J］. 刑事法评论，(2)：188.

犯、预备犯等，仅是一幅图画中的星星点缀而已。然而，当风险社会到来之后，公众对风险的不安和恐惧感不断增强，消除公众的恐惧感也是现代刑法应解决的问题。特别是针对一些危害公共安全类的犯罪，比如煤矿安全事故，高楼火灾，核能源的泄漏等责任事故，即使动用严厉的刑罚手段进行处罚，公众也不会抱有一种宽容态度。如果刑法仍固守于保护传统法益，而忽视和整个人类社会存亡相关的环境、安全等集体法益，就无法满足风险社会中民众的安全感等需求的底线。因为风险社会的法益无论从范围、性质和立足点上来说，都与传统刑法所保护的法益不同。具体而言：

其一，超个人法益的引入。随着刑法调整关系的多元化，针对社会发展产生的新型风险，引入了大量的超个人法益。如食品安全、交通安全、国民健康等。这也影响着法益逐渐模糊化、抽象化，由客观实在法益向精神层面的法益转换。“事实上，当人类进入风险社会后，刑事立法和解释都已经远远突破了法益的物质化的限制，尽管指责、质疑声不断，但仍然无法阻挡法益日益精神化、抽象化的趋势。”❶

其二，生态法益的提倡。面对日益深重的生态危机，人类逐渐认识到人不能离开自然界而独立存在；人只是生态族群中的一员。基于此，生态哲学作为一种生态主义的哲学观出现了。❷ 生态哲学非人本的思维方法启迪了刑法上法益内涵的思维角度。超越人本思维的法益观念，不再把人类利益作为唯一直接保护的对象，使得法益的伦理基础发生了转变，由人本主义转向生态主义。生态法益完全不同于传统法益，其着眼于全人类的生存发展，无论是国家经济法益，还是社会局部法益，抑或是个人法益，都是我们生存的生态环境的一部分。人类和动物、树木、江河、海洋一样都是自然环境的一部分，是平等的，人类不能想当然就将自身作为整个世界的主宰。生态法益理论将整个生态环境作为保护对象，将法益的内涵提到了相当高度。通过刑法给予生态法益最周延的保护，使人类和自然环境和谐相处，这也是科学发展

❶ 舒洪水，张晶. 法益在现代刑法中的困境与发展［J］. 政治与法律，2009（7）：107.

❷ 参见郑少华. 生态主义法哲学［M］. 北京：法律出版社，2002：121-129.

观的应有题中之意。[1]

此外，在风险社会中，科技发展产生的网络空间犯罪及基因犯罪、生化犯罪等所产生的法律问题，有的很难说清侵犯了何种法益。[2]

刑法应该具有时代性，其不应脱离其所处的历史时代背景，刑法的法益保护范围也应该与时俱进。因此，身处风险社会，法益理念是否有终结的危险，这就是风险刑法话题的关键争执所在，其不仅涉及刑法体系如何完善，还与法益理论是否终结，或者在传统刑法的框架内做适当调整都是需要我们进一步思考的问题。

2.4.2　法益侵害说的危机

法益侵害说主张，违法性的本质是对法益的侵害或者威胁。[3] 法益侵害说强调法益实际受到损害之时，刑法才能介入，而风险社会很多风险是潜在的，依据法益侵害说无法予以有效的刑法规制，且法益侵害说本身也存在一定的漏洞。

其一，固守法益的概念容易导致处罚的后置化。风险社会中危机四伏，如果刑法不能发挥其积极作用，等到实际的法益侵害或者是一定的危险事实发生之后，才去干预，为时已晚。特别是当前的一些生态污染类犯罪中，表现更为明显。日本福岛核电站泄漏事件，又一次给人们敲响了警钟，实际上福岛核电站在日常的运行中，就已经多次对事故隐患隐瞒不报，最终酿成了无法收拾的惨祸。

其二，法益侵害说容易忽视被容许的危险。在社会生活中，一些行业本身就存在很大的危险，例如医院、高科技产业等。这些高度危险行业，往往也是人类社会必不可少的，有的还是社会发展的主要助推力。如果不加区分

---

[1] 参见王振．坚守与超越：风险社会中的刑法理论之流变［J］．法学论坛，2010（4）：71．

[2] 参见陈晓明．风险社会之刑法应对［J］．法学研究，2009（6）：55．

[3] 参见张明楷．法益初论［M］．北京：中国政法大学出版社，2000：271．

就认为这些行为具有违法性，会阻滞社会的发展进步。

其三，法益的限制机能进一步弱化。法益侵害说的重要机能就是限制刑罚的范围，结果无价值论者认为，刑法要想实现其限制国家滥用权力的目的，就必须依赖功利主义的法益保护观念。国家虽然有权运用刑罚干涉国民的自由，但其只有在法益受到侵害时，才可能使用刑罚，只有这样的刑罚才是正当的。可以看出，结果无价值论非常重视法益的限制机能。[1] 随着现代社会法益概念的不断模糊和扩大化，法益的限制机能受到了冲击。例如，在德国的刑事立法中，将民众的健康认定为与麻醉剂相关的刑法要保护的法益，而经济刑法保护的法益则是市场经济的正常秩序，这样就使得那些针对通过扩大构成要件的范围进行入罪的批评大幅减少。可是，法益理论本来是用来限制刑罚的范围的，但是现在所有的事物都可合情合理地转化成法益，法益变成一个大口袋，刑法也变得模糊不清了，失去了其明晰的轮廓。[2] 这样就会产生一对悖论：①那些应对社会发展产生的新罪名，如果说不清楚其所保护的具体法益，就会被指责缺乏立法的正当性。②如果运用解释的方法，对新设立的罪名运用模糊抽象的法益予以解释，则又可能造成法益概念自身的模糊性。

再如日本，近年来出现的刑事立法倾向表现为许多抽象法益逐步列入刑法保护的范围。如《关于规制纠缠等行为的法律》《有关规制克隆人技术的法律》以及《关于器官移植的法律》。抽象危险犯的不断设立，扩大了模糊抽象法益的适用。其立法本意是为了调整刑法体系，以应对现代风险社会对刑法带来的巨大冲击，这也导致现代刑法与传统刑法的法益理论展开了长久的争论。抽象危险犯是很难把握的，特别是对危险的认定，本身就具有模糊性。立法中抽象危险犯的逐步增加，使法益侵害说与规范违反说产生了冲突，到底对抽象危险犯的判定是以传统法益保护原则为标准，还是以规范主

---

[1] 参见［日］関哲夫. 法益概念与多元的保护法益论［J］. 吉林大学社会科学学报，2006（3）：69.

[2] ［德］哈斯默尔. 面对各种新型犯罪的刑法［EB/OL］.［2010-11-28］. 冯军，译. http://www.baojian.gov.cn/bjsy/fxqy/2006-04/33ef6cf688bc4f60.html.

义理论来说明，这存在较大争议。因此，抽象、模糊法益的出现在不知不觉中扩大了刑罚的处罚范围，这与法益设立的初衷是相背离的。尤其是现代刑法赋予了法益越来越宽泛的内容，法益不断地膨胀，使它限制刑罚发动的功能日渐萎缩。❶

2.4.3　结果无价值论的困境

法益侵害说受到了现实的挑战，法益规范说和规范违反说是一对宿敌，其在违法性的本质中也有反应，那就是结果无价值论与行为无价值论的对立。主张法益侵害说者通常赞成结果无价值论，在判断某一行为是否构成刑事违法，或是否构成违法阻却事由时，最根本的考虑是看法益是否受到侵害或威胁，也就是是否有结果发生。如果法益没有受到侵害或威胁，无论行为人内心世界多么邪恶，行为对社会生活多么具有危害性，也不成立刑事违法。❷ 主张规范违反说者通常赞成行为无价值论，在判断某一行为是否具备违法性时，主要看其是否违反了法规范，违法性的本质是违反了反映国家、社会和个人的基本伦理秩序的伦理规范，所以在判断违法性时主要看的是行为的反伦理性。

结果无价值论的思维模式是由果溯因的，即首先要看被害人受到什么样的危害结果，然后看危害后果是由谁实施、如何实施的，由此判断行为是否具有刑事违法性，这实际上是从被害者的角度考虑违法性问题。我国刑法立法的主要特点之一，就是重视行为的实害结果。而在欧洲国家，针对新型犯罪，立法的普遍倾向是在危险领域，超前立法，刑法处罚前置化，体现了应对风险的前瞻性。意大利刑法典第 445 条规定："以对公众健康造成危险的方式提供药品，从事包括擅自从事药品销售的人，所提供的药品不符合医生嘱托的种类、质量或数量的，或者与所要求的或商定的种类、质量或数量不

---

❶ 参见舒洪水，张晶. 法益在现代刑法中的困境与发展［J］. 政治与法律，2009（7）：105-106.

❷ 参见张明楷. 刑法的基本立场［M］. 北京：中国法制出版社，2002：163.

同的，处6个月至2年有期徒刑和103欧元至1032欧元罚金。”[1] 日本改正刑法草案第175条规定：过失使爆炸物或者激发物破裂，导致对人的生命、身体或者财产产生危险的，处1年以下禁锢或者20万日元以下罚金。过失致使煤气、电气、蒸汽、放射线或者放射线物质漏出、流出、散出或者断绝，导致对人的生命、身体或者财产产生危险的与前项同。懈怠业务上必要的注意，犯前两项之罪的，处3年以下禁锢或者30万日元以下罚金。因重大过失犯前两项之罪的，亦同。[2] 德国刑法典也有相关立法，其第311条规定：违反行政法义务（第330条d第4项、第5项），为下列行为之一，足以损害他人身体、生命或他人的贵重财物的，处5年以下自由刑或罚金刑。犯本罪未遂的，亦应处罚。行为人在管理一设施，尤其是管理一经营场所时，以造成该设施以外的损害的方式过失实施第1款之行为的，或在第1款其他情形下，严重违反行政法义务的，处2年以下自由刑或罚金刑。”[3] 实际上从1998年德国的刑法改革重点可以发现，其对特别危险领域进行了重点保护，意在发挥了刑法在预防风险方面的应有作用，这也是德国1998年新刑法典颁布的主要目的之一。

过失危险犯往往规定在危害公共安全类罪之中，我国刑法分则在危害公共安全罪一章中，没有设立过失危险犯。这与目前过失犯罪给社会造成的巨大损失，以及给民众造成的不安全感极不相称。如何有效控制风险的发生，不再只是去亡羊补牢，是我国将来刑法现代化的重要议题。在这种背景之下，如果我们还是一味地坚持结果无价值论，强调对实害犯的处罚，而不注重对危险犯的惩处，那只能是与刑法应对风险社会的大局南辕北辙。另外，我国刑法对于有些罪状的设置很不合理，明显是放纵危险变成严重的危害后果。例如我国《刑法》第146条规定：“生产不符合保障人身、财产安全的国家标准、行业标准的电器、压力容器、易燃易爆产品或者其他不符合保障

[1] 意大利刑法典［M］. 黄风，译. 北京：法律出版社，2007：156.

[2] 日本刑法典［M］. 张明楷，译. 北京：法律出版社，1998.

[3] 德国刑法典［M］. 徐久生，庄敬华，译. 北京：中国法制出版社，2002：151.

人身、财产安全的国家标准、行业标准的产品，或者销售明知是以上不符合保障人身、财产安全的国家标准、行业标准的产品，造成严重后果的，处 5 年以下有期徒刑，并处销售金额 50% 以上 2 倍以下罚金；后果特别严重的，处 5 年以上有期徒刑，并处销售金额 50% 以上 2 倍以下罚金。”按照该条的规定，生产、销售不符合安全标准的产品，只要不造成严重后果，不追究刑事责任。这样就会给生产销售者一种暗示，只要不死人或危害不重就不会判刑罚钱，制假售假者不但没有感到刑法的威慑，而是更加有恃无恐，那刑法的预防功能又体现在何处呢？等到发生了重大伤亡事故，然后再去大兴刑狱，平复民愤，恐怕有作秀之嫌疑，而亡者已逝，岂能还复。风险社会背景下，有些新技术领域恐怕比假冒伪劣的产品所产生的风险要巨大的多，那种风险如果不被控制在合理的范围以内，而也要等到“曲终人散”再去施以严厉的处罚措施，恐怕不仅是亡羊补牢所能及也。

2.5　刑罚相关问题反思

刑罚是由刑法明确规定的，由国家的司法审判机关按照法律的规定对犯罪人适用的刑事制裁方法。[1] 刑罚是刑法独有的制裁方式，其他部门法的制裁措施都是在行为构成犯罪之前采取的，其严厉性、人身的紧密相关性等远不如刑法，所以说刑法是最后的保障法，也就是说这个意思。现代刑法的产生，源于对残暴的封建专制刑罚的反抗。风险社会的来临，不以人的意志为转移，如何控制风险使其在未来不变为现实，如何把民众的安全感需求和民众的自由意识协调起来，是法律需要琢磨的东西。刑罚作为国家意志最终的落脚点，民众自由的保障器，也应有所反思。刑罚的本质、目的、刑罚体系

---

[1] 参见高铭暄，马克昌．刑法学［M］．北京：北京大学出版社，2007：237.

及刑罚种类等都是值得我们重新思考的问题。

2.5.1 刑罚理念的反思

理念，是一种观念和立场。刑罚的理念即是刑罚的基本观念、刑罚的基本立场。社会背景的变迁，风险社会的到来，要求我们必须对刑罚的本质、刑罚的目的等基本问题重新思考。

刑罚的本质，也可以说是刑罚的正当化根据，是刑法理论争论的老话题。刑罚正当与否，关系到国家权力行使是否得当，也关乎个人自由保障与限制正当与否。[1] 对于刑罚本质，理论上存在报应刑论与目的刑论的争论。报应刑论，为前期旧派所坚持，认为犯罪本身是一种恶，刑罚就是针对犯罪的恶报，有恶性就有恶报。这种观点是古老的正义观念的体现，宗教教义和民间谚语也反映了这种观念，诸如"恶果皆由恶由而来""善有善报，恶有恶报"。因为有了犯罪而予以刑罚处罚，是报应刑论的刑罚理念的经典表述。近代的报应刑论的发展，经历了从康德的等量报应观、黑格尔的等价报应观到宾丁的法律报应主义。[2] 目的刑论为新派所主张，认为刑罚不是对犯罪的报应，刑罚本身并无意义，只是为预防将来的犯罪而生，只有从预防犯罪的角度来说，刑罚才有存在的意义。龙勃罗梭最早提出了社会防卫，认为犯罪是对社会秩序的侵害，刑罚是社会防卫的必要手段，只有这样，刑罚才具有正当性。后来李斯特发展了目的刑论，将犯罪人分为两类，一类是可改造者，对其可以适用自由刑；另一类是不可改造者，对其可以实施终身监禁或者死刑。目的刑论又可分为两种观点，一种是一般预防论，其主张刑罚用以防止没有犯过罪的人去犯罪；另一种是特殊预防论，主张刑罚是用来防止犯过罪的人再去犯罪。总地来讲，目的刑论的经典表述是，为了没有犯罪而运用刑罚手段。后来在报应刑论与目的刑论的基础之上，又出现了一种折中主

---

❶ 参见邱兴隆. 关于惩罚的哲学［M］. 北京：法律出版社，2000：1.

❷ 参见马克昌. 刑罚通论［M］. 武汉：武汉大学出版社，1999：28-29.

义的观点即并合论，主张一种相对的报应刑论，认为刑罚的根据一方面是满足了人类善恶报应的正义诉求，另一方面也是防卫社会所必需，应在报应的基础上实现预防。因为出现了犯罪并为了犯罪不再发生而处以刑罚，这是并合论的经典表述。[1] 风险社会出现了许多不同于传统社会的特征，在这个背景下，刑罚的正当化根据的各种学说也受到了一定的诘问。在风险社会中，人们更关注的是个人及其所处环境的安全性，人们对公共安全的要求更高了，而非一味地追求权利与自由。风险社会的特定环境使人们对自身安全的关注超过了其他需求，因为风险的危害性更难以预测，如果等到实害发生再动用刑罚，刑罚就失去了其存在的必要。所以说，报应刑论不能支撑刑罚的正当性根据，而目的刑论也存在一定的缺陷，因为风险社会中自然犯依然存在，自然犯往往以结果为处罚依据，如果仅仅为了预防自然犯，而不等实害的发生就处罚，显然也不合适。那么，风险社会中刑罚的正当性根据，是否就应该采取并合论呢？并合论以报应为基础，然后考虑预防，是比较折中的观点，但也有不足之处。风险社会预示着法定犯时代的到来，刑罚更加关注的是风险控制，而风险控制又不仅是在报应基础上的预防，有时是纯粹的预防，当然这必须是那些特别涉及重大公共安全的领域，所以并合论也应该在风险社会背景下作出一定的修正。

刑罚的目的，简单地说就是国家制定、适用、执行刑罚所希望达到的效果。刑罚的目的是刑罚问题的核心，制约着刑罚的诸多方面。其一，它制约着刑罚实施的范围，比如刑罚能否对精神病人和儿童实施？其二，它影响刑罚的体系和种类，例如主张报应主义者多主张刑罚的残酷性。其三，它制约着刑罚的具体执行方式。在刑罚目的的选择上，纯粹的报应主义已经被摒弃，现在理论上以预防主义为主流。预防主义又分为特别预防论、一般预防论。再进行细分的话，一般预防论者又可以分为两派，即消极的一般预防主义和积极的一般预防主义。一直以来，在对犯罪人处以刑罚时，总是侧重于

[1] 参见张明楷. 刑法学［M］. 北京：法律出版社，2003：394-395.

对犯罪人的矫治，想通过矫治使其能够顺利地回归社会。刑罚的目的，无论由谁来构建，其自身都具有主观性。就目的本身而言，是不能保证自我实现的，20世纪的司法实践证明，刑罚想达到预防犯罪的目的，基本上没有实现。[1] 随着风险社会的来临，威胁人类公共安全的风险日渐增多，在这一风险语境中，刑罚的目的应该是预防并且有效地控制风险，达到这一目的，还需要理论、立法和司法的共同努力。

2.5.2　刑罚体系的反思

我国刑法现有的刑罚种类，有主刑和附加刑两类。主刑由轻到重包括管制、拘役、有期徒刑、无期徒刑、死刑五种。附加刑有四种，包括罚金、没收财产和剥夺政治权利，对外国人还可以附加驱逐出境。我国刑法现有的刑罚体系，总的来说是体系完善，结构也较为合理，但如果应对风险社会，仍有完善的空间。

其一，对于短期自由刑而言，它是针对犯罪情节较轻的犯罪而设置的，但经过长久的司法实践，我们发现短期自由刑并不能达到人们的最初目的。短期自由刑在具体执行过程中，难以消除犯罪人的主观恶性，而且存在交叉感染的弊端。一些犯罪人本身是因为偶犯或者是轻微犯罪而被处短期自由刑，往往都被羁押在看守所里，不实施分类看押，犯罪人互相学习犯罪技能，刑满释放后可能成为危害更大的潜在犯罪人。这不仅没有消除风险，反而给社会带来了新的风险，不利于社会秩序的维护和风险的控制。所以，有必要反思其风险产生的原因，并创设替代短期自由刑的执行方式，以起到真正的预防作用。

其二，现有的附加刑种类过于单一。风险社会中，单位犯罪会逐渐增多，特别是一些危害环境类的犯罪、基因类的犯罪。对于此类犯罪，如果仅

---

[1] 参见储槐植. 刑法目的断想［J］. 环球法律评论，2008（1）：7.

处罚个人，或者只对单位判处财产刑，不能起到相应的威慑预防作用。

2.5.3 单一预防模式的不足

风险社会理论告诉我们，随着人口的不断增长和素质的提高，专家的话语体系正不断地受到冲击，更多的人对专家的建议和权威性产生了质疑，加之不同的专家对同一问题的看法迥异，使普通民众更加无所适从。对犯罪预防而言，人们越来越重视风险的管理，而不是预防犯罪本身。就犯罪预防而言，西方发达国家把其作为一个产业来对待。20 世纪 80 年代，西方发达国家的政府发起了一场犯罪预防运动，预防的措施是多角度的，不仅包括刑罚层面，甚至与保障公共安全、预防风险的相关产品和贸易也涵盖其中。❶ 在英国，犯罪预防是多个部门协作的，是一体化的犯罪预防。1984 年，英国内政部发布了《摩尔根报告》，其全称是《内政部犯罪预防常务会议关于“使社区更安全”的报告：地方政府参与多机构协作犯罪预防模式计划》。该报告强调，犯罪预防是多个机构的共同职责，要建立一种协作、信息共享机制，刑罚只是犯罪预防中的最后环节，不能过分依赖。❷ 而且，英国内政部还发布了社区安全行动通信（见表 2-3）。

表 2-3 一份英国内政部关于“社区安全行动”的通信

抑制犯罪的原因	减少犯罪机会	打击具体犯罪
家庭支持计划	加强家庭、公共场所和工作场所的安全	入室行窃

---

❶ 参见［英］戈登·休斯. 解读犯罪预防——社会控制、风险与后现代［M］. 刘晓梅，等，译. 北京：中国人民公安大学出版社，2009：1-2.

❷ ［英］戈登·休斯. 解读犯罪预防——社会控制、风险与后现代［M］. 刘晓梅，等，译. 北京：中国人民公安大学出版社，2009：112.

续表

抑制犯罪的原因	减少犯罪机会	打击具体犯罪
社区发展计划和邻里倡议	改善街道和公共场所的照明条件	家庭暴力
预防滥用酒精和毒品计划	提高居住区域、城市中心和停车场的安全并改善其设计	汽车犯罪
对犯罪人及其家庭的工作计划	注意公共交通规划和管理中的安全因素	种族歧视犯罪
就业及培训计划	加强对持照经营行业的安全管理	侵害儿童的犯罪

资料来源：［英］戈登·休斯．解读犯罪预防——社会控制、风险与后现代［M］．刘晓梅，等，译．北京：中国人民公安大学出版社，2009：113.

刑罚并非万能的预防手段，它应该被置于最后的阶段。同时我们还要注意运用非刑罚处理方式。我国《刑法》第36条和第37条明确规定了三种非刑罚处罚方式：第一，判处赔偿经济损失和责令赔偿经济损失。第二，训诫、责令具结悔过和责令赔礼道歉。第三，由主管部门予以行政处罚或者行政处分。[1] 此外，民法和行政法上的一些处罚措施，也可以有效预防和惩治风险社会中的高危险犯罪，例如对待有些企业为了经济利益，擅自开发人类基因项目，如果在采取刑罚措施的同时，吊销其营业执照，剥夺其资质，更能实现良好的社会效果。预防风险在刑法之前大有可为，建立民事、行政制裁的多元控制风险体系，避免刑法的被迫介入，是有效应对风险社会的重要途径。

---

[1] 参见高铭暄，马克昌．刑法学［M］．北京：北京大学出版社，2007：269-270.

第 3 章

刑法危机的理论应对

3.1 全盘否定还是调整应对——风险社会刑法的立场选择

风险社会视野下，传统刑法的归责原则、法益概念、刑罚理念都受到了一定冲击。刑法学界对此也颇为关注，诸如风险刑法理论、安全刑法理论、敌人刑法理论，都试图寻找风险社会中如何利用刑法利器抗制风险的捷径。面对风险问题乏力应对的传统刑法，面对纷繁芜杂的风险社会，刑法理论应有所调整，我们应该采取全盘否定传统刑法理论，还是在传统刑法理论内部进行调整，这是我们首先应该深思的。

3.1.1 风险刑法理论

3.1.1.1 风险刑法的定义

风险刑法理论是建立在风险社会理论基础之上，为应对风险社会对传统刑法理论冲击而发展起来的预防和控制风险的刑法学理论体系。最早出现在德国刑法学家普里特维茨（Prittwitz）在其1993年出版的专著《刑法与风险》，提到了风险刑法。普里特维茨指出：“风险刑法是一种目的性刑法（Zweckstrafrecht），从传统对恶的不法评价发展至以危险性作为刑法对象。所谓的目的应理解为风险的最小化，并涉及透过行为操控为法益保护（或规范稳定）的功能。”[1] 日本刑法学界后来也开始研究风险社会的刑法应对问题，日本龙谷大学金尚均教授的博士论文《危险社会的刑法》，是该领域的重要代表作。[2] 在近几年来，我国刑法学界也开始关注风险刑法理论，不少学者对其进行了探讨。卢建平教授认为：“刑法从传统的后卫地带走向前沿地带，通过惩治行为人行为所带来的风险来实现对法益更为前置的保护，这便是‘风险刑法’。所谓风险刑法，是指通过规制行为人违反规范的行为所导致的风险，以处罚危险犯的方式更加早期地、周延地保护法益，进而为实现刑罚的积极的一般预防目的而形成的一种新的刑法体系。在诸如环境犯罪、计算机犯罪、食品药品犯罪、基因医学犯罪等特定领域，大陆法系国家的刑法理论和立法已经开始显露出这样的一种转向。”[3] 屈学武教授指出：当前中国社会处在经济转型期，很多东西都在不断变化，经济基础决定上层建筑，刑法现在就显得有些迟滞。从某种意义上说，中国已经进入风险社会，

---

[1] 转引自林宗翰. 风险与功能——论风险刑法的理论基础［D］. 台北：台湾大学法律系，2006：53.

[2] 参见王拓. 风险刑法理论的现代展开［D］. 北京：中国政法大学，2009：21.

[3] 卢建平. 风险社会的刑事政策与刑法［G］//中南财经政法大学刑事司法学院. 风险社会与刑事政策的发展研讨会论文集，36.

风险社会呼唤风险刑法，例如《刑法修正案（八）》规定的危险驾驶罪，就是风险刑法的具体体现。❶ 有学者认为，风险社会来临之后，风险对刑法进行了重新塑造，刑法逐渐变成了国家应对风险的重要手段，它应该体现社会公共安全的需要，刑法不应再以简单的报应来应对风险，控制风险需要刑法发挥其威慑功能，刑法的势力范围也由造成实害阶段前移至危险形成阶段，最终使犯罪的主观方面在刑法中的作用日趋减少。❷

有学者认为，传统刑法以实害为主的研究范式已经不能应对风险社会新形势，为了防范重大风险和公共安全，应该运用新的刑法研究范式，刑法应该更关注社会的公共安全，应当构建以风险为核心的风险刑法理论。风险刑法不以法益的具体损害为构成必备要件，法益概念呈现扩大化趋势，以防范风险为其要务。❸ 此外，我国台湾有学者认为："风险刑法以风险而非实害为刑事不法的核心地位、以社会连带为刑法规范的对象、以全面预防代替事后的法和平性的回复、以常态意外（normal accident）取代偏差性的意外概念、以风险取代危险概念、以社会系统的连通取代个人的自然行动。"❹

上述诸种观点有相似之处，笔者认为，风险刑法理论就是以预防风险为主要目的，以处罚危险犯为手段，力图实现刑罚的积极的一般预防功能的刑法理论。

3.1.1.2 刑法中的"风险"与"危险"界分

风险与危险，在我们的生活中是很常见的两个词语，但很少有人会将它们认真区分开来。在风险社会这个视角下，探讨刑法这个社会关系最终调节器的应对措施，就有必要在刑法的意义上对它们进行界分。

---

❶ 参见屈学武. 刑法修改八亮点进入风险社会［EB/OL］.［2010-12-5］. http://news.163.com/10/0826/21/6F1SF6KF000146BD.html.

❷ 参见劳东燕. 公共政策与风险社会的刑法［J］. 中国社会科学，2007（3）：129-131.

❸ 参见陈晓明. 风险刑法的构造及内在危险［N］. 检察日报，2009-11-02（3）.

❹ 林宗翰. 风险与功能——论风险刑法的理论基础［D］. 台北：台湾大学法律系，2006：53.

在日常生活的话语体系中，风险与危险都有一种不确定性的含义在里面，指难以预测的后果，都不是指具体的后果，而是指以后有可能发生的危害后果。两者也存在细微的差别，危险本身就是一种带有负面评价的词语，代表了一种不希望的心理状态，而风险注重于表达一种对未来难以预测的状态，是一种较为中性的评价。贝克从社会学的角度对二者进行了区别。贝克认为，危险是一种由外界自然力产生的，不是由人来决定的，并且外界的威胁是不可改变的。与此相反，风险则是人类建构出来的一种文明，是由人的决定造成的，风险往往存在有利的一面，也存在不利的一面，风险因知识而产生，知识越多风险也就越多，人类想通过有意识的采取预防措施去战胜人类发展的副作用。❶ 卢曼认为，“当人们基于决定中的不可知未来来观察一个决定时，这个决定就表现为风险，对于自己不做决定的受害者而言则表现为危险。如果可能发生的危害是由于决定产生的，那人们所谈论的就是风险，是决定带来的风险。如果将可能发生的危害看做是由外在环境引发的，那所谈论的就是危险。”❷

从以上可以看出，无论贝克还是卢曼都将风险视为由人类决定产生出来的，将危险视为由外界自然环境造成的后果。在刑法语境中，这种界分意义不大，刑法关注的是哪些行为触犯了刑法规范，危险实际上是风险在刑法中的一种表现，而且危险这个词语也广泛地出现在刑法领域，比如危险犯、危险状态等，所以笔者对风险与危险不加以词语上的区分。

3.1.1.3 风险刑法的构造和价值

风险刑法与传统刑法不同，风险刑法以预防风险发生为出发点，不注重具体法益的实害，所以也不再预设具体的法益内容，不注重犯罪客体和对象的存在，法益的内涵逐渐模糊化，法益侵害不再具有决定犯罪的作用，对规

---

❶ 参见［德］乌尔里希·贝克，约翰内斯·威尔姆斯. 自由与资本主义［M］. 路国林，译. 杭州：浙江人民出版社，2001：120-121.

❷ 转引自林宗翰. 风险与功能——论风险刑法的理论基础［D］. 台北：台湾大学法律系，2006：11.

范的违反成为犯罪的本质特征；风险刑法突破了传统刑法中的责任必有过错原则，不再一味探究行为人的主观心态，因为风险社会的风险很多是高科技风险，往往具有不可认知性，行为人的主观心态往往缺少故意或过失，事实上也很难查明，所以风险刑法力图使客观构成要件类型化，用以解决风险社会中的归责问题；风险刑法理论主张淡化传统的因果关系理论，因为风险社会中的因果关系呈现复杂趋势，具有很大的不确定性。风险刑法不以因果关系为归责的基础，而是将客观化了的风险作为归责基础，也就是风险规范化与归责联系起来；风险刑法理论中的刑法功能，以预防为主，以行为人作出的风险决定是否违反刑法规范来判断责任，有力地应对了“有组织的不负责任”这一风险社会的典型现象，是积极的一般预防理论的题中之意。[1]

因此，风险刑法理论迎合了风险社会对风险控制的需求，相对于传统刑法理论来说，具有其积极价值。首先，风险刑法理论弥补了传统法益概念的不足，传统刑法对法益的理解过于狭窄。风险社会中出现了很多新型犯罪，例如基因犯罪、环境犯罪等，它们侵害的往往不是现实的法益，而是很多关系到人类子孙后代的未来法益，所以风险刑法对法益概念采取了非物质化的解释方式，具有预防风险的价值。其次，风险刑法理论主张弱化因果关系对归责的意义，强调客观化的风险才是归责的基础。风险社会中很多危险或损害往往是由于很多复杂因素造成的，因果关系难以判断，对风险进行客观的类型化，有利于防范责任无人承担的状况。最后，风险刑法理论有利于发挥刑罚的预防犯罪的价值。[2] 现有刑罚理论实际上仍是以报应为主，在具体司法定罪量刑上，这一点反映得更清楚，法官主要是依据犯罪客观危害来进行量刑，这不利于风险社会中未来法益的保护。

3.1.1.4　风险刑法的内在风险

风险刑法理论是为了应对社会变革应运而生的，其以预防风险为己任，

---

❶ 参见陈晓明．风险刑法的构造及内在危险［N］．检察日报，2009-11-02（3）．

❷ 参见王拓．风险刑法：风险社会下传统刑法的必要补充［N］．检察日报，2010-04-26（3）．

与传统刑法理论形成了冲突。风险刑法偏重于风险的预防和管理，在这个自由与安全本来就处于一种紧张关系的时代，风险刑法本身就存在摧毁自由空间的危险。对此，牛津大学的阿什沃思（Ashworth）教授在论及对犯罪未成阶段就前置化处罚的时候，就警告了这种对国家刑罚权滥用的危险，德国刑法学者赫尔佐格（Herzog）也论述过风险刑法自身所蕴含的权力滥用的危险。❶ 首先，这种风险表现在为了预防风险，创设了大量的新罪名，犯罪圈被过度扩张了，刑法出现泛化的危险；其次，自由保障机能的进一步弱化，风险刑法将其保护的重心不断前置化，对一些具有抽象危险的行为，甚至对一些法益比较模糊的行为进行处罚，民众的自由受到了很大限制；最后，风险刑法的立法倾向是刑罚的前置化处罚，不要求法益的实际侵害，刑罚不适当地扩大化了，有违近代刑法确立的谦抑性原则。

3.1.2 安全刑法理论

安全刑法理论与风险刑法理论内容相近，但建构理论的着重点不同。德国波恩大学的乌尔斯·金德霍伊泽尔教授认为：科学技术快速发展加之全球化的趋势，当今社会发生了重大转型，转型过程中出现了很多危险，人们的安全日益受到影响，要正视这些危险。而作为社会监督机器的刑法，弥久以来未曾更新，已明显乏力于当前社会民众之安全需求，德国应当呼唤着安全刑法的出现。安全刑法不是等到法益遭到实害才去制裁，它忽略了对个体法益的呵护，期望能够避免社会秩序的混乱；它注重犯罪的积极一般预防，传统刑法的教育预防理念已经过于含糊；而且它的基本任务，使社会安全的底线得以维护。❷ 可以看出，乌尔斯·金德霍伊泽尔教授认为安全刑法是风险社会安全稳定的最基本的前提保障。

---

❶ 参见劳东燕. 公共政策与风险社会的刑法［J］. 中国社会科学，2007（3）：137.

❷ 参见［德］乌尔斯·金德霍伊泽尔. 安全刑法：风险社会的刑法危险［J］. 刘国良，译. 马克思主义与现实，2005（3）：38-40.

安全刑法理论具体主张大致有以下几个方面：其一，刑法的首要任务应该是维护安全。海因里希·耶赛克在德国刑法教科书中开宗明义地指出："刑法的任务是保护人类的共同生活秩序。没有一个人能够与世隔绝地生活，相反，所有的人均基于其生存条件的要求，需要生活在一个彼此较为合作和相互信任的社会里。在维护人类社会关系的和平秩序和保护秩序方面，刑法具有重要的意义。"❶ 在风险社会中，新型风险不断增加，给人们的安全感造成了巨大冲击，加之新闻的传播效应，人们对犯罪的恐惧感增强了。为了保障公众安全的需要，刑法就有必要对个体社会成员的反规范行为予以适当限制。其二，刑法的防卫界限应该向前推移。风险社会导致传统罪责刑法到安全刑法的转换，既然风险社会的刑法应该以安全维护为导向，刑法不再注重实害，而是注重风险。法益保护呈现立法前置化的趋势，具体来说，在立法上增设危险犯特别是抽象危险犯，将犯罪的预备行为前置处罚，增设一些打击非法的危险状态的持有型犯罪，在刑罚适用上，注重发挥刑罚的预防功能。当然，安全的维护也是在一定条件之下才能发挥刑法的作用，必须防止滥用安全之名，大兴权力扩张之实。其三，在犯罪的控制模式上，提倡积极的一般预防理论。安全刑法理论认为，传统的刑罚目的中的报应特殊预防已经落伍，刑罚的目的应转换为积极的一般预防。积极的一般预防就是指通过公开的立法，明确规定犯罪行为及其相应的法律后果，向那些忠实的守法市民宣布犯罪是不受欢迎的，弘扬国家的扬善惩恶的管理理念，促进公众对法律的忠诚信念的养成，提升法律的公信力，从而实现预防犯罪的刑罚理念。❷

安全刑法理论与风险刑法有不同之处，安全刑法理论认为，刑法的目的不是惩处个人，而是为了社会安全的保障，安全是刑法的最高纲领。而风险刑法，以控制风险为核心，对法律不容许的风险予以控制，对法律容许的风

---

❶ ［德］海因里希·耶赛克．德国刑法教科书［M］．徐久生，译．北京：中国法制出版社，2001：1.

❷ 参见卢建平．风险社会的刑事政策与刑法［G］//中南财经政法大学刑事司法学院．风险社会与刑事政策的发展研讨会论文集，36.

险采取宽容的态度。在世界上所有容易发生危险的国家，在社会生活中，刑法用来满足国家和民众的安全需求。当然，我们不可能追求绝对的安全，社会生活中只有相对的安全。在今天的高技术风险社会中，更是如此，当人们进入高风险领域时，应该遵守安全规则，如果他遵守了，依然发生了损害后果，那他不应该承担这个责任。就好像在交通事故领域中，一个司机按章办事，红灯停、绿灯行，结果还是有行人闯红灯撞到汽车上死亡，对司机来说他是不负刑事责任的。

社会的安全和谐，依赖于社会的每一个分子的完美融和，尊重他人，爱护集体，就是尊重和保护自己。社会的安全和谐与法治社会主张的人权自由并不矛盾，实际上，法治意味着社会机体的每个个体都清楚地知道，自己应该去做什么，什么是不允许做的。那么，整体上才有一个安全和谐的生存空间，在这个空间内个体可以充分享受自由。总的来看，安全刑法的理论和实践想要倡导的是，在危机四伏的风险社会中，安全的维护是刑法的首要价值，人权保障在一定程度上要让位于安全的追求，刑法以维护共同体的安全为其存在的必要性。[1]

在立法方面，我国台湾地区 1999 年在修订其“刑法”之时，增加了不能安全驾驶罪这一危险犯；日本在 20 世纪 80 年代，就有刑法立法前置化处罚的趋势，增加了不少危险犯、预备犯。美国“9·11”事件之后，一向标榜自由高于一切的美国，在短短一个月左右的时间里，就在参众两院以压倒性多数通过了“爱国者法案”，该反恐法案的通过标志着在安全危机的情形下，自由必须让位于安全价值。2004 年，德国基于反恐压力，发布了所谓航空安全法，授权国防部长在飞行器被恐怖分子劫持的情形下，有权将飞行器击落，即使机上有无辜乘客。

---

[1] 参见［德］乌尔斯·金德霍伊泽尔. 法治时代的危险、风险与和谐——德国著名法学家、波恩大学法学院院长乌·金德霍伊泽尔教授访谈录［J］. 刘国良，译. 马克思主义与现实，2005（3）：28-32.

3.1.3　敌人刑法理论

敌人刑法一词，是由德国刑法学者雅科布斯教授提出的，随着恐怖主义在全球的蔓延，该理论在国际上也产生了一定的影响。雅科布斯在 1985 年的题为《法益侵害的前置入罪》的学术演讲中，已经显现出敌人刑法理论的雏形。1995 年 5 月，在德国罗斯托克召开的学术会议上，他发表了《处在机能主义和"古典欧洲"原则思想之间的刑法或者与"古典欧洲"刑法的决裂?》的学术报告，在报告中区分了人格体和个体。他在一本小册子《规范 · 人格体 · 社会——法哲学前思》中，提出了敌人刑法和市民刑法这一对立范畴。后来在"9 · 11"事件之后，他又相继发表了一系列的文章，论述敌人刑法理论。❶

雅科布斯的敌人刑法理论，主要包括以下几个方面❷：其一，敌人刑法理论有其存在的哲学基础。敌人刑法理论的法哲学源流可追诉到康德、霍布斯、卢梭、费希特等哲学大家的著作。卢梭从社会契约的角度出发，认为犯罪人违反了集体订立的契约，应被排除出市民群体，作为敌人对待。康德、霍布斯则是对犯罪人予以区分，一般的犯罪人还看做是市民，违背最基本人类伦理的视为敌人。其二，市民刑法理论认为只有行为人的行为表现于外，才能对其适用刑罚，刑罚否定的是行为而不是行为人，是对规范的再次确立。敌人刑法理论认为对行为人处以刑罚，是因为行为人是缺乏人格期待的社会危险源，刑罚的发动是为了防卫社会。基于此，为了提早消除社会危险，可以在行为还处于预备阶段之时，就予以规制。其三，刑事程序趋于严格化。对敌人适用刑事程序当然更为严格，广泛采用封闭式讯问方式，禁止与外界联系，包括与犯罪人的辩护人进行接触，以提高效率发现案件事实，使社会的风险减少。此外，还广泛采用一些监视、监听设备，重视本体事

---

❶ 参见蔡桂生. 敌人刑法的思与辨 [J]. 中外法学，2010（4）：600.

❷ 参见刘仁文. 敌人刑法：一个初步的清理 [J]. 法律科学，2007（6）：54-55.

实，对犯罪人的程序性权力基本不予关注。其四，认为采用敌人刑法理论的清晰体系和称谓，比在传统刑法中四处游弋的敌人刑法条款，更能保护犯罪人的权利。

雅科布斯的敌人刑法理论，在恐怖主义形势严峻的当今风险社会，有一定的理论市场，并开始传入中国学术界。敌人刑法理论实质上是运用法的基本规范作为划分敌人与市民的界限，凡是对这些基本规范的基本违反的行为人就归入敌人的阵营。❶ 敌人刑法理论从标题上也让人回想起阶级斗争时代，给个人贴上各种不同的政治标签。此外，敌人的打击面太广，容易造成过大的社会对立面。诚然，敌人刑法理论的初衷是抗制风险，但是敌人刑法从根本上动摇了法治国家的基础，完全否定了刑法的人权保障机能，容易产生纳粹时代的历史悲剧。

3.1.4 出路——现有体系的调整应对

在传统刑法、风险刑法、安全刑法、敌人刑法理论之中，我们应该采取何种取舍，是不破不立，还是在传统刑法体系内部进行适度修正以适应转型社会的风险控制需要，都是需要认真思考的问题。

3.1.4.1 风险社会刑法理论评述

显而易见，敌人刑法理论是首先应该摒弃的，原因如下：其一，敌人的概念含混不清。谁是敌人？用什么样的标准进行判断？这些都成为问题。雅科布斯的敌人刑法理论所指涉的犯罪范围很广，不仅包括恐怖主义犯罪，而且还包括经济犯罪、集团犯罪等其他危险性犯罪，达不到雅科布斯原来设想的清晰明了的初衷，会无限扩大刑法的打击面，甚至雅科布斯到后来也承认了这一点。其二，敌人刑法理论有可能成为国家镇压政治对手的工具，也就

---

❶ 参见卢建平. 风险社会的刑事政策与刑法 [G] //中南财经政法大学刑事司法学院. 风险社会与刑事政策的发展研讨会论文集，38.

是“多数人的暴政”。德国纳粹时代就是采用这种方式，将犹太人等反对专制人士视为全民公敌，大兴杀伐。悲惨的历史不能再重演，不能给专制者任何法学领域的合法理由去侵害人民的权利。其三，敌人刑法理论混淆了政治和法律的界限，敌人本来就是一个阶级性的概念，往往运用于政治中，特别是在战争中对对手的称谓，刑法是国家法律体系的一个部门法，用一个阶级化了的概念去命名一部法律，是不妥当的。其四，敌人刑法使国家不再去也不用去深挖犯罪的深层次原因，而仅需要将犯罪人纳入敌人的范畴即可，这样只能使国家应对犯罪的能力大幅下降，只能使国家行使刑罚权更加肆意。

对于风险刑法理论和安全刑法理论而言，两者皆以风险预防为核心。笔者认为，两者在内容上大致相似，但风险刑法的称谓更具典型性。首先，从提出背景来看，高风险社会的到来是风险刑法和安全刑法提出的社会基础，二者的目的也都在于对抗风险，保障安全。但“安全”是社会普遍追求的价值，不仅为风险社会所独求，因此，安全刑法的称谓并不能直观地反映其含义。与之相比，风险刑法更直接反映了其提出的风险社会背景。其次，从价值体现来看，安全刑法，是一种从实质价值层面上的表述，它强调对安全价值的追求，因此，会使人联想到为了实现安全的目的就可以不惜一切手段，这对于现代社会其他价值的保障是危险的。而风险刑法则是从形式层面的表述，它突出体现了以规制风险为核心，在宽容被允许的风险的同时，严格控制不被允许的风险。这其实反映了它在价值追求上对自由与安全价值的平衡。最后，从人权保障的角度看，安全刑法理论中，为了实现安全保障的目的，倾向于对具有实施犯罪行为高度危险的行为人普遍适用严格的管制措施，虽然其也强调对管制适用的慎重态度，但侵犯基本人权的危险令人担忧。而风险刑法以客观危险为讨论中心，坚持行为刑法的理论基础，在保障人权方面相对更具有优势。[1]

---

[1] 参见王拓. 风险刑法理论的现代展开［D］. 北京：中国政法大学，2007：26.

3.1.4.2 风险社会刑法的立场选择

风险社会刑法的立场选择，即是如何摆正风险刑法与传统刑法的关系问题，是刑法能否有效应对风险并处理好自由与安全之间紧张关系的关键问题。对此，笔者认为，一方面不能以风险刑法全面取代传统刑法；另一方面传统刑法也不能故步自封。传统刑法适当调整以应对风险社会是我们应坚持的立场。

现行刑法体系是一个长时间形成的价值体系，传统刑法体系依然坚持以实害犯作为刑法归责的核心原则，行为人必须严格遵守责任自负原则，这都与风险刑法的风险分配原则产生抵触，所以传统刑法体系没有给风险刑法理论留出其生存的空间。刑法不可能成为一个完全的风险刑法体系，以全面控制风险作为其目的归属，这也与刑法的基本性质是矛盾的。且风险刑法强调对风险的预防和控制，在这个自由与安全本来就处于一种紧张关系的时代，风险刑法本身在一定程度上就是危险刑法。因此，对于风险刑法有不少批评之声。如法兰克福学派就对风险刑法理论进行了批判，指出其试图运用一种纯预防性的刑法来解决风险社会的风险控制问题，这就蕴含了一个风险，那就是在对这些高风险领域实施有效干涉之时，也牺牲了得来不易的法治国基础。[1] 当代法兰克福学派的代表人物，德国宪法法院副院长哈斯默尔教授认为，刑法不仅是与自由、财产、名誉相关紧密，它更关涉到社会道德的是非判断，刑法必须保障个人的权利。如果人们片面地赋予刑法有效的预防以及解决大规模问题处境的义务的话，那么人们将破坏这些人权方面的保障，而确保这些人权方面的保障又是首要的任务。因此，不能用风险刑法体系完全代替传统刑法。即使是一个专注于犯罪预防的法律，它本身还是刑法，而不

---

[1] 参见［德］克劳斯·罗克辛. 德国刑法学总论——犯罪原理的基础构造［M］. 王世洲，译. 北京：法律出版社，2005：20.

是危险防治法。❶ 因此，风险社会的到来，并不意味着风险刑法对传统刑法的全面替代，安全对于自由价值的全面压制。相反，越是进入高风险社会，就越是要警惕刑罚权利无节制的危险，越是要强调人权的保障。就此，法兰克福学派对于风险刑法的批判及其立场是值得肯定的。

然而，法兰克福学派在担心风险刑法的同时，致力于回归古典时期刑法的刑罚基础，即只将个人法益的保护以及普遍受认可的法益纳入刑法保护的范围，所有的犯罪构成要件都必须坚守个人责任，每个人只对其因果链条上所致的具体实害承担责任。并认为这些内容构成了所谓的刑法的核心范围，即核心刑法。相对于核心刑法作为刑法保护的对象，“非核心”的范围则应被非犯罪化，如哈斯默尔教授主张通过一种“干涉法”来解决。他强调用刑法创造安全义务的趋势与其宪法上的传统存在冲突，刑法对于牵涉其中的相关人员，应该给予最大可能的宽容，以及持续运用较为温和的手段。且对于安全的需求是无止境的，这将会使得与内部安全政策在许多其他方面的配合下，必需长期地去努力拉近民众对于重大犯罪的恐惧与其实际的威胁之间的认知差距，以避免民众作出过度惊恐的反应。内部安全的政策应精准地注意到权利侵犯，且将人权保障视为首要的任务，使其处于风险社会中仍有寻求捍卫自由的途径。❷ 尽管其初衷是美好的，但法兰克福学派固守传统刑法，而放由风险社会下严重威胁社会及公民权益的行为仅仅通过非犯罪化的“干涉法”解决，显然对社会风险的抗御也是乏力的，对社会安全的保障是不利的。而失去了安定的外围空间，自由的有效保障也只能是奢望。因此，许内曼教授对此提出了批评，“今天，在持续的对自然的掠夺性开采而产生无数废物的时代，一种将财产法划入刑法的核心领域，同时将大部分环境违法行为归入违反秩序领域的做法，如法兰克福学派所宣扬的那样，正是一种返祖

❶ ［德］哈斯默尔. 刑法与刑事政策下自由与安全之紧张关系［EB/OL］.［2010-10-20］.http: //homepage.ntu.edu.tw/~ntuihs/05forum-ss07.htm.

❷ ［德］哈斯默尔. 刑法与刑事政策下自由与安全之紧张关系［EB/OL］.［2010-10-20］.http: //homepage.ntu.edu.tw/~ntuihs/05forum-ss07.htm.

现象的表现。”❶

因此，在风险社会下，既要坚持传统刑法，又要应对风险犯罪，如何恰当处理传统刑法与风险刑法的关系呢？对此，我国刑法学者劳东燕博士认为：传统刑法较之于风险刑法，是原则与例外的关系。如何处理原则与例外的关系，无外乎两种方式。一种是将原则的范围扩大化，使其能包含例外；另一种是构建一种原则——例外的关系模型，原则保持其固有属性，例外被隔离于原则之外。对此有三种解释模式：（1）原则是基于正义的绝对且不容侵犯的要求，违反原则的例外将一律受到谴责；（2）原则被构建为表见性要求，只要不太经常，例外的出现被认为没有威胁原则的资格，不会产生道德性疑虑，也无须为此提供特别的正当根据；（3）原则可为紧迫的道德考虑所突破，但在任何情形下都有理由不侵犯原则所保障的表见性权利，偏离原则需要具备正当理由。进而，他认为第一种方式，是通过扩张原则的范围来消化例外，但其使原则的内涵处于不稳定状态，容易造成任意解释，削弱原则的保障机能。第二种方式，在原则之外处理例外，即保证了原则的约束性，又发挥了例外的灵活性，较为合理。且在三种解释模式中，第三种模式下例外情形受到原则与正当根据的制约。相对而言，这是处理原则与例外关系的最可取的构建方式。❷ 可以看出，劳东燕博士主张在传统刑法之外设立一套独立的风险刑法体系。

笔者对此持不同看法，风险刑法相对于传统刑法的例外与原则的关系，应通过原则的适度扩大以包容例外，通过刑法体系的适度开放以应对风险犯罪。首先，原则的适度扩张并未否定原则的基础内容，例外被吸纳入原则的范围其仍然是作为例外，并未撼动原则内容的基础地位。包容例外的原则的内容仍然是明确的，并非如劳东燕博士所担忧的其内涵将处于不稳定状态。其次，劳东燕博士主张第三种解释模式的重要理由在于例外受到正当根据的

---

❶ ［德］克劳斯·罗克辛. 德国刑法总论——犯罪原理的基础构造（第一卷）［M］. 王世洲，译. 北京：法律出版社，2005：19.

❷ 参见劳东燕. 公共政策与风险社会的刑法［J］. 中国社会科学，2007（3）：138.

制约。笔者认为，例外被原则消解，并不意味着例外就可以随意适用。基于罪刑法定原则的要求，任何行为定罪与入刑都必须符合正当原则。因此，在这种情况下，例外之入罪并科以刑罚处罚同样必须受到正当根据的制约。是否会任意地对例外定罪和入刑，不在于原则是固守原意还是包容例外，更多在于国家权力对罪刑法定原则的实质信守。再次，面对风险社会提出的有些新问题，我们应该承认刑法价值的多元存在及刑法体系的割裂性特征。不再一味坚持传统刑法的罪责自负原则，而是给风险控制在刑法中留下一部分“特区”。这并不是对原则的颠覆，因为原则之所以对行为有指导价值，不是由于例外总是遭到否弃，而恰恰是由于这些例外随着时光的流转而逐步成熟，并得到认可，其立法经验也得以精致化。❶

因此，在风险社会中，刑法的走向应以社会发展形势为导向，审慎而动。过于夸大风险社会给传统刑法带来的冲击，全盘否定传统刑法理论的历史贡献和现实意义，是不可取的，也是杀鸡取卵的盲从做法。传统刑法并非到了寿终正寝之时，其人权保障机能仍然是我们不能抛弃的思想精华。摆在我们面前有两条路可走，一条是并行式的道路，按照法兰克福学派的前述观点，将风险控制的任务交给行政法或民法去完成。但风险社会中风险的潜伏性和巨大危害性决定了，仅追究民事或行政责任，显然不能满足控制风险的需要。因此，我们只能选择另一条路，这要求面对风险社会，刑法不能墨守成规，传统的刑法价值体系已经存在裂缝，在某些特定领域，将风险思维引入传统刑法立法当中，对现行刑法理论、立法、司法层面进行适度修正，以满足风险社会控制风险的需要。

---

❶ 参见劳东燕. 公共政策与风险社会的刑法［J］. 中国社会科学，2007（3）：138.

3.2　客观归责理论的借鉴

3.2.1　客观归责的一般理论

客观归责，是相对于主观归责而言的，指在客观上结果对于主体的一定行为的可归责性。客观归责理论是德国刑法学在因果关系理论的基础上发展起来的，旨在解决客观上的可归责性问题。[1]

客观归责的基本思想包括两个方面，一是制造禁止的危险。这是进行归责的前提，如果行为没有导致具体结果发生的禁止危险，或者是属于被允许的危险之时，就不能进行归责；二是实现禁止的危险。如果行为没有最终导致不被允许的危害结果时，也不能进行可责。可见，客观归责的理论基础在于禁止的危险，也就是在条件说的基础之上，当某一个行为导致了具体结果发生的禁止的危险，而非允许的危险，或者制造的禁止的危险提升了已经存在的危险程度，最终使禁止的危险具体地实现，并产生了危害结果时，则该结果可以归咎于该行为，即行为人要求危害结果负责。

3.2.2　罗克辛的客观归责理论

3.2.2.1　法规范视野下的风险

克劳斯·罗克辛教授是德国最负盛名的刑法学家之一，研究领域广泛，有刑法、刑事诉讼法、刑事政策学等领域，其学术著作和学术思想被广泛地翻译为各国文字，受到了各国刑法学界的广泛关注。罗克辛教授最值得称颂

---

[1] 参见陈兴良. 从归因到归责：客观归责理论研究［J］. 法学研究，2006（2）：5.

的是他的客观归责理论，罗克辛教授在1970年提出了客观归责理论，在刑法学界引起了很大反响，可以说是其经典理论。在过去的几十年当中，罗克辛教授对其客观归责理论一直在深入研究，但多是搜集相关案例予以实证化研究，基本理论框架并未发生变化。

其基本主张有以下几点：其一，刑法的任务是对侵害法益的结果予以归责，而是否予以归责，主要是看行为人是否遵守了法规范的要求，行为人如果按照构成要件要求的义务行事，则其行为不是符合构成要件的行为。其二，客观归责理论中的客观目的性，不取决于行为人的意志支配可能性，而是取决于行为是否制造了足以造成法律上重要的风险。其三，判断客观目的性的标准是风险原则，这样就为结果犯设立了一个通行的归责原理，不受因果关系规律的影响。[1] 罗克辛教授的客观可归责理论的核心思想是法所不容许的风险，客观归责的判断是一个实质的构成要件该当性判断。[2] 客观归责原则包含了三个判断标准：制造了法所不容许的风险、法所不容许的风险的实现、构成要件的效力范围。在这三个判断标准之中，罗克辛教授采用很多反面的判断标准，实际上是一种反证法，明显体现出风险社会的新型刑法观念，即，将是否予以归责及其归责程度于法所容许的社会风险的问题相联系。

3.2.2.2　行为制造法所不容许的风险

（1）风险减小时归责的排除。

当行为人采取的是一种减小风险的行为，而不是制造风险的行为，其行为的可归责性就不存在了。例如，医生在对病人手术时，明知即使做了手术，病人仍将死亡，但医生做手术的行为是降低风险的行为，阻却构成要

---

[1] 参见许玉秀. 主观与客观之间——主观理论与客观归责［M］. 北京：法律出版社，2008：191.

[2] 参见许发民. 风险社会的价值选择与客观归责理论［J］. 甘肃政法学院学报，2008（5）：3.

件。[1] 在这里，必须排除一种结果归责方式，因为禁止这样的行为是不符合规范目的的，这样的行为不仅没有使法益变得更坏，反而降低了危险。

（2）没有制造风险的行为。

行为人的行为虽然没有减少法益损害的风险，但也没有在法律所关注的范围内提升这个风险，那么也应当拒绝归责于客观行为构成。这些行为并不是没有促成任何风险，但那些风险是在法律上没有重要意义的一般生活性风险，为法律所不禁止，例如怂恿他人爬山、游泳、散步等。即使这种行为方式，在某些罕见的情况下造成了一定的损害，但是与这种行为方式相联系的社会相当性风险是很小的，法律可以忽略不计，所以这种行为一开始就是不能归责的。即如果不是对法律保护的法益以相当的方式侵害，只能视之为意外事由，不是可归责的行为。对于行为是否造成风险的提高，应借助相当理论予以判断，即一个理智的人在行为前是否会认为这样的行为有风险或会使风险提高。所以，如果有人知道路上有凶杀埋伏，但依然怂恿他人去该路段散步，结果此人在散步路上被杀，那怂恿者显然构成杀人罪。[2]

（3）危险创设和假定的因果流程。

行为人不能以有代位行为人为理由，主张不能对行为人的行为归责，这又可分为两种情况：第一种情况，当代位行为人本来实施的是违法行为时。例如，在超市内有两个小偷，都准备出手偷某个顾客的钱包，其中一个小偷先得手了，此时得手的小偷不能以即使他不偷，那么另一个小偷也会必定偷为由，否认自己行为的可归责性。第二种情况，当代位行为人本来实施的是合法行为时。例如，在对死刑犯即将执行死刑之时，被害人家属突然冲进死刑执行室，撞开死刑执行官，自己按动了电刑按钮。此种情形，被害人家属不能以即使自己不按电刑按钮，也会有执行官来按为理由免责。以上两种情

---

[1] 参见［德］克劳斯·罗克辛．德国刑法学总论——犯罪原理的基础构造［M］．王世洲，译．北京：法律出版社，2005：247.

[2] 参见［德］克劳斯·罗克辛．德国刑法学总论——犯罪原理的基础构造［M］．王世洲，译．北京：法律出版社，2005：249.

况说明了一个原则，就是不能以假设的因果流程来排除真正的因果流程而排除归责。

（4）允许性风险中的排除归责。

如果行为创设了一种具有法律意义上的重要风险，且其是可容许的风险时，依然可以不予归责。问题的关键是，什么是可以容许的风险，它的判断标准是什么，争议较大。罗克辛认为，可容许的风险应该被理解为在法律上有重要意义的风险，但是应该可以容许，其与正当化根据还有所不同，应该认为其有阻却构成要件之效力。以公共交通为例，道路交通对生命、健康财产都造成了重大风险，但立法者还是允许道路交通，因为其还带来了社会生活的便利，是经济发展必不可少的。准许机动车在道路上行驶，这是一种权衡的结果，但不像正当化根据一样，个案进行的具体权衡，这是一种宏观的权衡。如果已经尽到了注意交通法规的义务之后，仍然不可避免的发生了交通肇事，这种情况下侵害行为就不是一种构成要件的行为，属于不可归责的情况。在可容许风险这个领域内，除了公共交通外，还包括有风险的工业生产、体育竞技、医疗措施等。[1] 在这些领域内，如果已经按照规范化了安全防护措施行事，但依然造成了风险，可以不予归责。最后，诱使他人从事具有一般生活性风险，出现危害结果的，不予归责。

3.2.2.3　不容许风险的实现

（1）危险没有实现。

行为人的行为制造了风险，且该当构成要件，但是结果不是该行为造成的，是偶然因素造成的，那归责就排除了。例如甲欲杀死乙，砍了乙几刀后，乙并未受致命伤，被路人发现后送往医院，后医院发生火灾，将乙烧死。甲虽然开始对乙的生命制造了一种风险，但不能把乙的死亡结果归责于甲，甲只是杀人未遂而已。相反，当未遂行为提高了被害人在紧接的因果流

[1] 参见许玉秀. 主观与客观之间——主观理论与客观归责［M］. 北京：法律出版社，2008：195.

程中的危险时，即由未遂创始的那个风险适当地实现了，那么这个结果是应该归责于行为人的。即使当因果关系虽然发生了一定的偏离，但属于不重要的流程时，仍会因为行为人所制造的风险而实现了危害后果，没有超出事物本质的发展，所以不能排除对行为进行归责。❶

（2）没有实现不被容许的风险。

在一般的危险创设中，除了危险的实现之外，如何对其进行要求，还取决于在不被容许的风险中，正是由于实现了法所不容许的风险，所以才对结果予以归责。也就是说，创设了法所不容许的风险之后，还需要这个风险被实现。如果这个风险实现了，但是法所容许的，也不能对其归责，即跨越所容许的界线不会在本体上对后果产生干预的情况。

针对当前风险社会中，经常出现的交通事故，罗克辛教授举例：甲驾驶汽车超过了允许的最高速度，但是他在短时间内又回到了规定速度，然后他又撞上了一个突然从汽车后面跑出来的小孩，对甲来说，这个交通事故的结果是无法避免的。罗克辛教授认为，甲在超速行驶时，确实制造了法所不容许的风险，但在其恢复到正常速度时，并没有实现超速的风险，所以不能够对甲归责。也有人认为，正是因为甲先前的超速行为，提前到达了小孩跑出来的地方，才撞死了小孩。但是反过来看，如果甲一直保持超速状态，他已经超过那个出事故的地方，也不会撞上小孩。❷ 本案最为重要的是，先前甲的超速度行驶行为，不会使再一次回归到正常速度而造成撞人事故的风险增加，因为对机动车的限速规定，主要意旨不在限制机动车在某个时间节点到达某地，所以这起车祸应定性为意外事件。

（3）结果不符合注意规范保护目的。

对此问题，罗克辛教授举例：两个骑自行车的人，自行车都没有车灯，两人前后相随。前面骑车那人因为没有车灯而撞上对面而来的一个骑车人，

---

❶ 参见［德］克劳斯·罗克辛．德国刑法学总论——犯罪原理的基础构造［M］．王世洲，译．北京：法律出版社，2005：252．

❷ 参见许玉秀．主观与客观之间——主观理论与客观归责［M］．北京：法律出版社，2008：197．

如果后面那个骑车人有车灯的话，这个事故是可以避免的。罗克辛教授认为，后面骑车人违规骑着没有车灯的自行车，确实提高了前面骑车人出交通事故的风险，但是如果对后面的骑车人归责，明显不合理，因为要求有车灯的自行车才能上路行驶的目的是避免自己的车子造成事故，而不是为了让另一辆自行车避免与其他车碰撞。对此规则，罗克辛教授特别指出，实现不被容许的风险是与限制容许风险的谨慎规范保护目的相关的，而与刑法的犯罪构成要件所体现的保护目的无关。通过犯罪构成要件的保护目的排除归责的情况，都是从开始就不符合构成要件所指的行为方式和影响。❶

（4）合法的替代行为和风险提高理论。

与风险思想紧密相连而常被讨论的问题与此有关，那就是当一个结果通过合法的替代行为有可能被阻止，这个结果应否被归责。对此，罗克辛教授提出了风险升高理论，并引用了一个经常被讨论的案例。一辆载重卡车的司机想超越一辆自行车，但是没有按照交通法规与自行车保持一定距离的要求，最近的时候与骑车人保持仅75厘米的距离。在超越自行车的过程中，本来已经喝得大醉的骑车人，瞬间向左拐去，结果拐入卡车后部，被车碾压。❷ 事后经事故勘查，即使卡车司机按要求与自行车保持一定距离，这个事故依然有发生的可能性。在即使卡车司机保持安全距离超车情况下，骑车人也会死亡时，这个过程中就存在一个超车的一般风险，但是立法者设定了安全距离，并在此之内许可了这个风险，此时出现结果并不能归责。相反，如果行为人超越了法所划定的这个距离，也就是超越了可容许性风险，出现结果就是可以归责的，因为法能容许的风险之底线就是由交通法规规定的安全距离划定的，如果行为人超越了风险的限度，而提高了风险，因此制造了被禁止的风险，是必须予以归责的。

---

❶ 参见［德］克劳斯·罗克辛．德国刑法学总论——犯罪原理的基础构造［M］．王世洲，译．北京：法律出版社，2005：256.

❷ 参见［德］克劳斯·罗克辛．德国刑法学总论——犯罪原理的基础构造［M］．王世洲，译．北京：法律出版社，2005：257.

（5）风险升高理论和保护目的理论的联合。

罗克辛教授认为，风险升高理论应和规范保护目的结合在一起综合判断归责问题。罗克辛教授举例：司机某甲无证驾驶机动车，在遵守安全法规情况下，正常驾驶却卷入一场交通事故。[1] 对于此案，禁止无证驾驶的目的，不在于预防驾驶人因尽到了谨慎行车的注意义务而遭遇交通事故的情况，所以说即使其无证驾驶，造成了风险提高，但不应予以归责。

3.2.2.4 行为构成的作用范围

按照罗克辛教授的看法，客观归责理论主要适用于过失犯，因为前文的规则都是排除归责的原则，对于故意犯来说，构成要件的主要目的是保护法益，所以客观归责理论就发挥不了作用。但是也存在例外，在故意的构成行为中，有以下三种情况，罗克辛教授认为应排除故意犯的归责。

（1）故意自伤时的共同作用。

根据德国法律，参与自杀的人或者帮助自杀的人原则上都是不定罪的，所以在故意造成自伤中共同发挥作用的人，也不能对其归责。因为损害结果的发生，是被害人有意识地借助这种危险而进入的风险得以实现的，行为人自我负责的和已经实现的危险不属于伤害罪或杀人罪的构成要件，不能对行为人予以归责。例如甲是个瘾君子，而且较为富余，甲给了乙一些毒品，甲和乙都清楚毒品的危害，结果乙给自己注射毒品后死亡。这个案件经过德国联邦最高法院审理后，改变了原有判决，没有对甲进行归责。[2] 当然，如果参与共同自危的人，明知自我伤害之人对于自己的决定可能造成的后果并不清楚，那他就有伤害的故意，应对其予以归责。

（2）同意他人造成的危险。

这类案件主要是指，一个人不是故意给自己造成危险，而是在明知风险

---

[1] 参见［德］克劳斯·罗克辛．德国刑法学总论——犯罪原理的基础构造［M］．王世洲，译．北京：法律出版社，2005：262．

[2] 参见［德］克劳斯·罗克辛．德国刑法学总论——犯罪原理的基础构造［M］．王世洲，译．北京：法律出版社，2005：262-267．

的情况下，让别人给自己造成风险。德国刑法理论界和实务界倾向以被害人承诺理论解决此问题，但罗克辛教授持不同看法。因为对明知有危害后果而承诺的人不多，那些对风险毫不在乎的人，通常是信赖幸运的机会主义者，罗克辛教授为此举了三个例子。第一，在暴雨交加中，一名乘客要求船夫把他摆渡到河对岸去，船夫劝他不要渡河，因为天气太差危险很大，但是乘客坚持要求，船夫只得冒险，结果船翻了，乘客被淹死了；第二，一名乘客由于想赶一个约会，要求的士司机超速行驶，结果由于车速太快导致发生了车祸，该乘客死亡；第三，一名司机在聚会中已经喝多了酒，不具备正常驾驶能力，但是一起聚会的同伴坚决请求搭乘其汽车，结果由于醉酒开车，出了交通事故，同伴在事故中丧生。罗克辛教授认为，在这三个例子中，只要乘客完全认识到了搭乘的风险，并自愿承担这个风险，就可以排除对驾驶者的归责。❶

（3）第三人责任范围的分配。

罗克辛教授认为，行为构成的保护目的，并不包括第三人应该负责的情况。如教师带领学生外出游泳时，由于没有照顾好学生，造成学生发生溺水事故，在报警后，一名消防营救人员在营救过程中淹死，能让教师承担消防人员的死亡责任吗？一名警察在驾车追赶小偷，结果由于翻车丧命，那么小偷应该承担过失杀人的惩罚吗？当一名在山谷中迷路的游人，如果知道警察因为赶来救援自己跌入山谷死亡，而警察的意外死亡要由他来负责的话，那他宁可冒死自救，这与法律的目的是不相适应的。所以，人们不应该把职务活动本应该承受的风险，分配给第三者承担，这是不公平的。❷

（4）其他情况。

对于因犯罪行为受到惊吓而产生的震惊性损害，或者由于先前犯罪行为

---

❶ 参见［德］克劳斯·罗克辛. 德国刑法学总论——犯罪原理的基础构造［M］. 王世洲，译. 北京：法律出版社，2005：268-270.

❷ 参见［德］克劳斯·罗克辛. 德国刑法学总论——犯罪原理的基础构造［M］. 王世洲，译. 北京：法律出版社，2005：271-274.

导致残废而后因此引发的交通事故，这两种情况，罗克辛教授认为可以依据构成要件的效力范围予以免责。❶

3.2.3 客观归责理论的借鉴意义

3.2.3.1 应对风险社会的新思考

客观归责理论为刑法应对风险社会的一种尝试，里面充满了对风险问题的思考，例如，制造法所不容许的风险、风险的实现、以实现的风险发生于构成要件效力范围以内等。我国已进入经济高速发展时期，同时也步入了风险社会，刑法理论能否适应社会发展要求是其生命力所在。德日刑法学往往是理论思辨在先，体系构建在后，往往通过对现实生活中出现的新问题进行思考，然后上升到理论高度。❷ 理论研究的素材应来源于现实社会，对每一个现实案件的谨慎处理，是学术发展的根本基础。刑法是上层建筑，无法脱离所处时代的发展而特立独行，很多人认为只有刑法分论与实践最近，实际上总论也是从现实生活中提炼出来。

客观归责理论以“制造法不容许的风险”为核心，给构成要件行为一个实质而共通的内涵。启用风险一词来描述对法益的危害特征，用不被容许一词来限制刑法的过分扩张，用创设风险来形容构成要件的行为，透射出了行为不法的实质涵义，其与用危害法益代替社会危害来说明刑罚的当罚性有相同之意旨。❸ 客观归责理论中的风险升高原则，是应对风险社会的风险管制需要，以风险管辖范围为界限的风险管制理论。风险管辖意味着每个行为人在日常社会生活中有义务排除法所不容许的风险，且应对其风险管辖范围之

---

❶ 参见许玉秀. 主观与客观之间——主观理论与客观归责［M］. 北京：法律出版社，2008：203.

❷ 参见许发民. 风险社会的价值选择与客观归责论［J］. 甘肃政法学院学报，2008（5）：8.

❸ 参见许玉秀. 当代刑法思潮［M］. 北京：中国民主法制出版社，2005：503.

内产生的风险负控制之责。[1] 当然，客观归责理论的提出有其生根发芽的环境，德国不同于中国，还要结合中国的社会法治基础来看待客观归责理论，但其还是给我们提供了以应对风险社会的刑法新思维。

3.2.3.2 对因果关系的启示

在我国的因果关系理论中，没有客观归责的提法，但实际上因果关系理论一直发挥着解决归责问题的作用。因果关系理论不仅是判断行为与结果之间的事实联系，也为对行为人归责提供了客观的依据。[2] 但是对因果关系涵盖的范围，缺乏一个准确的认识，我国著名刑法学家马克昌教授认为："刑法上的因果关系除了解决定罪问题之外，还要解决适当量刑的问题，非构成要件的危害结果对行为犯和未完成形态犯罪的刑事责任有一定影响，要使这类犯罪的行为人对该结果担负较重的刑事处罚，也要确认其行为与该结果之间的因果关系"[3]。可以看出，这里的因果关系所指涉的范围，解决定罪问题，同时对量刑问题也有一定的影响，是一种广义的因果关系概念。总的来说，我国当前对因果关系的定位，主要是以归责为目的，这实际上是对因果关系加入了法律性的思考，这无疑明晰了因果关系的定位。风险社会中，科学技术高速发展，已经远远超出了人们的认识和控制能力。由于人类对科学知识的认识不足，社会中新出现的某些问题，要明确行为与结果之间的因果流程，是非常困难的，这也是人类的先天性认识不足造成的。在因果关系本身认识就很困难的情况下，还要依据其解决法律上的归责问题，就产生了法律要求的确定性和因果关系本身的模糊性的矛盾，无疑更加重了对因果关系本身的疑惑。

在罗克辛教授客观归责理论的判断流程中，将因果关系流程理解为纯粹的事实联系，并通过多个层次进行判断，逐步完成对归责的认定，使法官有

---

[1] 参见林宗翰. 风险与功能——论风险刑法的理论基础［D］. 台北：台湾大学法律系，2006：24.

[2] 参见侯国云. 刑法因果新论［M］. 南宁：广西人民出版社，2000：27.

[3] 马克昌. 刑罚通论［M］. 武汉：武汉大学出版社，1999：210.

清晰的判断思维，同时也增强了对判决说理的力度。实际上，客观归责理论的独特性，在于将归责理论的规范化与因果关系自然基础并行，因果关系理论与归责理念脱开关系而各自独立，不同于传统的相当因果关系理论。此外，客观归责理论也不同于传统的客观不法理论，客观归责理论仍然认为行为人的行为取决于主观认识，同时以主观认识与客观行为结合起来理解刑事不法；客观归责理论也与主观不法理论不同，决定归责的不是单个的不法意志，而是刑法规法规定的特定行为。综上，客观归责理论从事实上联系的因果关系出发，落脚于刑法规范的评价，也符合罪刑法定原则的主旨，给我们很大的借鉴意义。❶

3.2.3.3　方法论上的借鉴意义

客观归责理论除了对我国刑法理论有一定的借鉴意义之外，在理论建构上也显示出方法论上的借鉴。客观归责理论将法律的目的合理性引入归责理论中，既关注风险又不强人所难，论证过程精细，先从经验的实证主义出发，然后提炼到抽象的理性主义，最终归结到对法律规范的目的论解释之上，实际上又回归了规范设立所依据的社会生活的基础。这样既保护了对风险社会控制风险的需要，又保证了每一个个案的裁决符合社会的通常观念和刑法的价值取向。❷ 我国目前对合理与合法总是存在非此即彼的看法，好像合理与合法是一对无法调和的矛盾，事实上要做到合法与合理兼顾，需要精密的论理过程，客观归责理论的精密化论证是富有借鉴意义的。

---

❶ 参见吴玉梅. 德国刑法中的客观归责研究［M］. 北京：中国人民公安大学出版社，2007：160-161.

❷ 参见吴玉梅. 德国刑法中的客观归责研究［M］. 北京：中国人民公安大学出版社，2007：162.

3.3 风险社会中的法益理论变迁

3.3.1 法益内涵的演变

传统法益的内涵需要适合社会发展变革的需要，法益应超越“核心刑法”[1]领域的疆界，法益应被赋予时代的特征。

3.3.1.1 法益内涵呈现精神化倾向

从法益学说的发展历史上来看，法益主要是用来限制刑罚的滥用，防止刑法触角的过度扩张，所以才将法益概念引入刑法理论当中。伯恩鲍姆（Brinbaum）从1843年起创造了Gut（财、善、利益）的概念，并以其说明法益概念，即刑法应保护的对象，这是法益理论的开端。起初的法益理论，没有将法益理解为一种价值，而是一种外在于主观权利的具体对象物。此后，受到新康德主义的价值哲学方法论之影响，法益理论逐渐向去实体化方向发展。新康德学派认为，当为与存在是一组对立范畴，应进一步探讨当为的内涵，当为是一种先验的规范意识，当为法则构建了精神活动。当为法则属于评价机制，其以价值为基础，价值超越了单个主体的好恶，具有一定的妥当性。该学派认为，哲学家的任务除了追求真理之外，就是探寻文化背后

[1] 核心刑法为以哈斯默尔为代表的法兰克福学派所主张，该学派主张刑法就是以法益保护为任务的，没有法益保护，就谈不上有刑法。也就是说，如果法益没有受到实质的侵害或者遭受危险，刑罚就没有适用的必要性。法兰克福学派的主要观点有：其一，核心刑法以保护个人法益为核心，强调刑法所保护的法益必须是与个人法益直接相关联的。其二，对风险领域来说，该学派认为不必动用刑法予以规制，而主张采用干预法进行规制，所谓干预法就是动用刑法以外的民法、行政法等手段予以规制。其三，主张刑法的最后手段原则，认为即使是采用刑法进行预防，也应是最后手段。

的价值基础。[1]李斯特主张社会性、实体化的法益理念，认为法益理念的核心就是利益。与伯恩鲍姆不同，李斯特将 Gut 理解为行为侵害的对象，将法益理解为法所保护的客体，法益脱离了自然主义的模式，向非实体化的方向发展。李斯特进一步指出，法益就是一种抽象的概念，因果关系法则不能支配法益，而行为客体则受因果关系法则的影响。[2]

霍尼格认为，刑法所保护的应是法共同体所认同的，于法律上有价值的客体，对所保护客体的认识，是通过对刑法法规创设的目的来理解的。霍尼格主张通过法共同体所公认的价值来确定法律创设的目的，再由立法者贯彻到立法过程中，法益就是将刑法规范中被立法者确立为立法目的的代名词而已。施温格认为，用立法目的或立法动机表述，更能说明法益的涵义，刑法规范的目的在于保护社会共同体，法益对构成要件具有解释机能，也就是说构成要件的功能在于说明行为侵害或给某种法益造成了危险，至于说某种具体法益是否受到行为的侵害或者是危险，以及法益概念对刑罚处罚的限制作用，都不是研究的主要议题，可以看出，法益概念的抽象化和精神化倾向开始显露。[3]

当然，新康德主义哲学影响下的法益概念也受到了质疑。威尔哲尔力图重回传统法益理论，将法益看做实际的保护客体，这正是新康德主义法益概念值得诟病之处，因为其无法直观地认识客体内容，仅是方法论意义上认识其特定对象，这就造成了主观认识与认识对象之间的裂缝，无法全面超越实证主义，仅是对其的一种补充。威尔哲尔以行为不法理论为中心，将法益的物质基础建立在社会伦理之上。威尔哲尔指出，法益仅仅是单个规范保护的对象，不是刑法体系直接保护的对象，只能受到间接保护。实际上，当进入风险社会阶段之后，新问题层出不穷，新的刑法立法和解释都早已突破了物

---

[1] 参见王拓. 风险刑法理论的根据——在法益与规范之间［D］. 北京：中国政法大学，2006：44.

[2] 参见林宗翰. 风险与功能——论风险刑法的理论基础［D］. 台北：台湾大学法律系，2006：65.

[3] 参见张明楷. 法益初论［M］. 北京：中国政法大学出版社，2000：55-56.

质化法益的限制，尽管存在不同的声音，但仍不能阻挡法益日渐抽象化的趋势。❶ 在德国，讨论较多的是应否废止处罚同性恋的刑法规定，如果认为刑法应该保护健康的性取向的社会法益的话，那么不应将其废止，这种理解方式实际上将法益概念精神化了，也是一种伦理秩序的维持。特别是风险社会中的某些危害行为，其危害后果如果出现，损失特别巨大，而且其损失往往具有不可逆转性，所以法益保护原则应适应社会发展，法益的概念也应呈现精神化趋势。❷

3.3.1.2 法益的范围应扩大至超个人法益

什么是超个人法益，显然是相对于个人法益而言。人的法益学说是 Marx 在 1972 年提出的，后来由法兰克福学派代表人物哈斯默尔教授大力倡导。人的法益学说主张：其一，法益理论应该将人作为核心，刑法之所以保护法益，目的在于保护人；其二，法益只能是与人相关联的；其三，承认超个人法益，其与个人法益相同，都是与人相关联的标的物；其四，承认超个人法益，应以超个人法益超脱于个人利益之外为基础。

超个人法益是在人的法益学说基础之上的一种描述性分类，持不同观点的学者大多赞同超个人法益的提法。传统的核心刑法理论赞同一元个人的法益学说，也即超个人法益与个人法益本质上是一致的，超个人法益是以个人法益的集合。该学说是自由主义、个人主义国家观为基础，国家不是法益的目的，个人才是价值所在。但其并不反对超个人法益，超个人法益只有与个人法益有关联时，才具有存在的正当性。Marx 认为，个人才是自我目的之主体，超个人法益只有有利于个人目的的实现，才具有正当性，也就是说个人法益直接服务于个人，超个人法益间接服务于个人，是一种共同拥有的集体

---

❶ 参见舒洪水，张晶. 近现代法益理论的发展及其功能化解读［J］. 中国刑事法杂志，2010（9）：17.

❷ 参见陈家林. 论我国刑法学中的几对基础性概念［J］. 中南大学学报：社科版，2008（4）：207-208.

法益。法兰克福学派也认为，国家与个人之间是一种简单的逻辑关系，国家是由个人组成的，所以超个人法益与个人法益之间也是一种简单的逻辑关系，个人法益以超个人法益的保护为基础，也即保护超个人法益是为了更有利于保护个人法益。例如，保护国家的安全，是对国家中的个人之生命、健康、自由等个人法益的间接保护。如果说对超个人法益的保护对于个人法益没有任何意义，那么这种超个人法益就没有存在的必要性。法兰克福学派进一步指出，超个人法益是以个人法益为基础的，但被赋予了保护个人法益的功能，超个人法益只是间接正当的法益，也意味着刑法上相应的防卫也是间接的防卫。法益的二元论者认为，超个人法益和个人法益之间不能混同，它们具有本质的不同，超个人法益是一种社会本位的思维方式，其内涵应由社会生活所决定。[1] 可见，无论是一元论者还是二元论者，都承认超个人法益的存在，只是对二者之间的关系有不同表述而已。

实际上，将法益理论限定在他人外部自由的特殊条件，就会忽略一元论和二元论的差别，因为人类的每个群体都具有自己的群体行为规范，而这些规范往往不涉及比较具体的个体利益。[2] 应该肯定超个人法益的存在，这也是进入风险社会的必然结果。风险社会中，刑法需要保护的新领域不断扩张，例如环境犯罪、恐怖主义犯罪、互联网犯罪等，产生了巨大的社会风险。如果固守个体主义为基础的法益理论，就很难对这些行为予以规制，所以为了使法益侵害原则能够继续发挥其效用，就应该设立和承认新出现的各种超个人法益。立法者在面对现代社会层出不穷的新风险之时，必须不断地设立新的超个人法益，并在刑法中设置抽象危险犯。[3] 比如国民健康、环境安全等新的超个人法益，既模糊又广泛，要想保护这些法益，就需要设置抽象危险犯，在这些领域，刑法不再是用于回应过去的损害，而是为了规制未

---

[1] 参见钟宏彬. 法益理论的宪法基础［D］. 台北：台湾政治大学法律学研究所，2009：175-177.

[2] 参见［德］冈特·施特拉藤韦特，洛塔尔·库伦. 刑法总论Ⅰ——犯罪论［M］. 杨萌，译. 北京：法律出版社，2004：78.

[3] 参见钟宏彬. 法益理论的宪法基础［D］. 台北：台湾政治大学法律学研究所，2009：173-174.

来的风险，这也是风险社会中法益扩展的应有题中之意。

3.3.1.3　非人本的法益理念的扬弃

生态哲学的思维模式，给刑法学思考非人本法益提供了思想源泉，人类已经认识到了严重的生态环境危机，人也是自然环境的一分子，不能独立于自然之外，应该将生态环境的危机视为人类自身的危机，像保护自身一样爱护环境、尊重其他物种，使我们的共同家园和谐安康。

随着重大环境破坏事件的日益增多，西方的一些社会伦理学家开始重视人与自然之间的关系伦理。20世纪之初，法国人阿尔贝特·史怀泽博士创立了"敬畏生命"的伦理学，爱因斯坦称其为20世纪最伟大的人物。在《敬畏生命》一书中，他对人与自然的关系进行了深刻的反思。他认为敬畏生命、生命之间的休戚与共是世界上最大的事，提出人应当敬畏自然界的一切生命，包括动物和植物，这样的伦理才是完整的。"善是保存和促进生命，恶是阻碍和毁灭生命。"如果我们摆脱自己的偏见，抛开我们对其他生命的疏远，与我们周围的生命休戚与共，那样我们才是有道德的真正的人，我们对自己的尊重也才有保障。[1] 美国环境学家利奥波德提出了土地伦理观的思想，用生态学的视角来看待自然界。以环境伦理为例，随着科技的发展和人类对自身与环境关系问题认识的深化，环境伦理逐渐扩张至非人类中心主义环境伦理观，包括动物自身权利主义、诸生物皆为平等主义、生态平等中心主义等观念。动物自身权利主义认为，动物和人一样具有对痛苦和快乐的体验能力，动物和人一样都是平等的。人不能把自己当成自然界的主宰者，肆意利用动物、伤害动物。动物自身权利主义与宗教伦理也有暗合之处，例如佛教主张的"扫地不伤蝼蚁命，爱惜飞蛾纱罩灯"。近年来，大家对一些网上盛传的虐猫、虐狗事件，都非常愤慨，从侧面也说明动物平等主义还是有一定伦理基础的。生物平等主义论者比动物权利主义更进一步，认为世界的

---

[1] ［EB/OL］.［2010-12-17］. http：//wenwen. soso. com/z/q112986161. htm.

一切生命都是平等的，不仅是动物，还包括植物。这种观点实际上把世界上所有生命都看做平等的，应予平等保护。生态平等中心主义与前两种理念比较，可谓走到了极致，主张除了关心有生命的万物[1]，还要关心世界上无生命的生态系统，也即从整体上把生态系统作为保护对象，人类对其负有不可推卸的道德伦理义务。上述三种伦理主义观点都有偏颇之处。从认识论的视角来讲，人是世界的主体，自然界是人类认识的客体。实际上从价值的角度看，传统的人类中心主义的症结不在于以人为中心，而在于人与自然的关系上出现了认识偏差。[2] 非人类中心主义伦理观提出的确振聋发聩，扩展了环境保护的新思维。但是其论点过于激进，主要偏激之处有以下三点：其一，模糊了道德和法律的界线；其二，没有摆正主体与客体之间的关系，将客体完全置于主体之上，有泛道德主义的倾向；其三，非人本主义环境伦理观实际上还是以人类为中心的，保护生态其实也是为人类的长远利益服务。

非人本法益理念认为人类不是唯一的利益归属主体，不再视人类的利益为其全部保护客体，把人类之外的客体也视为其保护对象，即使危害了非人类的利益也可以列为犯罪，比如有些国家禁止虐待动物的法令，如有违反，可能被追究刑事责任。本来非人类中心主义法益观就与传统法益理论相互抵触，传统法益理论认为，如果没有人类需要保护，法益就没有存在之必要性。可是近些年来，一些新问题入罪化的趋势，很难寻找到传统法益的影子，似乎非人本法益理念有了它的用武之地。实际上，人本主义法益理念也试图突破自身理论局限，认为即使在构成要件中找不出适当的客体对象，也是存在入罪化的正当性，只是将其理解为保护人类的生存条件，与保护人类本身具有同等价值的。[3] 可见，以人为本的法益是核心问题，有时只是通过

---

[1] 对于众生平等这个理念，宗教可能走得更远，净空法师在央视所拍摄的纪录片《和谐拯救地球》中，曾谈到世界万物皆有喜怒哀乐，甚至提到水也是具有生命的，并以日本的科学实验来予以佐证。

[2] 参见姜俊山. 风险社会语境下的环境犯罪立法研究［D］. 长春：吉林大学，2010：65-66.

[3] 参见林宗翰. 风险与功能——论风险刑法的理论基础［D］. 台北：台湾大学法律系，2006：69-70.

其他媒介的保护，去实现对人类法益的保护，所以即使立法上出于技术性的考虑采取间接保护的方式，受到法律规制的非人本对象也不是法益的真正归属主体，只是为了保护人类的手段，并不是目的。

从前述可以看出，非人本法益理念是法益彻底抽象化的产物。但是，如果从刑法保护社会的目的来看，无限制扩大法益的范围，将会导致刑法对民众自由的过度干涉。仅以保护社会的必要性为出发，动不动就采用刑法手段，以混淆的道德观念予以谴责，只能造成刑法边界的无限扩张。[1] 实际上，超个人法益和个人法益之间只是量上的不同，而非本质不同，无论是国家也好、自然也好、公众也好，最终都摆脱不了一个"人"字，只是说有时这个"人"字是指当前存在的，有时是指未来之人，也即代际效应。所以，在刑法范畴之内的法益理念，还是应该建立在与人有直接联系的范围之内，将集体法益还原到人本法益。

3.3.2　法益侵害说的出路

3.3.2.1　形式的违法性与实质的违法性之争

违法性是指行为从法律方面来看，具有不被允许的性质，犯罪的核心是责任，而责任的前提是行为违反了法律秩序。违法性是犯罪的成立要件之一，是一切犯罪需要共同具备的性质。

形式的违法性，具体是指行为从形式上违反了法规范或者法秩序，也就是对规范的违反，对法的否定。说明一个行为是否违法，首先行为应该是违反了客观的法秩序，如果行为没有违反法秩序，那么这个行为就不具有违法性。显见，形式的违法性是从形式的立场上直观地把握违法性的概念，这也是非常直观的，最容易为人们所把握的，本身不存在什么错误。德国刑法学

[1] 参见王拓. 风险刑法理论的根据——在法益与规范之间［D］. 北京：中国政法大学，2006：50.

家宾丁指出，犯罪行为并没有违反刑法法规本身，事实上是违反了刑法法规背后的规范。[1] 形式违法性是建立在法规范一体性的前提基础之上的，是指行为和法规范之间形成一种对立之状态，其前提是法规范是没有矛盾冲突的整体，并形成了一体性的法律秩序。一个行为在刑法范畴内具有违法性，它在民法范畴内也具有违法性。简单地讲，从违法性判断的角度来说，不同的法律部门虽然都有各自的调整范围和调整对象，但是它们都是在共同维护整体的法秩序。所以，从违法性的判断来看，这就是所谓的违法性单一概念。刑法是社会关系的最后调节器，是社会保障法，是其他所有部门法所共同维持的法秩序的底线，刑法以刑罚的方式维护着整体的法秩序。德国刑法学者主张的“违法性之整体判断”就是这个意思。其主张不同的部门法律之间有机形成一个整体的法规范，不同的法律部门虽然性质不同，内容也各自不同，但是从维护社会共同体的秩序之目的上来说，是完全一致的，所以在违法性的判断上也是一致的。[2] 但是，形式的违法性具有重复解释的嫌疑，并没有说明什么是违法性，法秩序到底是什么，刑法为什么把某种行为规定为犯罪等。

要说明行为是否违法，就需要用违反法规范以外的实体性根据予以说明，这就引入了实质性违法的观念，德国刑法学家李斯特首先提出了将形式违法性与实质违法性进行区分。李斯特最初受宾丁的规范违反性理论影响，将违法性理解为对规范之违反，后来在对法益概念的研究之后，提出了实质违法性概念。李斯特指出：“对行为的法律评价，可能有两个研究方法。形式违法是指违反国家法规、违反法制的要求或禁止规定的行为。实质违法是指危害社会的行为。只有当行为违反规定共同生活目的之法制时，破坏或危害法益才在实体上违法。对受法律保护的利益的侵害是实体上的违法，如果

---

[1] 参见赵秉志. 外国刑法原理［M］. 北京：中国人民大学出版社，2000：117.

[2] 参见方泉. 犯罪论体系的演变——自“科学技术世纪”至“风险技术社会”的一种叙述和解读［M］. 北京：中国人民公安大学出版社，2008：183-184.

此等利益是与法制目的和人类共同生活目的相适应的。”[1]

实质违法性是指行为实质地违反了法秩序，也即对法所保护的利益之侵害。正如李斯特所指出的，违反规范的行为不仅是危害了看得见摸得着的实体对象，也不仅是在形式上与法规范相冲突，其实质上是侵害了抽象的法益，也即行为在实质上给法所保护的法益造成了实害或者危险。所以，对违法性的判断，不应仅从表现上看与法规范的冲突，还应注意其内在的本质。形式违法性仅从违反法规的角度来判断违法性的有无，不能解释违法性的本质。违法性并非只是通过对照刑法法规那么简单，应当考察其实质涵义。形式违法性与实质违法性之间是否是一种完全对立呢？弗朗克认为，形式违法性与实质违法性的对立，实际上是一种观念上的重复。麦耶认为，违反了法规范，就说明其违反了社会伦理规范。形式违法性逐渐也加入了刑法的伦理秩序，违法性理论从形式走向实质，从自然存在论的立场过渡到规范论的立场之上，这也是新康德主义在违法性理论中逐步贯彻之使然，形式违法性已无单独存在之必然，违法性理论应以实质违法性为基础。[2] 关于实质的违法性之理解，主要在于法益侵害说和规范违反说的争论。

3.3.2.2　法益侵害说与规范违反说的融和

法益侵害说认为，违法性的实质在于行为对法益的侵害或者危险，刑法的任务也就是保护法益。早在启蒙时期，贝卡利亚基于社会契约论的思想，就指出个人的权利是刑法应予保护的核心，刑法的法条背后蕴含着对个人权利的至高无上的保护，这也是限制中世纪时期刑罚滥用的必然。后来费尔巴哈进一步对贝卡利亚思想进行升华，提出违法的本质就是对个人权利的侵害。近代以来，李斯特提出了法益理论，认为行为并非是对权利自身的侵害，而是对法所保护的利益的侵害或者威胁。日本学者前田雅英认为，刑法

---

[1] ［德］弗兰茨·冯·李斯特. 德国刑法教科书［M］. 北京：法律出版社，2000：201.

[2] 参见方泉. 犯罪论体系的演变——自“科学技术世纪”至“风险技术社会”的一种叙述和解读［M］. 北京：中国人民公安大学出版社，2008：185.

的任务就是为了保护最大多数国民的利益，所以国民的利益是否受到侵害是违法性的基础，法益就是指应当由刑法来予以保护的利益。刑法的任务主要是保护法益，违反伦理道德的行为不应受刑法规制，这种行为有时没有给任何人造成利益损害，例如同性恋行为、是不应该受到刑罚处罚的。事实上，如果人们将所有认为应当受保护的利益都归纳为法益，那么刑法将不会积极去干预它们。例如，人会逐渐随着身体的老化而死亡、土地会被洪水所淹没等，这样看时光也是一个潜在的法益侵害者。法益侵害说的意蕴，主要是立足于个人主义的基础之上，主张世界应是以人的存在为基础的，只有人的存在才是最终的目的，为了实现这个目的，刑法就应该尽量少地限制个人的自由，国家权力应该出于一种消极状态，刑法不能处罚那些仅仅违反道德伦理并没有侵害法益的行为。❶

规范违反说认为，刑法的主要任务是保护社会共通的基本伦理规范，违法性的本质就是违反了法秩序。日本刑法学者小野清一郎认为，违法性的本质就是违反了国家设立的法秩序，并对这种法秩序所提出要求的违反。违法性的本质不能简单地用违反形式上的法律规范来说明，也不能用单纯的社会有害性来解释。法律从根本上来说，是国民共同生活的伦理秩序，同时也是国家在政治上通过立法予以确认的伦理观念。其必须适用国民生活的道义观念，以便实现国家管理的目的。法也是整体的一种秩序，违背这个秩序就是违反了法。规范违反说的基本价值立场是重视社会伦理规范，有全体主义和社会连带思想的倾向。❷

需要注意的是，法益侵害说与规范违反说是建立在实质违法性基础之上的，不是关于形式违法性的争论。在司法层面，法益侵害说与规范违反说都认同犯罪是以违反刑法为前提条件的，但对于违反刑法又意味着什么，两种观点看法不同。法益侵害说认为违反刑法是对法益的侵害或危险，规范违反说认为违反刑法的实质是对刑法法规背后的社会秩序的侵害。风险社会的到

---

❶ 参见张明楷. 刑法的基本立场［M］. 北京：中国法制出版社，2002：154-156.

❷ 参见张明楷. 刑法的基本立场［M］. 北京：中国法制出版社，2002：156.

来，立法上将设置大量的抽象危险犯以规制风险，而这为法益侵害说所不容许，法益的概念是否继续存在受到了质疑。雅科布斯的纯粹规范主义观点认为，刑法是用来保护规范的，刑罚目的也是如此，行为是对规范的破坏，刑罚是用来惩罚这种破坏行为的。雅科布斯的纯粹规范主义观点遭到了批判，因为如果以“规范保护”为核心的话，人权有受到过度侵害的危险。这种担忧不是没有道理的，因为启蒙时期确立了罪刑法定原则就是为了防止国家权力的过度干涉，这种观念已经深入人心，具有相当的民意基础。纯粹的规范主义以保障社会伦理规范为旗帜，而社会伦理规范又是一个很模糊的概念，至少在表层意义上是一种法治的倒退。虽然规范违反说一直强调其所主张的规范，是由国家制定法确认了的法规范，是法治原则之下的规范，但这也是令人疑虑的，因为纳粹时期的德国法治国家就是一个很好的例证。风险社会虽然给法益理论提出了很多挑战，但是法益的权威地位并没有因此废弃，法益的理念应该得到坚持。如果完全废弃法益的概念，那么对行为的评价只能在规范之外，使犯罪的本质只能依赖于行为的规范属性，那么构成要件符合性与违法性就没有区分的必要了。实际上，法益侵害说在学说史上受到过三次冲击，第一次是威尔哲尔提出的行为不法理论，也就是人的不法理论，主张犯罪的本质在于行为人的主观恶性对社会基本伦理的否定，法益是其外在的表征。第二次是纳粹的恶法时期，认为犯罪的本质就是对义务的违反。第三次是 Amelung 的社会危害性观点，认为犯罪的本质是行为的社会危害性。但是至今为止，在德日刑法理论中，法益的通说地位并未动摇。但是为了应对风险社会，法益侵害说也应适当吸收规范违反说的合理之处，自身作出适当的调整，才能摆脱理论困境。法益的概念是不变的，但其内涵应是开放式的。正如前文所述，法益逐渐走向精神化和抽象化。法益应随时代的发展而变化，正如罗克辛教授所指出的，当前的德国刑法惩罚露阴行为，但是如果随着时光的推移，公众都认为露阴行为只是个人表现的一种精神无序而已，对公众没有什么影响，那么反映在立法上，对其惩罚就不再是一种保护法益的措施，所以就有取消的必要性。[1] 对中国而言，近来对一些重大交通事故引发的讨论可谓家喻户晓，对于单纯醉酒驾驶车辆而言，在多年前人们虽然不赞成但也不认为达到刑罚需要惩罚的程度。但是，近年来随着政府鼓励购买私家车，交通越来越拥挤，给人们造成的风险也逐步增大了。人们广泛地认为醉酒驾驶的危害性非常大，谁都有可能成为其受害者，所以醉酒驾驶从行政处罚上升至刑罚处罚就很容易理解和接受。所以，法益侵害说应重视其内部的变革，比如法益范围的多元化，这也是针对风险社会一些新出现的风险而言的。我们也应该承认刑法体系的割裂性，对于刑法中的传统犯罪应适用法益侵害说来进行解释，对于一些特殊领域，应倾向于规范违反说。实际上规范违反说此时是为了便于风险社会的风险规制，而将风险予以类型化立法，但是也不能突破刑法设定的基本原则。[2]

3.3.3 行为无价值论——风险社会的必然选择

3.3.3.1 行为无价值论与结果无价值论之争

与前述的法益侵害说和规范违反说这一对范畴相应，结果无价值与行为无价值这对范畴与其是形式与实质的关系，互为表里。行为无价值，是指行为对法益的侵害或者对危险所做的否定性评价。结果无价值，是指对于行为导致的法益侵害后果所做的否定性评价。行为无价值论者认为，违法性的依据在于行为本身，即行为本身的反伦理性是违法性的根据。结果无价值论者认为，违法性的根据在于行为给法益造成了实害或者危险的结果，即违法性的根据在于结果之恶。[3]

---

[1] 参见［德］克劳斯·罗克辛. 德国刑法学总论——犯罪原理的基础构造［M］. 王世洲，译. 北京：法律出版社，2005：16.

[2] 参见王拓. 风险刑法理论的现代展开［D］. 北京：中国政法大学，2009：52.

[3] 参见张明楷. 刑法的基本立场［M］. 北京：中国法制出版社，2002：164.

行为无价值论最初由德国刑法学家威尔哲尔提出，威尔哲尔将客观主义理论视同结果无价值，并予以批判，从而产生了行为无价值与结果无价值在理论上的对立。对于行为无价值理论，威尔哲尔指出，法益侵害并不一定能说明违法性，因为其与行为人的内容是相分离的，行为只有是行为人实施时才是违法的。行为人主观目的是什么，采取什么样的行为，行为时的心态是什么，行为当时行为人负有何种义务，这些都与违法性的判断有关。违法就是行为人的行为违法，违法性就是对与行为人有关的行为的否定评价。按照威尔哲尔的看法，结果无价值不能完全说明行为的不法性，结果无价值只有在行为无价值这个先决条件下，才有意义。威尔哲尔还从刑法机能的角度来说明行为无价值论，他认为，刑法的使命在于保护社会伦理秩序，如果行为违背了法的基本价值，国家通过适用刑法，以最严厉的处罚手段，对这种行为予以惩处，从而显示出这种不受侵犯的社会伦理的价值位阶，以便形成民众对社会伦理标准的认同，提升民众对法的忠诚度。威尔哲尔还认为，行为无价值论与社会生活的日益复杂性有关。由于社会生活的日益复杂，风险到处存在，如果生活中没有侵犯任何法益，那是不现实的。因而如果将所有法益侵害的结果都认为犯罪的话，那么人们将谨小慎微，社会将停滞不前。所以，如果法益侵害属于社会可容许的风险之内的行为，就应该排除其违法性。那么，想要在结果无价值中辨别是否违法，就应当到行为无价值之中探寻。❶ 威尔哲尔的观点也受到一些批判。批判者认为，首先，国家对人们具有不同的价值观应持有一种宽容的态度，法的任务只是保障具有不同价值观的人们生存的最低条件。刑罚不应该滥用，它是最后的规制手段。所谓的社会伦理只是相对的，也是模糊的，如果硬要将社会伦理作为刑法的任务，那只能说是以法的名义统一价值观念。刑法只能在侵害他人法益或造成危险之时，才可以适用。其次，法律和道德应该区分开来，在道德领域，个人不受刑法的强制。最后，行为无价值论容易使罪刑法定原则产生松动。❷ 在德国

---

❶ 参见张明楷. 刑法的基本立场［M］. 北京：中国法制出版社，2002：168.

❷ 参见张明楷. 刑法的基本立场［M］. 北京：中国法制出版社，2002：167-168.

学界，近年来也有学者主张调和结果无价值论和行为无价值论。罗克辛教授主张，违法不一定就是指行为给法益造成了侵害或者是危险，其还取决于是否具备构成要件行为的目的性、主观心态等因素。[1] 实害犯中如果没有出现构成要件的结果，但其行为无价值，就可以构成未遂。如果出现了实害结果，但不具备行为无价值，那么也不可以处以刑罚。如果故意犯没有具备行为无价值，那其有可能构成过失，只要其造成了法所不容许的危险。

在日本刑法学界，对于行为无价值论与结果无价值论的争论，逐渐形成了二元论的立场。大塚仁教授认为，违法性的本质在于法益的侵害或危险，完全脱离法益侵害意义上的结果无价值，是无意义的。反之，想单纯通过结果无价值来确定违法性问题，无视了行为人的行为本身所具有的违反刑法规范的意义，也不可能准确判定违法性问题。只有将行为无价值与结果无价值论结合起来，才能正确评价违法性问题。[2] 二元论在日本也被称为二元论的行为无价值论，原因有二：其一，存在仅依据行为无价值论就可判断违法性的情况；其二，如果不具备行为无价值，即使具备了结果无价值，也不能确定其违法性。这样看的话，实际上和单纯的行为无价值论没有什么区别。[3] 日本刑法立法上，也体现出二元论的趋势。例如日本刑法典第 235 条盗窃罪，窃取他人财物的，是盗窃罪，处十年以下惩役。第 246 条诈骗罪，欺骗他人使之交付财物的，处十年以下惩役。[4] 两罪从结果来看都是非法占有他人财物，但行为方式不同，罪名的评价也不同。二元的行为无价值论的主要论据有：其一，刑法以保护法益为目的，并不一定能推导出结果无价值。其二，刑法的制裁手段是刑罚，与行政法与民法的制裁手段不同，不能将所有侵害法益的行为都看做刑事不法，只能将违反社会伦理的行为视为不法。其

[1] 参见［德］克劳斯·罗克辛. 德国刑法学总论——犯罪原理的基础构造［M］. 王世洲，译. 北京：法律出版社，2005：210.

[2] 参见［日］大塚仁. 刑法概说［M］. 冯军，译. 北京：中国人民大学出版社，2003：313.

[3] 参见［日］曾根威彦. 刑法学基础［M］. 黎宏，译. 北京：法律出版社，2005：88.

[4] 日本刑法典［M］. 张明楷，译. 北京：法律出版社，1998.

三，结果无价值论忽略了刑法作为禁止性规范，面向社会的昭示功能。其四，违法性的判断，也应考虑行为人的主观方面，例如目的犯中的目的、倾向犯中的倾向等。❶ 可以看出，二元论也是倾向于行为无价值论的。在风险社会视野下，为了兼顾个人自由和防卫社会，对违法性的判断与认识逐渐倾向于行为无价值论。

3.3.3.2　行为无价值论理解误区的澄清

行为无价值论更能适应风险社会中风险控制的需要，但是也有不同的质疑之声，所以必须对行为无价值论进行再思考，澄清一些理解上的误区。

第一，行为无价值论不等于主观主义。一直以来，有些学者常将行为无价值论等同于主观主义。将结果无价值论视同为客观主义，这种划分是不科学的。有学者认为，在违法性阶段，行为无价值就考察目的、动机等主观因素，而将犯罪成立与否的重点放在主观责任之上，而结果无价值论则将犯罪的成立与否放在违法性之上，所以行为无价值论是基于刑法主观主义，结果无价值论是基于刑法的客观主义，就此应在违法性问题上选择结果无价值论的立场。❷ 这种观点是一种直观化了的误解。从思想起源来看，行为无价值理论实际上是脱胎于刑法客观主义。从行为无价值论的发展历程来看，也是一直坚持刑法客观主义的。提出行为无价值论的威尔哲尔，其本人就是刑法客观主义论者，他的理论框架也是建立在客观主义之上的。行为无价值论在日本的发展过程中，也属于刑法客观主义的范畴。日本的多数刑法学家非常重视行为的客观化、定型化的意义，从来没有否认法益概念对犯罪实质判断的重要性。事实上，行为无价值论并没有仅依据行为来判断违法性，威尔哲尔认为行为以什么方式侵害法益是问题的关键，违法性应当在结果的无价值之上考虑行为的无价值。所以，行为无价值论属于刑法客观主义的范畴，不应该将行为无价值论与刑法主观主义等同。

---

❶ 参见黎宏. 行为无价值论与结果无价值论：现状和展望［J］. 法学评论，2005（6）：121.

❷ 参见周光权. 法治视野中的刑法客观主义［M］. 北京：清华大学出版社，2002：224-226.

第二，行为无价值论与道德性。对于行为无价值论的批判，也集中在行为无价值论是否会造成泛道德主义，即造成法律与道德界限的模糊。近年来，在社会科学领域，由于泛科学主义、自然主义思维的影响，学者们普遍担心道德理论的不精确性，唯恐陷入泛道德主义。然而在刑法领域，彻底回避道德，恐怕是不现实的。刑事责任的最原始涵义，就是一种道德上可谴责性，是对于行为人道德上的否定性评价。[1] 与其他部门法律相比，刑法是距离道德最近的，比如民法上的处罚手段往往在于补偿而非惩罚，并不是一种道德评价。在大陆法系的罪责理论中的期待可能性，实际上是出于对人性的考虑，即法律不能强人所难。又如被害人承诺行为没有为多数国家立法所承认，也是基于对道德风险的担忧。行为无价值论不是仅依靠对人的主观要素的评价，它的积极价值在于对违法性的评价只能来源于行为和实施行为的人，而不是抛开行为人之外的其他依据。

第三，行为无价值论与人权保障。部分学者认为结果无价值有利于保障人权，行为无价值论将会过分侵害民众的个人自由。其理由是，行为无价值论注重行为人的义务和社会伦理秩序，所以其价值取向更倾向于防卫社会而不是保障人权，还有人甚至将主张行为无价值论与纳粹时期的刑法等同视之，认为其是刑事法治的倒退。[2] 这种主张认为结果无价值论比行为无价值论更能发挥保障人权的功能，是比较片面的。因为如果说行为无价值论彻底无视法益侵害的结果，单单考虑行为无价值的话，那这种论调倒是情有可原。但事实上，行为无价值是充分考虑了结果无价值之后，再衡量行为的无价值。所以其更准确地把握了行为无价值的实质，实际上反而比结果无价值更能够保障人权。

第四，行为无价值与犯罪圈。行为无价值论会削弱刑法的人权保障功能，反过来说，行为无价值论则有助于刑法的社会防卫功能。行为无价值论

---

[1] 参见方泉. 犯罪论体系的演变——自“科学技术世纪”至“风险技术社会”的一种叙述和解读［M］. 北京：中国人民公安大学出版社，2008：201-202.

[2] 参见钊作俊，李勇. 结果无价值初论［J］. 法律科学，2005（6）：50.

的确有助于制止危害结果的发生，有利于保护法益，扩大了犯罪圈，当然也扩大对当前风险社会的保护，刑法的谦抑性功能受到了限制。[1] 可以看出，行为无价值论主要功能在于扩大犯罪圈，以更好地防卫社会。对行为无价值论不能仅理解为，不需要结果就能够处罚，从而扩大处罚范围。实际上，行为无价值论并不是完全以扩大犯罪圈为目的。以交通肇事类犯罪为例，是一种典型的过失犯罪，需要出现法定的危害后果才能定罪处罚，但是不能就此认为这就是结果无价值论的体现。尽管交通肇事类犯罪，需要出现一定的损害结果，但实际上其行为对违法性是有制约作用的。如果行为人违反了交通行政法规，造成了相应的危害后果，显然属于不法。但是如果行为人认真谨慎地遵守了交通规则，那么行为即使产生了危险，也属于可容许的危险，不应予以归责。这样看，行为无价值论还起到了限制犯罪圈的功能。

3.3.3.3 行为无价值论更契合于风险社会

风险社会中科学技术的高速发展，造成了大量的危险，生活充满了不确定性。例如高速铁路、汽车等现代化交通工具，在人们享受其便利的同时，也承受着其风险。但是如果为了杜绝风险，而完全予以禁止，则社会生活将陷于瘫痪之中。所以，为了权衡两方面的利益，就产生了可容许的危险理论。所谓可容许的危险理论，是指虽然行为具有侵害人的生命、健康、财产的危险，但是为了维护社会的发展，在一定范围内包容这种危险，视为不违法的行为。[2] 也就是说，在这个可容许的范围之内，即使发生了法益侵害的结果，如果能被归入不可抗力，那就不追求其责任。这与行为无价值论不谋而合，即使行为具有一定的危险，但如果依据当时国家的社会伦理规范来看是相当的，那么应认为其是法所容许的行为。可以容许的风险理论充实了行为无价值论的理论内涵，对于那些为法不容许的风险，上升为不法行为。风

---

❶ 参见方泉. 犯罪论体系的演变——自“科学技术世纪”至“风险技术社会”的一种叙述和解读［M］. 北京：中国人民公安大学出版社，2008：197-198.

❷ 参见赵秉志. 外国刑法原理［M］. 北京：中国人民大学出版社，2000：12.

险社会中的行为无价值论，已经与早期威尔哲尔的理论有所区别，其本质已经不着重在于没有结果也是不法，而更致力于有了结果也不一定是违法。所以行为无价值论更能协调风险社会中发展与风险的协调问题，比结果无价值论在应对风险方面更有优势。

行为无价值理论承认风险社会的价值多元化，承认刑法的割裂性，在有些涉及风险的犯罪中，适用行为无价值理论对其解释，更为合适。风险社会中的风险很难准确预见，但又不可能完全避免，所以需要界定可容许的风险，这需要结合有些行政法规予以认定。行为不法的判断需要借助于行为无价值论，它是随着科学技术的不断发展，人类进入风险社会以后，理论的必然应对。风险社会中，刑法对风险的规制一般是通过法定犯来实现的。随着风险社会的来临，在刑法范畴之内的法定犯时代也接踵而至。在日本刑法典和几个单行刑法中，自然犯的罪名大概有 300 个，而其法定犯的罪名则有数千个左右，其他国家的刑法立法也大致如此。[1] 法定犯的大举扩张，造成刑法立法的基础也发生了改变，有传统自然犯的结果本位主义过渡到行为本位主义。行为本位体现了风险控制的思维范式，只要立法规定了某种行为，刑法就可发挥其相应作用，有效预防和控制风险的产生。可以看出，行为无价值论与规范保护主义也有相通之处，都有控制风险的功能。

为了应对风险，当今刑法立法中有设置大量抽象危险犯的趋势，而行为无价值论为抽象危险犯的设立提供了合理的解释。抽象危险犯体现了法益保护的前置化，但抽象危险犯通过结果无价值理论不能得到很好的解释，行为无价值论对风险的客观化有力支撑了抽象危险犯的设置。但是如果遇到连抽象危险都没有的情况，就不能予以刑罚处罚。例如，医生给病人开列处方，并严格告诉了病人服用方法，但病人还是由于自身误服造成了死亡，那么医生不应承担刑事责任。总的来说，现代高科技风险社会给人们出了一个难题，人们不可能生活在一个风险真空的环境之中，如果将所有有法益侵害风

---

❶ 参见储槐植. 要正视法定犯时代的到来［N］. 检察日报，2007-06-01（3）.

险的行为都列为刑事不法，那么人类社会将无从发展。同时，如果仅从法益侵害后果来判断行为不法，那么无法避免科学技术发展带来风险的复杂性。行为无价值论代表了多元风险社会中理论的应有选择，其权衡了自由与安全，使两者皆有一定的范围，较为合理。

3.4　风险社会中过失理论的应对

3.4.1　过失理论的发展脉络

3.4.1.1　旧过失论

旧过失论就是传统的过失理论，认为过失与故意一样是责任形式的一种，对结果的预见属于主观方面的事实，过失犯的本质在于违反结果预见义务。既然有预见可能，就应该积极预防，如果行为人违反预见义务，最终导致结果的发生就是过失。过失犯的非难可能性，应以行为人是否具有注意能力为前提条件，如果行为人具有注意能力，就应该谨慎为之，但是由于行为人不注意而违反了结果预见义务以致未能避免危害结果的发生，就具备非难可能性。根据旧过失理论，过失犯与故意犯在构成要件与违法性方面没有什么区别，不同之处就在于责任，所以只要在客观上出现了危害结果，并存在因果关系，那么就可以考虑是否存在预见可能性。旧过失理论中的注意义务标准，存在客观说与主观说之争。客观说认为注意义务的标准应以一般人的注意能力为标准，主观说认为应以行为人自身的注意能力为标准。[❶] 旧过失论是建立在传统的农业社会基础之上，是为了应对偶然发生的人身伤害事故而创设出的理论。在生产力水平较低的社会中，预见可能性的范围较窄，原

---

❶ 参见马克昌．比较刑法原理［M］．武汉：武汉大学出版社，2002：250.

则上只要存在法益的侵害，就可以予以归责。随着科学技术水平的不断发展，人类进入了风险社会，风险的类型和危害程度不断加大，人类对于危险的预见性能力也不断增强，如果以违反结果预见义务为由进行归责，那么无异于使科学发展和社会进步都停滞不前。[1] 旧过失论的产生有其当时的社会背景，其倾向于个人权利的保障，可是随着风险社会的来临，过失犯从以前相对于故意犯的例外地位逐步走向前台，如何权衡利益并控制风险，就要求过失理论作适当调整。

3. 4. 1. 2　新过失论

新过失论起始于20世纪之初，是在第二次世界大战以后逐步发展而来的过失理论。新过失论以结果避免义务为中心，其将过失作为违法性要素来进行考量，而不是将其作为责任要素来考虑。新过失论认为，过失不仅是违反了结果的预见义务，更主要的是违反了结果避免义务，对具体结果的预见仅是过失责任成立的基础条件，如果连预见可能性都没有，那更谈不上结果回避义务。但是，即使有预见可能性，行为人却履行了结果回避义务，就是发生了结果也不能成立过失犯罪。新过失论产生的主要原因是社会的高速发展，随着工业化程度的提升，侵害法益的行为越来越多，如果将这些行为全面禁止，是没有道理的，因为这些危险行为在一定程度上是有利于社会进步的，所以只能在一定程度上承认其存在。对于交通事故而言，依照旧过失论的观点，只要具有危害结果和因果关系，又具有预见可能性，那就予以归责处罚。[2] 然而在这个各种交通工具日益增多的时代，从事交通生产运输的过程中，对事故的预见可能性几乎都存在，这就等于事实上的结果归责，不利于社会的发展进步。对新过失论的理解，应结合被允许的危险理论和信赖原则。

被允许的危险理论，是指社会生活中不可避免地存在危害法益的行为，

[1] 参见赵慧. 刑法上的信赖原则［M］. 武汉：武汉大学出版社，2007：32.

[2] 参见马克昌. 比较刑法原理［M］. 武汉：武汉大学出版社，2002：253.

根据其对社会是否有利，在法益侵害发生的情况之下，在一定范围之内允许其发生。为何要承认可容许的危险，是有其原因的。如果禁止所有的风险，人类社会就会停止发展，为了维护社会进步，具有以一定价值的行为，即使给人的生命、财产带来损失，也是应该允许的。基于此，决定可被允许危险的范围的判断标准，就是基于功利主义的衡量理论，应以社会相当性为标准，而社会相当性具体是指没有违反社会生活的最低注意义务。所以按照被允许的危险理论，即便是存在预见危害结果的可能性，但并没有超过社会生活所能允许的最低注意义务，那么即使出现一定的危害后果，并不违法。可以看出，新过失理论的真正意旨并不在于重视结果的避免义务，其核心是重视行为的有用性，限定对过失犯罪的处罚范围。❶ 对于可以容许危险的程度，需要进行综合衡量。结合以下三个方面进行考量：其一，为了社会的进步，对于从事危险行业者，对社会发展的价值越高，其注意义务就越低；其二，当某种危险已经为社会所司空见惯的，就不特别强调其注意义务；其三，实施危险行为的人，如果是基于保护重大利益者，应考虑减轻其注意义务。

所谓信赖原则，是指行为人实施了某种行为，信赖其他人能够根据当时的情况采取适当行为，即使由于他人的不当行为而产生了危害后果，也不追究行为人的责任。基于信赖原则的观点，如果自身尽到了谨慎的注意义务，也有理由相信其他人也和自己一样遵守注意义务，如果他人没有依照彼此间的认同行事，最终出现了危害结果，那么结果也是他人造成的。信赖原则可以判断刑法上是否具备预见可能性，主要是用于限制过失犯罪的范围。需要提及的是，信赖原则在适用于交通事故领域时，基本上是适用于机动车之间的，而不能适用于人与机动车之间。从信赖原则的发展历程来看，最早是产生于德国，随后在大陆法系国家广为流传，其适用领域也逐步从最初的交通领域向其他工业生产领域扩展，体现其在现代化社会的有效性。❷ 信赖原则的自身涵义应该具有规范性，而不是通常生活意义上信赖别人是善良之人的

---

❶ 参见赵秉志. 外国刑法原理［M］. 北京：中国人民大学出版社，2000：165.

❷ 参见赵慧. 刑法上的信赖原则［M］. 武汉：武汉大学出版社，2007：1.

内涵，这和对注意义务规范化的主旨是一致的。如果对于可容许的危险范畴没有明确的规定的话，那么信赖原则就失去了其存在的法规范依据，所以对于一些高新技术领域，由于技术研发规范的不健全，目前还不能奢谈具有详细的信赖原则予以遵守。

3.4.1.3　新新过失论

新新过失论又称为危惧感说，该说是基于新过失论对过失犯罪的处罚范围过窄，特别是现代社会太多的未知危险行业需要扩大过失犯范围而提出的。新新过失论认为，对于认定注意义务前提条件的预见可能性，并不需要具体的预见，只要对危险的发生有模糊的不安全感或者危惧感就可以了。新新过失论为日本刑法学者藤木英雄、板仓宏所提倡，其背景是 20 世纪六七十年代，日本经济高速发展，已经具备风险社会的表征，国民在社会中受到侵害的频度增加，安全感日益降低。在日本的司法判例中也有承认新新过失论的，日本德岛地方法院于 1973 年 11 月 28 日对森永公司的毒奶粉事件作出了判决，就是以危惧感说为法理基础的，但是该案并没有成为司法判例的主流。日本学者认为，人们在从事高危险职业时，应主动探察未知的危险，并预测危险发生的可能性，从而事先采取一定的防范措施，即使行为人没有预见可能性，也会因未尽到结果避免义务而承担责任。❶ 危惧感说在深层次上，主要是由于风险社会的到来，许多风险都具有很长的潜伏性，如果以先前的过失理论的具体预见可能性为判断标准的话，那就不可能对风险制造者归责，那样就会侵害被害人的合法权益。❷ 所以，刑法作为社会正义的底线，不能仅以保护被告人的利益为己任，而忽略了对受到侵害的被害人的保护。所以，新新过失论对现今社会中的企业组织造成的危险责任的认定，是很有帮助的。

但是，危惧感说由于过于将危险预见抽象化，给人的感觉虚无缥缈，难

---

❶ 参见马克昌. 比较刑法原理［M］. 武汉：武汉大学出版社，2002：255-256.

❷ 参见赵慧. 刑法上的信赖原则［M］. 武汉：武汉大学出版社，2007：38-39.

以准确把握，在预见义务上的要求比旧过失论更为苛刻，几乎等同于绝对责任。所以，危惧感说即使在其发源地日本也受到了广泛批判。首先，该说在面临未知的危险之时，有结果责任的倾向。其次，此说过于扩大了在常规领域的过失犯罪的范围。最后，该说所提出的预见可能性的界限非常模糊，在司法实践当中，难免理解各异，造成司法不统一的现象。对危惧感说而言，如果作为注意义务内容的结果预见可能性只需要危惧感说就够了，那么就会扩大过失犯的范围，和客观责任的差别就不大了，危惧感说的目的就是对于一些当前先进的技术追究其未知风险的责任。但是只要行为人充分应用已知的科学技术，并作出了最大的努力，仍然不能避免风险，就不能对其归责。即使是最先进的科学技术，实际上大部分只是在先前科学研究的基础之上向前迈进了一步。[1] 所以，只要充分利用现有的科学技术知识和技术成果，完全不能预测的未知领域里的风险情况并不是很多。即使在真正未知的科学技术领域，负担创新任务的技术开发人员无论付出多大的努力，在内心深处也难以避免存在某种危惧感。

3.4.2　新过失论更适合于风险社会

过失理论较故意理论而言起步较晚，是在近代工业社会繁荣之后才逐步发展完善的。旧过失理论重视结果无价值，对于传统的农业社会的过失犯认定具有一定的合理性。随着科学技术的不断发展，人类步入了风险社会，日常业务行为和生活中行为的风险也与日俱增，所以有时明知有风险，也要实施某种行为，旧过失理论就不能适应当前社会的变迁。过失理论面临着两方面的任务，一是要预防重大风险对人类的危害，二是要维护社会的进一步发展，两个任务实际上是对立统一的，因为最终都归结到人类社会的平稳发展。在此基础上，新过失论产生了，其基于社会分工和社会安全的需要，不

---

[1] 参见［日］大塚仁. 犯罪论的基本问题［M］. 冯军，译. 中国政法大学出版社，1993：245-246.

仅要求结果无价值，更倾向于在行为无价值上把握过失问题，更能满足现代社会的需求。

风险社会的科技风险可以从两个方面予以理解：第一个方面是不为人知的尖端技术的初次应用，第二个方面是已经为人类所熟悉的普通技术的应用。对于第一个方面的尖端技术而言，人类对其所可能产生的危险结果的预见无法从人类以前积累的经验中获得。对于第二个方面，人类对于普通行业的惯用技术的危险性及其对结果的预见性，都已经非常熟知。对于第一个方面，发展出了危惧感说以使行为人承担责任，对于第二个方面，则用新过失论来合理免除行为人的责任。可见，不论是新过失论还是危惧感说，都是为了应对风险社会的一种理论修正。新新过失论从维护社会安全的角度出发，以抽象的预见可能作为判断过失有无的标准，具有一定的合理性。实际上，新新过失论也不是反对者所说的任意出入人罪，而是在维护公共安全的角度下想找出具体的负责者，尽管对危惧感的范围界定得非常模糊，但这也反映出新新过失论并非想追求单一的结果归责，可以看作是一种对现代风险社会的一种理论探索。但是，新新过失理论不能平衡发展与安全之间的关系，所以还不能作为风险社会的通行理论。例如，1956 年在日本熊本县水俣湾发生的水俣病事故，在初期由于技术证据问题，追究有关人员的刑事责任非常困难，后来随着技术发展，政府查清了致病原因是水银工厂排放的废水造成的，对有关人员追问了过失责任，可以看出新过失论比新新过失论更为慎重。[1]

与其他过失理论相比较而言，新过失论更适应于风险社会的需要，因为其具有一定的理论张力。新过失论可以通过对结果避免义务的程度设定，来实现不同情况下过失责任的范围。在高新科技领域，可以通过相应的技术法规对行为人设定较高的结果避免义务，例如在转基因、纳米技术、生化技术领域等制定出严格的技术研发规范，提升从业者的谨慎注意能力。所以，风

[1] 参见［日］大塚仁. 犯罪论的基本问题［M］. 冯军，译. 中国政法大学出版社，1993：247.

险社会的过失责任还应当以结果避免义务为其基础，新过失理论中的预见可能性既包括对具体危险的预见，也包括对抽象危险的预见，除了一切不可能预见的情况之外，都属于应预见的范围之内。如此，新过失论既可以解决旧过失论对过失犯范围的过度扩张，也可以避免在风险社会中为保护重大法益之时结果责任的抬头。总的来讲，新过失理论满足了风险社会中社会利益平衡的需要，而本身又具有一定理论张力，所以新过失论是应对科技风险社会的最恰当选择。

3.4.3　监督过失理论的提倡

3.4.3.1　监督过失的概念

随着风险社会的来临，诸如食品安全事故、煤矿安全事故等重大灾难性事故屡屡发生，此类事故的发生往往是多人共同导致的。在事故处理过程中，不仅是直接工作人员有过错，生产经营的管理者也常疏于自己的监管责任。但是在司法实践中，一般只追究具体工作人员的责任或者对其处理较重，而很少追究管理人员的责任或者对其处理很轻，这就会造成“职务越高、责任越小”的怪现象。近来，原河南省委书记卢展工在一次会议中谈道，有些官员在出了矿难之后，不是反省自身的监管责任是否完全履行，而是政治作秀，在媒体面前怒斥基层责任人。所以，如果不能有效地对高层管理人员的监管责任予以追究的话，不仅使刑法有“刑不上大夫”之嫌疑，更难以惩治和预防此类过失犯罪。

监督过失理论起源于日本，该理论主张除了对现场直接导致危害结果的行为人追究责任以外，还应追究其上位管理人员的过失责任。在日本刑法理论中，监督过失理论又被称为监督过失，监督过失又分为广义的监督过失和狭义的监督过失。狭义的监督过失，与致使危害结果发生的过失行为人相对应，主要指管理、督促直接行为人的上位监督人疏于履行自己防止前述过失发生的情形。广义的监督过失，包含狭义的监督过失和管理过失两种情形。管理过失，是指由于管理人对于其所管理的设备、机构没有设立完备的安全体制而造成危害结果的情形。❶ 例如，酒店的经营者，没有设置火灾自动报警装置，也没有制定火灾应急预案，结果发生了火灾导致多人伤亡。我国学者基本也同意这种分类方法，即监督过失分为两类：一类是怠于对被监督者的行为直接监督所构成的监督过失，另一类是由于没有建立应该确立的安全管理体制所构成的管理过失。❷ 笔者认为，对监督过失应该从广义的角度予以把握，虽然监督过失和管理过失存在一定的不同，监督过失侧重于对人的直接监督，管理过失侧重于对制度的构建，但是两者也有交叉之处，因为安全管理体制的构建最终还要落实到对人的管理上，所以，广义的监督过失概念更全面一些。在日本的司法实践中，判例也是支持监督过失理论的。例如，在大洋百货火灾案中❸，正在正常营业的百货大楼二层到三层突发大火，并迅速蔓延到大楼各个楼层，三层到八层几乎全部烧毁。当时，大洋百货店的工作人员没有广播火灾消息，也没有组织顾客有序撤离。结果，顾客发现起火后，慌不择路造成楼梯间拥堵，最终由于一氧化碳中毒死亡和试图跳楼逃生而坠亡多人。最终，法院判决大洋百货董事长、常务副董事长、具体的消防责任科科长三人具备过失，并判其有罪。

3.4.3.2　监督过失责任的成立条件

监督过失的成立也应具备以下几个条件：第一，监督管理者必须具有相应的注意义务。其注意义务主要来源于相关的职业管理行政法规、具体的操作规程等，注意义务的内容与一定的职业规范有密切关系。在监督过失中，危害结果并不是由监督管理者的过失行为直接引发的，所以监督管理者对结果的预见性并不是对最终危害结果的预见可能性，而是预见到自己的行为会

---

❶ 参见马克昌. 比较刑法原理［M］. 武汉：武汉大学出版社，2002：269.

❷ 参见张明楷. 刑法学［M］. 北京：北京大学出版社，2006：86.

❸ 参见刘期湘. 监督过失的概念界定［J］. 文史博览：理论版，2008（6）：82.

导致被监督人不当行为的可能性。被监督者的不当行为，实际上是一个中继行为，只要监督者具有中继行为的预见可能性，那就推定其具有对最终危害后果的预见可能性。至于监督管理者的结果回避义务，也不是对最终危害后果的避免义务，而是对于被监督者不当行为的避免义务，也就是说其应该采取适当行为避免被监督者的不当行为。第二，监督管理者必须具有相应的注意能力。对于监督管理者注意能力的判断标准，存在客观标准说、主观标准说和折中说。客观标准说主张以一般人的注意能力为判断标准，主观标准说主张以行为人个人的注意能力为判断标准，折中说主张当行为人个人的注意能力高于一般人时，以行为人个人注意能力为标准，反之则以一般人的注意能力为标准。[1] 笔者认为，折中说相对而言更为合理。第三，监督管理者应该谨慎履行自己的注意义务，却违反注意义务。监督过失理论提升对监督管理者的归责地位，主要是由于其没有谨慎履行自己的注意义务，导致了被监督者的不当行为而后产生了危害结果。第四，成立监督过失责任应有监督过失的行为。对于监督过失行为可以有哪种行为方式构成，理论上有不同看法：①认为监督过失行为只能由不作为构成，因为监管管理过失成立的机理，就是监督管理人应为而不为，所以监督过失犯罪都是不作为犯罪。②认为监督过失行为只能由作为构成。③认为监督过失既可以由作为构成，也可以由不作为构成。笔者认为，监督过失可以由作为构成，也可以由不作为构成。对于由作为方式构成的情形，是指监督管理人由于过失没有正确履行自己的监管职责，虽然也作出了相应的指挥、监督行为，但却是违反规定的不当行为，从而导致被监督人对应的行为导致危害结果。对于由不作为方式构成的情形，是指监督管理人负有作为义务，但是由于过失而没有履行自己的作为义务的情形。第五，监督过失与被监督人的不当行为直至危害后果之间存在因果关系。这里存在两个相联系的因果关系：一是监督管理者的过失行为与被监督者因此而为的不当行为之间的因果关系，二是被监督者实施的不

---

[1] 参见刘丁炳. 监督过失理论研究［J］. 求索，2008（2）：153.

当行为与最终的危害结果之间的因果关系。被监督者的不当行为是这两个因果关系的中介，它既是结果，又是原因。[1] 监督管理者主要是对自己的过失行为而导致被监督者的不当行为负责，它们之间是直接因果关系，而与被监督者行为导致的危害结果之间是间接因果关系。根据因果关系理论，间接因果关系也是事物之间的本质联系，也可以成为对监督者归责的事实基础。

3.4.3.3　监督过失中不被容许的危险判断

前文所提到的客观归责理论，对于犯罪论适应现代风险社会有一定的借鉴作用。客观归责理论的核心是行为是否制造了法不容许的危险，更适合运用于过失犯罪。所以，在监督过失中不被容许的危险如何判断，也是客观归责理论在监督过失中的具体运用。

其一，有关安全的非刑法的法律、行政法规。风险社会中人们对安全的要求提升到了很高的层面，世界各国为了保护国民的安全和社会秩序，在许多方面设立保护安全的行政法律法规。例如，《中华人民共和国矿山安全法》规定：矿山开采必须具备保障安全生产的条件，执行开采不同矿种的矿山安全规程和行业技术规范；矿山企业必须建立、健全安全生产责任制；矿长对本企业的安全生产工作负责；矿长必须经过考核，具备安全专业知识，具有领导安全生产和处理矿山事故的能力；矿山企业安全工作人员必须具备必要的安全专业知识和矿山安全工作经验；矿山企业必须向职工发放保障安全生产所需的劳动防护用品；劳动行政主管部门的矿山安全监督人员有权进入矿山企业，在现场检查安全状况；发现有危及职工安全的紧急险情时，应当要求矿山企业立即处理。除了在安全生产领域有很多非刑法的法律、行政法规之外，在食品安全、交通安全、药品安全等领域也有相关非刑法的法律、行政法规。从表面上看，这些安全规范是法律、行政法规，实质上都是在刑法涉足之前对公民的生命财产安全起到相应的保护作用。例如，刑法上的空白

---

[1] 参见彭凤莲. 监督过失责任论［J］. 法学家，2004（6）：62.

罪状，往往是以相关的行政法规为基础，违背这些法规并造成严重后果的就要对其追究刑事责任。所以，监督管理者如果违背了相关的保护安全的法律、行政法规的话，就是制造了法所不容许的危险。

其二，相关的交往规范。除了前述非刑法的法律、行政法规外，违反相关的交往规范的，也被认为制造了法不容许的危险。这里所说的交往规范，是指私人的利益团体在技术领域、特定的体育运动项目中设立的相关规则。在通常情况下，人们对交往规范的违反成为过失的基础，但是这些交往规范不具有法律法规所具有的效力。这些交往规范可能一开始就是错误的，也可能随着技术的不断发展而变得过时。此外，一方面，当人们仅是轻微地违反了交往规范，或者通过其他方式保障了安全，也不认为其制造了刑法所不容许的危险。另一方面，即使遵守了交往规范，有时也不能排除制造不被容许的风险，因为有些特殊的危险案件，所提出的要求比平均水平的规则更为严格。

在具体的判断过程中，需要注意的是：①有些行政法规的条款内容与保护生命财产无关，只是一些具体的技术性操作规程，违背这些条款不能被认为是制造了法不容许的风险。②当组织内部的安全规范与法律法规相冲突之时，遵守了组织内部的安全规范并不能代替法律法规，这要根据法律层级原理否定其抗辩理由。③在有些安全规范不充分之时，对于监督管理人提出的要求更高，行为人要根据现场情势尽最大注意。尽管违反上述所提到的安全规范，不能绝对地作为判断是否制造了刑法所不容许的危险的标准。但是，在安全意识逐渐增强，安全管理规范日益增多的背景下，刑法是最后的保障法，是否违反了相关的法律法规、内部的安全规则，对于我们判断监督者是否制造了刑法所不容许的危险，具有一定的标示意义，当然其也要取决于该规范的完善程度以及与刑法的关系。❶

---

❶ 参见吕英杰. 监督过失的客观归责［J］. 清华法学，2008（4）：113.

3.4.3.4 监督过失与信赖原则

信赖原则是指现代分工细密的社会中，如果在从事具有相当危险性的工作过程中，一方完全相信合作的对方会严格依照相关规则行事，只要自己完全依据规则行事，就可以避免危害结果的出现。如果其中一方违反相互间的信任，违规行事，那么对出现的危害后果应予负责。信赖原则最早是随着现代交通日益发达，在交通事故领域发展起来的一种判断事故双方责任的刑法理论，现在已经广泛地被应用于社会社会生活的多个领域。

在监督过失中，信赖原则是否能够适用，理论上存在一定的争议。有学者认为，信赖原则只能发生在具有同等地位的主体之间，而监督管理者和被监督者之间属于上下级关系，地位不等，如果在监督过失领域适用信赖原则，就会放纵监督者，而将所有责任都归结于被监督者一身。日本的大谷实教授持这种观点，认为在具体的工作进程中，被监督者就相当于监督者的手脚，所以不适用信赖原则。[1] 有学者认为，信赖原则可以适用于监督过失领域。日本刑法学者西原春夫教授指出，在监督过失的场合中，由于社会组织内部的分工是不可避免的，所以监督管理者信赖被监督者谨慎从事，对被监督者造成的危害结果，不负责任。还有学者认为，在监督过失中，应该分为不同情况而有选择地适用信赖原则，在监督管理者直接指挥被监督人的情况下，可以适用信赖原则，而在监督管理者间接介入的情形下，就不适用信赖原则。[2] 完全否定监督过失中信赖原则的适用，是不符合现代社会的现状。现代社会是一个逐渐专业化分工细密、繁杂的庞大组织体，其内部又有很多职能不同的小组织体。许多具体的事务需要由相关的专业人士完成，被监督者也和监督管理者一样需要具备所从事行业的专业技能，所以他们之间也应该具备相互信赖的关系。笔者认为，在监督过失领域，不能完全否定信赖原则，可以有限制地适用信赖原则。

---

[1] 参见［日］大谷实．刑法总论［M］．黎宏，译．北京：法律出版社，2003：156.

[2] 参见刘丁炳．监督过失理论研究［J］．求索，2008（2）：154.

在监督过失领域，适用信赖原则应具备一定的条件：第一，信赖原则在监督过失领域的适用基础，是应具备明确分工的责任到人的追责制度，以及完备的安全防范机制，而且具体的实施者是具备相关技术水平的人。比如，把一些尚未取得相关资质的学员派到只有熟练工才能操作的生产一线去，是不合适的。所以，在新的工作人员上岗之前，应对其进行完善的技术培训和安全培训，并指派相关的指导人员帮助其掌握技术。第二，监督管理者和被监督人应该具有一种实质上的信赖关系。这种信赖关系是建立在两者长期合作的基础之上的，只有经过长期的工作配合，监督者才能信任下属能够有效地完成相应工作，对于新的下属，监督者就不能够盲目信赖其工作能力。[1]第三，在具备危险发生可能性的情形下，如果被监督者向监督者提出了相应建议，而监督者基于以往的经验不予采纳，此种情况就不适用信赖原则。

3.5　积极的一般预防理论之提倡

3.5.1　报应刑论与特别预防论

3.5.1.1　报应刑论

报应刑论为前期旧派的主张，该论将刑罚理解为对犯罪的报应，也就是说刑罚就是一种恶，是对恶害的恶报，要以刑罚对犯罪人产生痛苦的感觉，用以平衡被害人因犯罪行为所产生的痛苦。报应刑思想最早可追溯到原始社会的同态复仇形态，在《汉谟拉比法典》中就有“以牙还牙，以眼还眼”的法条表述，可以说是报应刑论的最原始雏形。报应刑论历经神意报应、道

---

[1] 参见刘丁炳. 监督过失理论研究［J］. 求索，2008（2）：154.

义报应和法律报应三个阶段，已经和最初的同态复仇有很大的不同。复仇是一种个人的报复行为，在复仇的过程中对量的把握没有标准性，往往是肆意的，复仇一般都超过一定的限度，不为社会所普遍接受。神意报应以神的旨意作为刑罚的正当化根据，带有浓厚的宗教意蕴，与原始社会生产力发展水平极低的背景有一定关联，在现代社会已经不具有任何存在的价值。道义报应学说认为，犯罪是一种道德上的恶，刑罚是在道德的基础上对犯罪予以惩罚，是为了维护社会的道德伦理秩序而存在的。道义报应学说的代表人物是德国的康德和黑格尔，康德主张等量报应论，黑格尔主张等质报应论。康德是基于意志自由论来展开报应刑论的，他认为人是具有绝对意志自由的，犯罪是具有自由意志的行为人实施了违反道义的行为，所以他应该对自己的行为负责。在康德看来，对犯罪处以刑罚是正义理性的必然要求，刑罚只能是因为犯了罪才能被科处，而不应该是为了其他目的而科处。康德又从刑罚平等主义的原则出发，将刑罚理解为一种等量化的报应，认为一个人如果诽谤了别人，就等于诽谤了他自己；打伤了别人，就等于打伤了他自己；杀害了别人，就等于杀害了自己。总的来说，康德认为只有等量的报应才是刑罚正义性的体现。与康德不同，黑格尔从辩证法的角度来论述报应刑论，他认为犯罪也是建立在理性人自由意志基础上的，犯罪不单是对个体权利的侵害，犯罪还否定了一般的法律秩序，为了恢复已有的社会秩序，就需要对犯罪人科处刑罚。[1] 刑罚就是法对否定自己的犯罪行为的再次否定，通过否定之否定，再次恢复了法所维护的社会秩序。此外，与康德的等量报应不同，黑格尔主张等质报应，这种等价报应是说刑罚与侵害行为之间不是一种简单的形态相同，而是一种价值上的相同。以最简的例子来论证，如果一个人打瞎了他人的左眼，而行为人本身就是个瞎子，那么如何进行等量报应呢。所以，不论犯罪行为的表现形态如何，在行为的社会危害性上是具有质的相同性，只不过是量上的不同，刑罚作为否定之恶，应该寻求和犯罪行为价值上的相

---

[1] 参见马克昌. 论刑罚的本质［J］. 法学评论，1995（5）：2.

同。[1] 宾丁在规范说的基础上展开了报应刑论，其主张犯罪是一种违反规范的行为，刑罚是违反刑法背后规范的行为的法律后果，这也是刑罚的正当化根据。宾丁认为，犯罪行为对法律秩序侵害的程度大，行为人所受的刑罚的程度也应当大；反之，犯罪行为对法律秩序侵害程度越小，行为人所受刑罚的程度也越小。所以，宾丁的学说也被称为法律报应主义。

报应刑论对现代刑法也有借鉴作用，根据报应刑论，也产生了两个相关的重要原则，即罪刑相适应原则和尊重人权原则。报应刑论认为，刑罚适用的程度应该与行为的恶害程度一致，也即刑罚应与行为人的罪责相当，不能重罪轻罚，也不能轻罪重罚，这也就是现代刑法的罪刑相适应原则。此外，报应刑论主张人的主体地位，人人生来就具有自由理性和尊严，应该受到尊重，人是目的，而不应被作为手段。[2] 现在看来，无论是道义报应，还是法律报应，都有一定的缺陷。首先，报应刑论完全否定了刑罚的功利性，认为刑罚的目的只是报应，而不具有其他目的。这就限制了刑罚发挥其应有的社会功利目的，也忽略了刑罚自身具有的功利性本质。其次，其简单地把刑罚理解为恶有恶报，未免将刑罚视为与犯罪一样的恶，会对国民产生一种强烈的报复心态，不利于养成一种宽和谦让的国民性格。最后，犯罪的原因不是单一性的，往往是有很多复杂的原因交织在一起产生的，既有犯罪人自身的原因，也有社会的原因，报应刑论仅仅将犯罪的原因归结为行为人自身的道德恶性，并以此作为刑罚处罚的标准，这是显失公平的。[3]

3.5.1.2　特别预防论

特别预防论，认为刑罚的目的在于防止犯罪人再次犯罪，是受到实证学派影响而产生的。特别预防论的产生是近代的事情，但是其思想源流很悠久，古希腊哲学家柏拉图就曾指出，睿智的人惩罚别人不是因为他已有的罪

---

[1] 参见马克昌．近代西方刑法学说史略［M］．北京：中国检察出版社，2004：146.

[2] 参见马克昌．近代西方刑法学说史略［M］．北京：中国检察出版社，2004：111.

[3] 参见赵秉志．外国刑法原理［M］．北京：中国人民大学出版社，2000：270.

过，而是为了使他今后不再犯错。刑事实证学派对报应刑论进行了批判，主张对犯罪原因的研究，不应该停留在意志自由的精神层面，陷入纯粹逻辑的世界之中，应当回归现实社会中，刑罚的目的应由对过去行为的报应，转到对未来行为的预防。刑事实证学派的创始人之一菲利创立了个别预防论，他不承认人具有绝对的自由意志，认为犯罪行为是人与周遭环境相互作用产生的结果，包括生理、自然与社会的原因，所以对犯罪应当承担责任的是社会而不是个人。菲利的个别预防思想在其制定的“菲利草案”中得到了体现，草案将犯罪人划分为不同的类别，针对不同的犯罪人施以不同的处罚措施，而且还制定了保安处分措施。特别预防理论的另一个思想渊源就是李斯特的目的刑论，李斯特认为刑罚是国家权力的表征，不可能是随意的，其自身必定有一定的目的性，刑罚只能从其目的考量，才具有存在的意义。李斯特反对意志自由论和报应刑论，主张刑罚不是对已然犯罪的事后报应，而是对具体犯罪人实施的预防措施，防止其再次危害社会。和菲利一样，李斯特也主张犯罪人具有不同的类型，分为偶发犯和习惯犯，习惯犯又可分为能改造的和不能改造的两类。对于偶发犯，其以后再犯同类犯罪的可能性极低，借助刑罚的威吓作用即可。对于可以改造的习惯犯，对其处以自由刑，进行改造，以促使其早日复归社会。对于不可以改造的习惯犯，因对其改造不起任何作用，所以应将其永远隔离于社会之外。[1]

特别预防论相对于报应刑论，对于现代刑法理论有很深远的影响。其一，特别预防论认为刑罚必须适应行为人的危险性格，通过个别化的处罚措施，以预防行为人再犯。受这种理论的影响，很多国家对具有严重危险性的犯罪人处以严厉刑罚措施，例如美国施行的三振出局法案，就是对多次实施暴力性犯罪的行为人处以终身监禁，而且禁止其假释，这也体现了西方“轻轻重重”的刑事政策。其二，受特别预防思想的影响，一些国家在构建刑罚制裁体系时，又发展了保安处分措施。保安处分是不以实害为基础，而是以

---

[1] 参见林山田. 刑罚学［M］. 台北：台湾商务印书馆，1983：74.

行为人的再犯可能性为基础的制裁措施，体现了预防为主的刑事政策。其三，特别预防论还发展了社会化处罚思想，在反思短期自由刑弊端的基础上，主张对监狱进行改良，把监狱变成教育矫正的场所，使罪犯能够尽快地再次社会化。

特别预防论并非是毫无缺陷的，它也受到报应刑论的批判。特别预防论过分强调社会防卫，忽略了大众对社会正义的渴望。在 20 世纪 70 年代，美国掀起了回归正义的刑罚模式运动，因为在特别预防论主导下，犯罪率没有得到很有效的遏制，反而呈上升趋势，迫使其不得不转向严格的刑事政策以有效预防犯罪。[1] 特别预防论过分强调行为人的人身危险性，对行为人科处何种刑罚，达到何种程度，取决于矫治的效果，而不依据行为人的罪责，这就极易陷入行为人刑法的泥潭。而且，这也与刑法的基本原则，即罪刑相适应原则有相悖之处。

3.5.2　消极的一般预防论

一般预防论和特别预防论，在刑罚理论上，都属于相对于报应刑论的相对主义立场。一般预防论和特殊预防论一样，都认为刑罚的目的不在于对已然之罪的报应，而在于对未然之罪的预防。两者的不同之处在于，特别预防论认为刑罚应着重于对个别犯罪人的作用，刑罚是通过个别化的手段针对已犯罪之人惩处，使其不再犯罪；一般预防论着重于通过刑罚的适用，使社会上的一般人不敢犯罪，往往通过刑罚的确定性和严厉性使人们产生心理强制，而不敢犯罪，从而起到预防初犯的作用。[2] 可以看出，传统的一般预防论注重刑罚的威慑作用，使人们因害怕而消极地不犯法，所以其也被称为消极的一般预防理论。

消极的一般预防论，凭借刑罚的严酷性和及时性，对犯罪之人产生威慑

---

[1] 参见许福生. 刑事政策学［M］. 台北：台湾三民书局，2005：528.

[2] 参见韩友谊. 积极的一般预防［J］. 河北法学，2005（2）：42.

力，使其不敢实施犯罪行为。消极的一般预防思想并不是西方的专利，在中国古代就存在它的雏形。例如，中国古代的“行刑重其轻者”“以刑去刑”“刑乱国用重典”等刑事政策思想，都蕴含着运用刑罚达到预防犯罪的目的。从现代刑法学的角度来看，消极的一般预防理论起源于费尔巴哈的心理强制学说。费尔巴哈认为，人天生就是追求快乐、逃避痛苦的，行为之前往往权衡利弊。如果将犯罪的后果，即严厉的刑罚预先予以明确规定，只要实施了犯罪就会用刑罚及时处罚，那么人们也会发挥自己的本能，将犯罪所得到的快乐与刑罚的痛苦加以比较，如果前者大于后者那就有可能去实施犯罪，如果后者大于前者就可能不去犯罪。心理强制说就是要通过犯罪与刑罚处罚之间的必然联系，使人们产生心理强制而感到害怕，不去实施犯罪行为。[1] 费尔巴哈的心理强制说，实际上是把人预先设定为理性的具有经济头脑的人，是具有意志自由的聪明人，都懂得在实施任何行为之前进行趋利避害的理性计算。消极的一般预防论的原理，就是让一般人认识到遵守刑法规定才是最优的选择。消极的一般预防的理性人假设，和康德所主张的绝对的意志自由是有不同之处的。康德所说的理性自由人，是指一种哲学意义上的意志自由，人可以在适法行为和违犯行为之间自由选择，在其背后是一种道德上的自律。而费尔巴哈心理强制说中所指的理性人，是建立在功利主义基础之上的，是人的趋利避害本能的一种体现。费尔巴哈的心理强制说也蕴含着现代罪刑法定主义的思想，即首先给人们开列一张公开的罪刑价目表，“法无明文规定不为罪，法无明文规定不处罚”。

任何理论都有其积极的一面，也有其消极的一面，消极的一般预防理论也受到学者们的批判。其一，消极的一般预防理论过度重视刑罚的震慑作用，往往导致重刑主义的泛滥。按照消极的一般预防理论，只要对犯罪处以的刑罚足够严厉，就能够对社会上的一般民众产生心理震慑作用，使大家惧怕刑罚的处罚，从而不敢犯罪，这样才能起到预防犯罪和防卫社会的功效。

---

[1] 参见马克昌．近代西方刑法学说史略［M］．北京：中国检察出版社，2004：91-92.

但实际上，从历史的角度考量，重刑主义从来就没有达到其预先设定的美好目的。在我国明朝时期，一直采用重典治国的刑事政策，其又包括重典治吏和重典治民，在朱元璋时期处死的贪官达数万人，且刑罚的手段特别残忍，特务机构也是遍布天下，但是明朝的贪腐之风却没有得到明显的好转。其二，消极的一般预防理论以心理强制说为基础，但是心理强制说本身就具有商榷之处。人确实具有趋利避害的本性，但是人不是一个纯理性的动物，人还具有感性思维的一面。任何人在做一件事情之前，并不是像计算机一样进行机械的理性计算。在更多时候，行为人在实施行为之时，往往都是一瞬间的时刻，没有更多的时间去进行理性的权衡判断，例如激愤杀人就是一时性起之犯罪。即使有时行为人具备时间进行思考，也不是完全进行理性的权衡，因为人毕竟是具有情感的高智商生物。其三，消极的一般预防论忽略了人的主体性地位，将对犯罪的刑罚处罚作为一种防卫社会的手段，有违人权至上的法治国原则。黑格尔对费尔巴哈的心理强制说进行了批判，认为其将恫吓作为刑罚的唯一根据，就好像拿着棍棒去威吓一条狗，不顾及人的应有尊严和自由，把人当作动物对待，最终会激起人们的剧烈反抗。[1]

3.5.3　风险社会对积极的一般预防论之选择

3.5.3.1　积极的一般预防论概述

积极的一般预防理论为现今德国刑法学界所倡导，即使都持积极的一般预防论观点的学者表述也不一致。但是积极的一般预防论的基本特征是清晰的，该论既不是通过刑罚来震慑具体的犯罪人，也不是通过刑罚来威慑社会上的一般人，它力图超逾简单的威慑去预防犯罪，而是通过增强民众的法忠

[1] 参见马克昌. 近代西方刑法学说史略［M］. 北京：中国检察出版社，2004：94.

诚度来预防犯罪，所以它是一种积极的预防。[1] 积极的一般预防论，是指国家通过制定和适用刑罚，教育潜在的犯罪人和一般人，弘扬法律的公信力和正义性，培养国民的自觉守法理念，提升民众对法的忠诚度，而不是被动去守法，而是通过强化民众的规范意识去预防犯罪。"刑罚的这种效果还可以进一步划分，除了信任效果，还有为犯罪行为付出的代价所示范出来的学习效果以及解决由犯罪造成的社会冲突而产生的、被贴上整体预防标签的安抚效果；通过这些具体的效果，刑罚可以起到预防犯罪的作用。"[2] 可以看出，积极的一般预防论的核心在于法规范的不可侵犯性，刑罚的作用是确保规范得以维护，确保社会民众对法律的忠诚。

雅各布斯也主张积极的一般预防论，从维护社会秩序的角度而言，刑罚是不可缺少的，刑罚不单是为了预防犯罪，其更多地在于通过法律秩序的稳定与安全而减轻所有人的负担，积极的一般预防并不是刑罚的特定任务。犯罪是违反法规范的声明，刑罚是针对犯罪作出的一种确认规范的回应，这是刑罚的重要意义，即刑罚的象征性功能。[3] 罗克辛教授也持积极的一般预防论的观点，他指出积极的一般预防对维护法律秩序的存在能力和执行能力有很大的作用，刑罚的任务就是在法律共同体中证明法律秩序的坚不可摧，从而加强全体国民对法律的忠诚遵守。罗克辛教授进而又将积极的一般预防的作用归纳为三点：其一，通过具体的刑事司法活动在民众中号召对法律的忠诚；其二，民众通过看见法律公开的适用而产生的相信法律的效果；其三，民众心理的满足感，国民通过目睹违法行为得到惩处而使其法律意识得到

---

[1] 参见［美］马库斯·德克·达博. 积极的一般预防与法益理论——一个美国人眼里的德国刑法学的两个重要成就［J］. 杨萌，译. 刑事法评论，(21)：446.

[2] 参见岗特·施特拉腾韦特，洛塔尔·库伦. 刑法总论——犯罪论［M］. 杨萌，译. 北京：法律出版社，2006：14.

[3] 参见岗特·施特拉腾韦特，洛塔尔·库伦. 刑法总论——犯罪论［M］. 杨萌，译. 北京：法律出版社，2006：15.

安慰。❶

积极的一般预防论并非是空穴来风，它也有其理论渊源。其来源最早可以追溯到黑格尔的报应理论，黑格尔所提到的报应，并不是一种具体的肉体和精神痛苦，而是一种抽象的对否定规范意志的再否定，通过这种否定之否定，法秩序恢复到了原先状态，这也与积极的一般预防论的目的相契合。积极的一般预防论在心理学上也有其一定的理论基础，主要是弗洛伊德的心理分析理论。弗洛伊德将人格结构分为三个层面，即本我、自我和超我。“本我处于心理的最底层，是混乱的、毫无理性的，只知按照快乐原则，盲目追求自我满足；自我是一种能根据周围环境的实际条件来调节和决定自己行为方式的意识，其按照现实原则行动，即要获得满足，又要避免痛苦；超我包括两个方面，一是道德化的自我，二是理想化的自我，超我的主要职责就是指导自我以道德良心自居，压制本我的天然冲动，按照至善的原则行动。”❷可以看出，弗洛伊德的基本观点就是，每个个体的本我都是自然存在的，都需要在这个社会中通过规范的约束逐渐上升到自觉遵守规范的超我层面。而刑罚就具有这种促进功效，刑罚不是要抑制本我的冲动，而是要将本我纳入超我的范围内，用超我去约束本我，最终加强主体对规范的忠诚度。积极的一般预防论充分发挥了刑罚的这一功效，刑罚的目的不是为了惩罚行为人，而是要向社会公众宣布规范的神圣不可侵犯，同时也使民众的规范意识得到提升。❸ 积极的一般预防论比较直接的来源是宾丁和威尔哲尔，两者都是规范学说的代表。规范说的创设者宾丁认为，规范是作为刑法条文的前提存在的，它表现为国家为实现自己的目的而命令国民必须实施某些有利行为，或者禁止国民实施某些有害行为，规范的内涵是国家意志。规范对于个体来讲，就是要求一定的作为或者不作为，要求民众为有益国家之行为，不做有

---

❶ 参见［德］克劳斯·罗克辛．德国刑法学总论——犯罪原理的基础构造［M］．王世洲，译．北京：法律出版社，2005：42-43.

❷ ［EB/OL］．［2010-11-26］．http：//baike. baidu. com/view/2215. htm.

❸ 参见苏俊雄．自由·责任·法［M］．台北：台湾元照出版公司，2005：184.

害国家之行为，从而实现国家的一定价值取向。[1] 可见，刑罚对维护社会伦理有积极作用，彰显了法律的不可侵犯性，也不断地塑造着民众的法律伦理判断，强化了民众的法忠诚度。

3.5.3.2　积极的一般预防论与传统刑罚理论的关系

积极的一般预防论，并不是对传统刑罚理论的颠覆，而是在传统刑罚理论基础上形成的更为合理的理论架构。在康德之后，报应刑论发展到了法律报应阶段，法律报应论的主旨就是恢复犯罪行为所破坏的规范的有效性，报应论与积极的一般预防有一定的共性。黑格尔认为犯罪破坏了正常的法秩序，刑罚对其进行否定，规范又恢复了其有效性，正义得以伸张。积极的一般预防论主要观点，就是刑罚恢复了遭到犯罪破坏的法秩序，维护了规范的公信力，提升了民众的法忠诚度。所以在某种程度上，报应论所追求的正义正是积极的一般预防的题中意蕴。没有对正义的渴望和追求，就谈不上社会同一性的建构。在人类社会中如果要实现正义的话，同一社会共同体中必须存在一个人们所共同信赖的理念，刑罚就是社会共同体所应对其忠诚和信赖的。可以说，刑罚不仅仅是手段，同时也是目的。[2]

积极的一般预防论和特殊预防论在理论基础上也有相通之处，都是主张防卫社会的。但是特殊预防论是针对已然犯罪之人，并且希望通过刑罚的适用，使犯罪人不再犯罪并顺利的复归于社会之中。积极的一般预防论同样也要通过刑罚对犯罪人进行矫治，但其主要目的是恢复社会共同体对法律的忠诚，从而达到预防一般人犯罪的功效。积极的一般预防是建立在对法规范的同一性基础上的，如果法规范不具有对社会共同体成员的普遍适用的效力，在受到犯罪行为侵害后无法恢复原状，那么民众心理上就不再相信法律，更谈不上对其忠诚，也就无法避免侵害规范行为的再次发生。在规范维护这个

---

[1] 参见韩轶. 刑罚预防新论［J］. 法律科学，2004（5）：70.

[2] 参见王振. 刑罚目的的新思维：积极一般预防［J］. 太原师范学院学报，2008（2）：36.

意义上，积极的一般预防论也涵盖了消极的一般预防的积极部分。[1] 表3-1对不同刑罚理论的特征进行了分析，可以更清楚地看到各个理论之间的区别。

表3-1 不同刑罚理论比较一览表

	报应论	特殊预防论	消极的一般预防	积极的一般预防
核心词语	罪责	人身危险性	心理强制	规范
基本原则	罪刑相适应	刑罚个别化	震慑	规范确证
适用手段	刑罚	刑罚或保安处分	刑罚	刑罚
针对对象	行为人的已然之罪	行为人的未然之罪	潜在的犯罪人未然之罪	社会上一般人的未然之罪
预设目的	平衡犯罪行为造成的痛苦	消除犯罪人的再犯可能性	使社会公众危惧刑罚而不敢犯罪	使社会公众积极地遵守规范

资料来源：王拓. 风险刑法理论的现代展开［D］. 北京：中国政法大学，2009：71.

3.5.3.3 积极的一般预防论更适合于风险社会

积极的一般预防理论，建立在市民对刑法忠诚的基础之上，相对于建立在以犯罪人和潜在犯罪人为对象的传统理论来说，是一种理论扬弃。风险社会中，刑法针对有些侵害不再是被动反应，而是应该积极承担其防卫社会的任务，逐渐转向以预防为主的主动干预。刑法的反应模式表现为防止人为更大风险的实现，刑罚对犯罪的惩处目的已经从消极的一般预防转向积极的一般预防。“传统刑法的目标即报复、特殊预防和威慑在今天已退居幕后，而

---

[1] 参见王振. 刑罚目的的新思维：积极一般预防［J］. 太原师范学院学报，2008（2）：36-37.

借规范适用的固化为建构法的信赖树起一面旗帜的积极普通预防成为流行的学说。”❶

积极的一般预防论相对于消极的一般预防论，其优势在于避免了以威慑为基础的消极一般预防对人的主体尊严的侵犯。积极的一般预防论，在科处刑罚的同时具有唤醒和强化民众规范意识的作用。对此，卡多佐指出，“事实上，我们追寻的是某种外在的东西，一种习惯或公众信念表达出来的规范，但是，这种发现一经宣告，就会演化成一条新的规范，一个新的标准，习惯和公众信念也会倾向于遵从它。”❷ 例如，在环境问题上，若事前仅以用少量费用就能保护人类生存的健康的自然环境，却在被破坏致人类无法生存以后再做补救，用于恢复人类最基本的适宜生存的环境费用将大量增加，其结果使人类生存的质量下降。另外由于责任不明、被害者分散等原因，必定造成恢复环境的质量下降。因此，为了解决这些问题，在危险社会，不能把法律的作用只限于对危险源的事后对应性机能，应有承认事前预防性机能的必要性。同时刑法要求其机能的前置化与缓和法益的保护，将犯罪行为的非法性置于行为规范的不履行上。这些都是为了强化刑法的预防性质，通过所谓刑法的有利渠道把危险社会建设成安全的社会。❸ 在现代中国社会，随着能源利用、新技术的开发和使用，各种新型犯罪层出不穷，破坏环境、经济、交通、医疗、金融的犯罪，往往会引起连锁反应，危害很大。在这种“危险社会”环境中，社会面临新的危险威胁时，必须发挥刑法作为国民行动规范指南的“规制机能”。❹ 通过刑法规范形成国民新的规范意识，尤其是唤起国民对违法的厌恶意识，以便形成新的社会伦理规范，这对交通道

---

❶ ［德］乌尔斯·金德霍伊泽尔. 安全刑法：风险社会的刑法危险［J］. 刘国良，译. 马克思主义与现实，2005（3）：40.

❷ ［美］本杰明·N. 卡多佐. 法律的成长、法律科学的悖论［M］. 董炯，彭冰，译. 北京：中国法制出版社，2002：54.

❸ 参见［韩］许一泰. 在危险社会之刑法的任务［G］韩相敦，译∥现代刑事法治问题探索（第一卷），北京：法律出版社，2004：256.

❹ 参见周光权. 刑法学的向度［M］. 北京：中国政法大学出版社，2004：277.

德、环境道德的形成具有实际意义。即使对那些从来就不是自然犯的犯罪，在适用刑罚进行惩罚的场合，也有助于人们新的社会伦理行动准则的形成。

积极的一般预防模式是一种比较适合的预防刑法模式，这种预防模式通过向那些忠实的法律市民展示犯罪是不受赞赏的，进而增强这些市民对法律的忠诚。同样，也因为这个预防模式中的刑法被作为一种手段来理解，这种手段能够给社会成员以安全。因此，只有这种模式才符合理性的安全模式的要求。❶ 如果刑法的目的是保护法益，那么这种保护根据其各自所依据的刑法理论一定都有不同程度的失败：特别预防论者希望遏制行为人的进一步行为；消极一般预防论者希望威慑其他潜在的行为人；而今天积极一般预防论者的另一种说法提出，对行为的持续惩罚产生的效果，是在公民间增强利益不可损害性的信念，至少是使这种信念不会受到侵蚀。❷ 最后，需要说明的一点是，我们所期待的积极一般预防反应在刑法立法上，并不是一种象征刑法。所谓象征刑法，就是指以功能性为主导的刑法体系中，刑法的最大功能就在于其表征性，这种表征性表达了国家对犯罪的一种抽象态度。❸ 可见，象征刑法力图通过宣示某种行为为国家意志所不容许，从而培养国民的法规范意识和法忠诚度，而在具体司法中，往往沦为无法实际操作的虚设条款。如果积极的一般预防论对于刑罚的意义，单单在于一种宣示作用而不具有实际操作可能性，那么它的预防目的也无法达到。因为，既然在刑法法条中予以规定，却没有具体实施手段，这和民事以及行政制裁手段有什么不同呢？在近年来，刑法立法也呈现一种积极预防的态度，全国人民代表大会常务委员会通过的《刑法修正案（八）》和《刑法修正案（九）》至少在四个方面表现出积极预防的特征：一是扩大了特殊累犯的范围；二是加大了对恐怖

---

❶ 参见薛晓源，刘国良. 法治时代的危险风险与和谐——德国著名法学家、波恩大学法学院院长乌·金德霍伊教授访谈论［J］. 马克思主义与现实，2005（3）：32.

❷ 参见［德］G. 雅科布斯. 刑法保护什么：法益还是规范适用［J］. 王世洲，译. 比较法研究，2004（1）：96.

❸ 参见林宗翰. 风险与功能——论风险刑法的理论基础［D］. 台北：台湾大学法律系，2006：53.

活动罪、黑社会性组织罪的惩处力度；三是增设危险驾驶罪，并进一步细化了构成要件的范围，对此类犯罪提前介入；四是增设网络服务者未履行法定义务的刑事责任规定。

第 4 章

刑法危机的立法应对

4.1 刑法立法的宏观应对

4.1.1 风险社会刑法立法的正当性

刑法立法的正当性，具体是指立法者对于何种危害行为作为犯罪处理，何种危害行为不作为犯罪处理的根据是否具有内在的合理性和正义性。风险社会已经来临，刑法理论应作出相应变化，以适应控制风险的需要。实践是检验真理的唯一标准，无论多么完美的理论，都需要通过在实践中的运作来看它的实际功效。应对风险社会的种种巨大风险，我们最终还要通过刑事立法来予以实现。所以，在刑法立法实践中，如何处理刑法基本理论与公共安全秩序需求之间的冲突，谨慎制定规则，从而合理地划定犯罪圈的大小，是问题的关键所在。

风险社会语境下，刑法立法的正当性实际上是指立法者将危险行为入罪化的合理根据，也就是说，在行为所产生的危险达到什么程度时，才运用刑法来保障社会安全，特别是对行为超前立法时，应该有哪些制约因素。刑法在风险社会中应处于何种地位，是否需要以传统法治国捍卫自由的所有手段来克服现代生活的诸种风险，例如核材料、生物化学或者是遗传基因技术方面的风险。对这个问题的回答常常是否定的，并且需要考虑是否具备预防这种风险产生原因的必要性。因为这种必要性往往是有限的，所以在风险领域，肯定不能完全排除刑法的干预。但是，在利用刑法来控制和预防风险之时，必须捍卫法益关系和其他法治国的基本原则。如果刑法的干预突破了底线，那么这种干涉就应该停止，风险社会给刑法提供的空间，仅是能够把预防风险的决定看成一种正义之举。[1] 有学者对风险社会中刑法对危险领域的介入的正当性进行了研究，其主要观点是原则与例外的关系。该学者认为，立法机关的主要责任在于说明立法的正当性，即为什么一些特定的犯罪不通过一般方式进行处理，要创设例外的方式，超越了刑事责任基本原则所保障的权利，应该具备下列条件：其一，存在压倒个人权利的急迫性公共利益；其二，不存在更为合理的替代性措施，而且存在例外与惩罚的目的并不矛盾；其三，不这样做就不足以保护公共利益，或者所浪费的司法成本过大，无法承受；其四，创设例外不会阻碍符合社会相当性的行为；其五，存在提出有效抗辩的机会，而且达到超越合理怀疑的程度即可；其六，有确定的适用范围界限；其七，可以无偏私、公正地进行处理，而且具有实际操作可能性。[2] 刑法立法在应对风险社会带来的新问题之时，刑法的基本原则仍然发挥着重要的作用。从公共安全秩序的角度来看，刑法的超前立法是现代科技

---

[1] 参见［德］克劳斯·罗克辛. 德国刑法学总论——犯罪原理的基础构造［M］. 王世洲，译. 北京：法律出版社，2005：19.

[2] 参见劳东燕. 公共政策与风险社会的刑法［J］. 中国社会科学，2007（3）：139.

发展的必然，当今社会的风险已非昔日可比，如果变成实害后果是人类不能够承受的，所以公众对通过刑法加强对巨大风险预防的呼声才越来越高。众所周知，行为的社会危害性越大，刑法干预的可能性就越大。但是在刑法干预危险领域的同时，应该采取一种谨慎的态度，要坚持刑法的谦抑性原则，坚持刑法立法的正当性。刑罚作为最为严厉的处罚措施，只能作为最后手段予以适用，这是现代法治国对刑法的基本要求，也是保障公民个人权利的要求。❶ 所以，在立法时对风险应该进行严格的甄别，将具有严重风险并为公众所担忧的行为入罪化，把具有一定争议的风险和经过权衡为了社会进步可以容忍的风险排除在刑法干预之外。基于此，在人们对未来风险的焦灼中，刑法的反应不应是仓促和盲从的，而应该是稳妥的、循序渐进的。

在风险社会中，立法技术上存在很多难点。例如，如何界定刑法意义上的危险，危险达到一个什么样的程度才能入罪？风险社会中认定危险的证据如何确定，当今的科技手段能否予以准确界定？这些问题并不是都能够得到较为完满的回答的，所以刑事立法的正当性还是有一定局限性。其一，行为的危险性不容易准确界定。风险威胁的往往是不特定的多数人，在风险社会中还存在对人类后代和环境生态的危险，后果显现时间较长且具有不确定性，所以刑法的介入本身就有一定风险。其二，危险结果往往无法准确预测。即使是对一般危险也不能作出准确预测，如醉酒驾驶可能发生重大交通安全事故，也可能不发生任何事故。对高科技风险来说，例如环境污染、转基因技术、克隆技术等，往往超越现有科学技术水平，超出了人们的认识范围，所以很难准确测定。其三，传统因果关系的证明存在一定困难。风险社会中，很多风险往往是由组织造成的，个人的行为很难从组织行为中剥离出来，要建立结果与个人行为之间的因果关系并非易事。❷ 为此，西方有学者

---

❶ 参见高铭暄，陈璐. 风险社会中刑事立法正当性理论研究［G］//中南财经政法大学刑事司法学院. 风险社会与刑事政策的发展会议文集，7.

❷ 参见高铭暄，陈璐. 风险社会中刑事立法正当性理论研究［G］//中南财经政法大学刑事司法学院. 风险社会与刑事政策的发展会议文集，3.

主张精算式司法，主张对风险进行准确的评估和分配，从社会管理的有效性和管理的角度出发，将犯罪和一些违反道德的不文明行为统统归纳为犯罪行为，将风险控制的目标放在潜在的犯罪团体之上而完全放弃个人权利。❶ 笔者认为，如果这样，刑法完全将失去人文科学的属性，成为纯粹的自然科学和管理科学的附庸，人类近代法治文明的发展成果将毁于一旦，忽视人权与自由将使风险社会中的刑法产生自身的危机。显然，在风险社会中，刑法不应该倒退，特别在中国，我们在风险控制与人权保障之间要寻求合理界限，要承认人类对自然世界认识的有限性。我们不应采取一种消极懈怠的立法态度，刑事责任的基本原则构成现代刑法的基石，但这并不代表固守原则而不思进取，有原则必有例外，原则是法律运行中的基点，只要存在需要，而且有可行性，任何原则都存在例外，对原则与例外之间的合理把握，将是风险社会刑法立法发展的必然。❷

新中国成立六十多年来，我国刑事立法积累了丰富经验，正如高铭暄先生所总结："第一，刑法立法要从我国实际出发，立足于本国国情；第二，刑事立法要有理论依据、宪法依据和政策依据；第三，刑法立法只宜规定成熟的东西，不成熟的不要定，能写多少写多少，逐步完备；第四，刑事立法要能适应形势发展的需要，便于各地执行；第五，要做好立法前的充分准备工作；第六，实行民主立法程序；第七，要吸收各方面的专家参加立法工作；第八，要密切注意法律执行中的问题，适时进行修改、补充；第九，为搞好立法，必须学习法学理论。"❸ "当刑法观念在自由与秩序、权利与控制、报应与功利的两难中论争不休的时候，刑事立法则不能优柔寡断，因为公众对社会安全的信心全部仰赖于公布与实施的权威法律规则，没有规则，

---

❶ Feeley，M. and Simon，J. The New Penology：Notes on the Emerging Strategy of Corrections and its Implications［J］. Criminology，1992，30（4）：452-74.

❷ 参见劳东燕. 公共政策与风险社会的刑法［J］. 中国社会科学，2007（3）：139.

❸ 高铭暄. 刑法肄言［M］. 北京：法律出版社，2004：86-90.

一切正义、秩序都将是个飘忽不定的东西。”[1] 在风险社会的刑法立法中，我们既要看到社会公共安全对刑法需求的紧迫性，又要对潜在的忽视个人权利的风险有清醒的认识，将刑法立法控制在一定的范围之内，这样的刑事立法才具有正当性。

4.1.2　现有刑法立法应对措施的梳理

从我国刑事立法的进程和内容来看，总的来说已有应对风险社会的一些举措。

（1）刑法立法上呈现了对公共安全秩序的关注。现行《刑法》第 20 条第 3 款规定：“对正在进行行凶、杀人、抢劫、强奸、绑架以及其他严重危及人身安全的暴力犯罪，采取防卫行为，造成不法侵害人伤亡的，不属于防卫过当，不负刑事责任。”该款规定了正当防卫中的无限防卫权，其中的“行凶”一词引发了学术界的批评，认为行凶是一种模糊的立法方式，是制定刑法条文中的疏忽，违背了刑法的明确性原则。实际上在此运用行凶一词，强调了从行为着手来保护正当防卫人的合法权益，而不是等到行为产生严重后果才可以进行防卫，这也暗合了风险社会中防控风险的需求，这样大家在遭遇侵害时就敢于防卫，敢于帮助被侵害人，社会公共秩序也就顺理成章地得到了保护。[2] 在刑法修正案中，这种立法倾向也有体现。《刑法修正案（三）》的立法目的明确表述：为了惩治恐怖活动犯罪，保障国家和人民生命、财产安全，维护社会秩序，对刑法作出修改。

（2）为应对风险社会的不安全因素，不断增加新的犯罪规定。这主要表现为对一些社会危害严重、人民群众反响强烈，原来由行政管理手段或者民

---

[1] 高铭暄，陈璐. 风险社会中刑事立法正当性理论研究［G］// 中南财经政法大学刑事司法学院. 风险社会与刑事政策的发展会议文集，10.

[2] 参见庄绪龙. 我国刑事法应对风险社会举措初探［EB/OL］.［2010-12-22］. http://article.chinalawinfo.com/Article_ Detail.asp?ArticleID=51937.

事手段调整的违法行为，规定为犯罪行为，加大对弱势群体的保护以及加强刑法对人民群众生命健康的保护。[1] 几年来频繁发生的酒驾重大交通事故、非法飙车伤害案件，在社会上影响恶劣，人民群众反应强烈。对此，《刑法修正案（八）》第22条规定："在刑法第一百三十三条后增加一条，作为第一百三十三条之一：'在道路上驾驶机动车追逐竞驶，情节恶劣的，或者在道路上醉酒驾驶机动车的，处拘役，并处罚金。有前款行为，同时构成其他犯罪的，依照处罚较重的规定定罪处罚。'"这就在刑法中增加了醉酒驾驶、非法飙车等以危险方法驾驶的相关犯罪。《刑法修正案（九）》又对上述危险驾驶罪进行了修订，增设了违法从事校车或旅客营运，及违法从事危险品运输的刑事责任。目前在理论上对此类案件究竟是应按交通肇事罪论处，还是按以危险方法危害公共安全罪论处，抑或应增设新的罪名来处罚都存在一定的争议。但值得肯定的是，刑法立法者已经充分认识到这类行为对于社会公共安全严重危害，迫切需要刑法予以及时规制。危险驾驶罪的增设，从一个侧面反映了刑法立法逐步重视危险防范的新动向。

（3）罪质与罪量相结合定罪方式的突破。众所周知，我国刑法原则上采取的是定性与定量相结合的定罪模式，也就是说行为是否入罪，既要对行为的性质进行考量，又要对行为中所包含的数量因素进行考量，是否达到一定的数量标准对行为是否构成犯罪有时起关键性的作用。[2] 根据这个原则，我国刑法立法中大部分条文都是定性与定量相结合的。现行刑法分则第三章破坏社会主义市场经济秩序罪，刑法分则第四章侵犯公民人身权利、民主权利罪，第五章侵犯财产罪，第六章妨害社会管理秩序罪，第八章贪污贿赂犯罪之中都存在大量的数额犯、情节犯等。随着恐怖主义犯罪、黑社会性质犯罪等有组织犯罪的增多和危害的加大，刑法也对这类严重危害公共安全的风险

---

[1] 参见全国人民代表大会常务委员会法制工作委员会主任李适时2010年8月23日在第十一届全国人民代表大会常务委员会第十六次会议上所作的《关于〈中华人民共和国刑法修正案（八）（草案）〉的说明》。

[2] 储槐植. 刑事一体化论要［M］. 北京：北京大学出版社，2007：115.

性犯罪做了例外规定。例如《刑法》第 120 条规定："组织、领导恐怖活动组织的，处十年以上有期徒刑或者无期徒刑，并处没收财产；积极参加的，处三年以上十年以下有期徒刑，并处罚金；其他参加的，处三年以下有期徒刑、拘役、管制或者剥夺政治权利，可以并处罚金。犯前款罪并实施杀人、爆炸、绑架等犯罪的，依照数罪并罚的规定处罚。"《刑法》第 294 条第 1 款规定："组织、领导黑社会性质的组织的，处七年以上有期徒刑，并处没收财产；积极参加的，处三年以上七年以下有期徒刑，可以并处罚金或者没收财产；其他参加的，处三年以下有期徒刑、拘役、管制或者剥夺政治权利，可以并处罚金。"又如《刑法》第 347 条则更加直观，在第 1 款规定："走私、贩卖、运输、制造毒品，无论数量多少，都应当追究刑事责任，予以刑事处罚。"可以看出，对于组织领导参加恐怖活动组织的，不论是否实施相关的恐怖行为，只要参加了恐怖组织就予以定罪处罚；对于走私、贩卖、运输、制造毒品罪，只要是实施了上述行为，无论涉及毒品的数量有多少，都予以定罪处罚。这就反映出，为了应对风险社会日益凸显的社会风险，刑法有义务承担起控制风险的重担，适时摆脱罪质与罪量相结合的定罪处罚模式。

（4）对一些危险领域，规定了部分危险犯，将有些预备行为犯罪化处理。危险犯，是指行为虽然没有对受保护的法益造成了实际危害的犯罪，但是已经具备了给法益造成实际危害可能性。[1] 危险犯理论的核心要义，就是把具有危险的行为在没有产生危害结果之时就入罪化，目的是控制和预防风险的实际发生。现行刑法分则在第二章危害公共安全罪中；刑法分则第三章破坏社会主义市场积极秩序罪中的第一节，即生产销售伪劣商品罪都集中规定了危险犯。例如，现行《刑法》第 117 条规定："破坏轨道、桥梁、隧道、公路、机场、航道、灯塔、标志或者进行其他破坏活动，足以使火车、汽车、电车、船只、航空器发生倾覆、毁坏危险，尚未造成严重后果的，处三

---

[1] 参见赵秉志. 外国刑法原理［M］. 北京：中国人民大学出版社，2000：188.

年以上十年以下有期徒刑。”又如,《刑法》第143条规定:“生产、销售不符合食品安全标准的食品,足以造成严重食物中毒事故或者其他严重食源性疾病的,处三年以下有期徒刑或者拘役,并处罚金;对人体健康造成严重危害或者有其他严重情节的,处三年以上七年以下有期徒刑,并处罚金;后果特别严重的,处七年以上有期徒刑或者无期徒刑,并处罚金或者没收财产。”危险犯的设立,体现了现阶段我国社会某些领域风险不断加剧的现实,也体现了应对风险社会的刑法新思维。近年来的刑法修改可以看出这种趋势更加明显,《刑法修正案(八)》第23条将《刑法》第141条修改为:“生产、销售假药的,处三年以下有期徒刑或者拘役,并处罚金;对人体健康造成严重危害或者有其他严重情节的,处三年以上十年以下有期徒刑,并处罚金;致人死亡或者有其他特别严重情节的,处十年以上有期徒刑、无期徒刑或者死刑,并处罚金或者没收财产。”可以看出,该修改将生产销售假药罪这一危险犯,修改成为行为犯,这说明了立法者和民众对近年来药品安全的严峻形势的关注和回应。此外,现行刑法还将有些预备行为或者是单纯的犯意表达行为入罪化。例如,《刑法》第125条规定:“非法制造、买卖、运输、邮寄、储存枪支、弹药、爆炸物的,处三年以上十年以下有期徒刑;情节严重的,处十年以上有期徒刑、无期徒刑或者死刑。”立法者将由一个或者两个核心行为以及若干预备、辅助行为组成的犯罪行为群均单独规定为犯罪,且成立既遂,深刻反映了我国刑法严厉打击危害社会秩序、危及社会安全的各种危险性犯罪行为的时代诉求。❶

4.1.3 风险社会中犯罪圈的适度扩大

风险社会中,由晚期工业社会产生的危险或人为制造的不确定性与那些内容和形式都植根于早期工业社会中的定义关系之间存在错误匹配。在风险

❶ 参见庄绪龙. 我国刑事法应对风险社会举措初探[EB/OL]. [2010-12-30]. http://article.chinalawinfo.com/Article_Detail.asp?ArticleID=51937.

摧毁常规安全计算体系的情况下建立的传统刑法也面临危机。因此，正视风险社会的后果，意味着“对曾经达成的（责任、安全、控制、危害限制和损害后果的分配）标准设定了重新定义的任务”。[1]“面对这种现实，传统刑法只有两种选择：要么放弃对风险的控制彻底向核心刑法领域回归；要么适应风险时代的要求根据公共政策来调整自身。”[2] 所以，在立法实践中，风险社会中的刑法危机的直接后果是刑事立法者在“自由与秩序之间”“报应与功利之间”的权衡中左右顾盼、在犯罪化与非犯罪化的抉择中焦灼不堪。因此，如何有效地处理传统刑法原则与维护社会公共安全秩序的冲突与对峙、合理地划定犯罪圈的范围，才是解决问题的关键所在。[3]

在我国刑法学界，对犯罪圈的划定历来有两种意见，即犯罪化与非犯罪化。非犯罪化说主张缩小中国刑法的犯罪圈，认为将轻微犯罪行为非犯罪化是当今各国刑法发展的趋势，汲取外国刑事立法的这种有益经验，是刑法现代化的要求。相反，犯罪化说主张扩大中国刑法的犯罪圈，认为非犯罪化是西方国家解决犯罪率上升、监狱人满为患、社会矛盾激化的一种措施，西方与我国的情况存在一定差异，不能盲目学习借鉴。综合考虑现代风险社会的特征，以及刑法应作出的应对，笔者认为我国应扩大犯罪圈，构建严密刑事法网，施行严而不厉的刑事政策，具体如下所述。

其一，犯罪化是中国社会抗制犯罪的现实需要。刑法的调控范围即犯罪圈的大小不是由立法者的主观意志决定的，而是由许多客观因素所决定的，其中最主要的因素就是社会抗制犯罪的客观需要。我国正面临从几十年的计划型社会向市场经济社会转轨，各种社会新鲜事物不断涌现，随之而来的是犯罪态势严峻、新型行为样态不断出现。可以说，客观的社会情势决定了在

---

[1] ［德］乌尔里希・贝克. 世界风险社会［M］. 吴英姿，等，译. 南京：南京大学出版社，2004：98.

[2] 参见劳东燕. 公共政策与风险社会的刑法［J］. 中国社会科学，2007（3）：129-130.

[3] 参见高铭暄，陈璐. 风险社会中刑事立法正当性理论研究［G］//中南财经政法大学刑事司法学院. 风险社会与刑事政策的发展会议文集，10.

较长时期内犯罪化将成为中国刑法立法的基本趋势。

其二，我们应当准确地了解国外“非犯罪化”运动的真正情况，不能盲目地进行概念照搬。因为中国和其他许多国家在“犯罪”这一概念的内涵和外延的理解上存在重大差异。在我国，犯罪是指具有严重的社会危害性，根据刑法的规定应当受刑罚处罚的行为。我国对犯罪行为和一般违法行为予以严格区分，分别以不同的法律规范予以调整，对犯罪行为用刑法规范予以调整，而对一般违法行为用民商法规范、行政法规范等非刑法规范进行调整。从我国刑法的立法来看，除了杀人、放火、抢劫、强奸、爆炸等严重危害社会的行为，其行为本身的社会危害性程度往往即足以构成犯罪外，多数危害社会的行为，必须其社会危害性达到一定的严重程度才能构成犯罪，否则只作为一般违法行为处理。[1] 这样就不利于形成严密的刑事法网，不利于犯罪的预防和打击。

其三，刑法对犯罪的反应方式随着威胁共同体生活安全的风险增多而逐渐被人们所反思。在此背景下，原来以社会福利为思想基础的矫治主义逐渐受到了否定。在新自由主义思潮的影响下，个人必须为自己的风险行为承担责任。因此，刑法对犯罪作出反应的目的主要被限定在预防而不是矫治，刑法反应的方式也以预防行为人作出更大风险行为为特征。所以，从风险社会控制风险的必要性出发，以结果无价值或者法益侵害为价值取向的被动刑事立法已经不能适应今天风险社会的需要。

当然，风险社会要求刑法有所作为，但并非过度的犯罪化。我们坚决反对过度的犯罪化：①刑法具有谦抑性。刑法作为强行法，它的调控范围虽然在本质上是维护和扩大自由，但是这种目标的获得是以不得不限制某些自由为代价的。为此，我们不能基于重刑主义的立场或是打击犯罪的理由而随意地扩大犯罪圈的范围。②刑法具有调控范围的不完整性。刑法不能恣意地将没有必要运用刑罚予以调整的行为犯罪化，这是对人们自由权利的侵犯，不

---

[1] 赵秉志. 刑法调控范围宜适度扩大——解析犯罪化与非犯罪化之争［N］. 检察日报，2004-03-25（3）.

符合刑法的人权保障机能。③立法不应以预防风险为由而突破刑法的基本原则。作为一种规制性工具，现代刑法以对抗风险为己任，其保护的触角日益由法益侵害阶段前移至危险形成阶段。在立法决策上，它越来越受政治与政策因素的影响。决策者偏好创设新罪名带来的政治上的象征性后果，给人以问题已被认真对待且已适当处理的印象。

其四，还需要谈及一下刑法立法方式对严密刑事法网的作用。我国刑法的立法方式，主要有刑法典方式、单行刑法、附属刑法、刑法修正案。刑法典立法模式最为常见，但其缺点显而易见，法典的稳定性与社会生活日新月异的矛盾无法两全。单行刑法的优点是内容单一且较为集中，立法程序比刑法典简单，针对性也比较强。但是单行刑法容易散乱无章，而且溯及力问题也较为棘手。采用刑法修正案方式对刑法进行修订是刑法自 1997 年颁布以后，特别是近年来主要采取的立法方式，至今我国全国人大常委会已经颁布了九个刑法修正案。刑法修正案的优点在于，既利于维护刑法的权威性，又利于维护刑法的稳定性和变动性的统一。我国的附属刑法属于一种散在性立法方式，与德日等国的立法方式不同，我国的附属刑法条文中既没有犯罪的成立条件，也没有具体的法定刑规定，往往只是“构成犯罪的，依法追究刑事责任”这种宣言式的表述，如果刑法典对该种行为没有相关规定，那么这个条文无异于虚设。但是我们不能因为我国附属刑法立法模式的不完善，就彻底否定附属刑法这种立法方式。实际上，附属刑法在构建严密的刑事法网中，有着其他立法方式不具备的优点。相对于传统的刑法典立法方式而言，附属刑法可以及时地针对某些犯罪规定具体明确的犯罪构成，使风险社会中的法网逐步严密。附属刑法还具有现实和立法之间的橡皮筋功能，刑法典中的一些罪名特别是法定犯，相对于高速发展的人类社会而言，总是具有滞后性，但是刑法典本身又不能朝令夕改。所以，刑法典必须处理好“应变”（出于社会形势的变化）与“不变”（出于权威性的维护）之间的关系。[1] 由

[1] 参见刘树德. 罪状建构论［M］. 北京：中国方正出版社，2002：362.

于附属刑法的立法程序较为简便，具有更大的灵活性。因此，在不违背刑法总则规定的前提下，可以根据社会形势的发展变化及时作出相应的修改和补充，从而为刑法注入新的内容。所以，为了应对风险社会的多变性，必须重视附属刑法立法，并且改变现行附属刑法中“依照刑法有关规定追究刑事责任”的规定，直接在附属刑法规范中明确规定罪状和法定刑。对此有学者指出，“立法机关宜在行政法、经济法等非刑事法律中，对于严重违反行政法、经济法规范的行为直接规定罪状与法定刑。”❶ 在附属刑法中直接规定罪状和法定刑，既可以进一步完善附属刑法规范，又可以丰富和发展我国的刑法体系。“把刑法典、单行刑法和非刑事法律中的刑罚条款统一起来，就可以形成一个既有横向的一般规定和制裁，又有纵向的具体规定和制裁；既有较长时期使用的规定和制裁，又有即时使用的规定和制裁的刑法渊源体系。”❷ 今后，我们应该借鉴他国成熟的附属刑法立法思路，做到附属刑法实际化，既有罪又有刑，成为风险社会中灵活应对风险的有效立法模式。❸

4.2　科技风险管理与刑法立法

4.2.1　科技风险管理概述

科学技术是一把双刃之剑，科技发展产生的风险是风险社会中的重要风险之一，有效地管理科技发展中的风险，使之归纳到良性发展渠道之内是科技风险管理的最高目标。风险管理（risk management）是指经济单位通过对

❶ 张明楷. 刑事立法的发展方向［J］. 中国法学，2006（4）：35.

❷ 赵秉志. 刑法修改研究综述［M］. 北京：中国人民公安大学出版社，1990：56.

❸ 参见利子平，石聚航. 风险社会中传统刑法立法的困境与出路［G］//中南财经政法大学刑事司法学院. 风险社会与刑事政策的发展会议文集，19.

风险的识别和衡量，采用合理的手段对风险实施有效的控制和处理，以最低的成本取得最大安全保障的科学管理方法。风险管理起源于美国，20世纪中期风险管理作为一门系统的管理科学而出现。经过20世纪50年代的推广，60年代的系统研究，70年代的快速发展，一直到1983年，美国风险与保险管理协会年会上通过了《101条风险管理准则》，风险管理才更加规范化和系统化，现今风险管理已经逐渐成为一套较为成熟的体系。❶

科技风险的管理，说到底包含两个层面：第一层面是风险评估；第二个层面是预防行动，也就是在风险评估的基础之上，提早采取预防措施。科技风险往往具有难以预测性、不可控制性、危害巨大性、管理的复杂性等特点。对于科技风险的管理，最终的目的在于预防，防止风险变成实害。法律在此，并非最优的选择。例如针对环境危机而言，如果人类在危机产生之前用少量的投入和合理的规划，就能够有效地降低人类的生存风险。那么我们何必需要等到风险变成了巨大的危害后果之后，才去采取相应的措施，去重新恢复环境的相关功能，其结果只能是拆东墙补西墙，最终墙还是倒了。❷科技风险的风险源，就是科技研发活动，所以要对科技研发活动进行风险评估，目标是对科技研发活动进行评估、分类，厘清其所有可能的影响，对于是否采取进一步的科技研发活动进行判断，力图透过这样的评估程序，使人类重新获得掌控科技发展的能力。科技研发之风险评估，并非是想要阻挡或者是催化科技研发的速度，它的真正目的在于使人类可以摆脱思维惯性的被动状态，用反思自觉的第二现代理性，去思考如何有效运用科学技术。❸

经过风险评估之后，对风险管理可以用直接管制、间接管制和加大宣传等方式进行。直接管制风险源的方法主要有两种：一种是直接关闭风险源以

---

❶ 参见刘平. 保险学原理与应用［M］. 北京：清华大学出版社，2009：9.

❷ 参见许一泰. 在危险社会刑法之任务［EB/OL］.［2011-1-16］. http://www.criminallawbnu.cn/criminal/info/showpage.asp?pkid=8376.

❸ 参见李仲轩. 风险社会与法治国家——以科技风险之预防为立法核心［D］. 台北：台湾大学法学院，2007：46.

达到根除风险的目的。比如，直接禁止进行转基因食品的研发，直接禁止人类胚胎实验等。但是，直接管制风险源的方法，容易片面强调科技发展的负面作用，而忽略了科技发展给民众带来的便利。另外一种方法，是当科技风险在公共理性所能包容之时，才允许对其进行进一步的研发和使用。所谓间接管制，实际上是一种风险告知，例如对于一些化学物品的包装上注明危险字样，在烟草的包装上注明吸烟有害健康的字眼。加大宣传力度是指，通过宣传的方式提高广大民众的风险意识和风险理性，使民众有意识地认识风险，识别风险和预防风险。❶ 为了全面管理科学技术风险，还应成立具有法律依据的科技风险评估和管理委员机构，并且具有强制执行力。科技风险管理和评估委员会应具有很强的独立性，即超然于政府机构，也独立于民众之外，当然这种独立性需要一定的条件，例如组织上的独立性、财政上的独立性、人事编制上的独立性、执行上的独立性等。当然建立独立的科技风险管理和评估委员会有很多困难，需要国家有一定的勇气，需要各个部门放弃自己狭隘的部门利益，也需要民众对风险预防的重视程度。对于科技风险管理和评估委员会的人员组成，原则上要有多元性代表参见，可以设立一个常设委员会，由高层次的科技专家组成，对于某一需要评估的科技风险，可以由常委会召集相关领域专家，被评估的组织也可以派出其技术代表参加，当然最终还要由一定的民众代表参与共同组成对某一问题的评价委员会。对于国家的重大科技决策，应征询科技风险管理和评估委员会的意见，要出具拥有法律效力和民意基础的评估意见，不应该受到政府的不当干预，而成为政府决策的附庸机构。如果经过科技风险和评估委员会的评估，认定为具有极大的风险和不可逆转的危害，那么委员会可以责令相关组织停止相应的科研活动，并可给予相应的行政处罚。❷ 总的来讲，对于科技风险的管理，事前对

❶ 参见许一泰. 在危险社会刑法之任务［EB/OL］.［2011-1-16］. http://www.criminallawbnu.cn/criminal/info/showpage.asp?pkid=8376.

❷ 参见李仲轩. 风险社会与法治国家——以科技风险之预防为立法核心［D］. 台北：台湾大学法学院，2007：131-136.

风险的评定，对上升到一定级别的风险予以规制，比事后出现了实害结果或实害隐患之时的规制更为有效。所以，在科技发展之中，我们应从防止科技滥用的角度出发，尽最大可能考虑到技术的风险、日渐脆弱的生态环境和子孙后代的福祉，管理好科技风险，充分发挥其利好，尽力减少其弊端。

4.2.2　风险评估制度的引入

管理和预防科技风险，要做好风险的评估，风险评估并不是一个单纯的客观认知过程，但其也并非是纯粹的主观价值判断。其虽然是关于事实层面的判定，但认定的过程并不是一种纯粹的客观认知过程，而是存在主观判断的。但是，这也不能保障经过风险评估后，风险中的所有不确定性都可以被发现并预防，此时不确定因素无法根除，风险也可能衍生新风险。在风险评估中，有一些常见的评估法则，例如预防原则、证据谨慎原则等。所谓预防原则，在《里约宣言》中有关国家的权利与义务之第 15 条中有所表述，是指为了保护环境，各成员国应该尽其国力所能，采取严密的防护措施。在遇到严重或者不可逆转的危害之时，不能以缺乏可靠的科学佐证为由，延缓采取相应措施防止环境退化。预防原则广泛出现在有关环境和可持续发展的国际公约当中，例如《生物多样性公约》《气候变化公约》。欧盟还在 2002 年通过了《食品法通则》，将预防性原则运用到转基因食品的法律规制上。所谓证据谨慎原则，是指在欠缺明确的科学佐证之前，不应该禁止相关行动的进行。[1] 在进行评估时，判断该行为是否可能有不可估量的巨大损害，确定的利益与危害有多大，不确定因素的比重如何。至于怎样判断行为是否会有不可预料的危害，取决于是否有合理的损害估计。是否合理，不应完全依照科学理论下狭隘的因果关系来判断，有时依照常理判断也是可用之策。如果行为经过评估发现其可能导致无法承受之损害，则应采取预防原则，避免风

---

[1] 参见李仲轩. 风险社会与法治国家——以科技风险之预防为立法核心［D］. 台北：台湾大学法学院，2007：94.

险变成实害。[1] 对于科技风险，如果完全将精力放在预防之上，也是不科学的，那就又回到了老话题，就是如何平衡社会发展和风险预防这一对矛盾。

为了应对科技高速发展带来的负面效应，很多国家相继建立相应的科技评估制度。自20世纪20年代美国最先开展了科技评估制度，经过近百年的逐步发展，科技评估已经成为各国在科研项目立项、科技风险管理和成果评测方面的必备环节。为了使科技评估制度逐步常态化、规范化，立法必须为其提供保障。美国是最早通过立法对科技评估制度进行规范的，一些发达国家也纷纷效仿，科技评估的制度立法也在各国逐步推进。[2] 我国科技评估制度起步较晚，科学技术部在2000年颁布了《科技评估管理暂行办法》（国科发计字〔2000〕588号），标志着我国科技评估规范化的开始，但是其仅是一个部委规章，目前我国依然没有科技评估的相关法律，所以有必要介绍部分已有相关立法的国家，以资借鉴。

美国的科学研究和发展委员会，在1966年首次提出了设立技术评估机构的立法构想，并且将提案提交到美国众议院进行审议。后来经过多次审议和修改，直到1972年，美国国会正式颁布了科技评估法案（*Technology Assessment Act*）。后经一年，根据科技评估法案，美国国会成立了科技评估办公室（Office of Technology Assessment，OTA）。OTA在行政上隶属于国会科技评估联席会议（Technology Assessment Board），属于其决策咨询机构。[3] 科技评估办公室在发挥技术风险预警机制上是非常有效的，1973年其在成立之初就建议停止研发超音速飞机，因为经过评估发现超音速飞机在飞行时排出的废气会破坏臭氧层，使其过滤紫外线的能力下降，从而导致人类患皮肤癌的概率大大增加，并且会对自然生态系统造成长期无法逆转的影响，最终科

---

[1] 参见李仲轩. 风险社会与法治国家——以科技风险之预防为立法核心［D］. 台北：台湾大学法学院，2007：100.

[2] 参见曹晟，田大山. 美国科技评估立法实践及其对中国的借鉴意义［J］. 自然辩证法通讯，2004（6）：57.

[3] ［EB/OL］.［2011-1-20］. http://www.princeton.edu/~ota/ns20/cong_ f.html.

技评估办公室叫停了此项研究。

法国对科技风险的管理也是相当重视的，科技评估成了法国管理科技风险的重要手段。早在 1985 年，法国政府就有相关规定，对尚未付诸的科研项目在没有进行系统的评估之前，不能予以启动。法国的科技评估体系层级比较完善，主要有以下三个层面：第一层次是国会科技选择评价局，是科技评估的最高层面，主要负责评价国家宏观的技术发展走向，并为政府优选科技发展策略作论证。第二层次是政府评估层次，主要是国家研究评价委员会为主。国家研究评价委员会的主要职能是对政府的重大科技项目、科技规划等进行评估，并为总统和政府相关部门提供咨询意见。第三个层次是国内科研单位的内部评价系统，主要是对机构内部的科技研发进行评估，研发选题是否恰当，新的科研项目潜在风险有多大等。❶

丹麦的科技评估体制也是比较完善的，其评估机构主要是丹麦科技委员会（Danish Board of Technology，DBT）。丹麦科技委员会是一个独立机构，成立于 1986 年，主要负责对国家科研项目的技术和风险评估。❷ 科技委员会的主要目标有：负责组织公正无偏私的科技评估；对科技项目的潜力与未来风险进行评价；启发民众的风险意识，塑造民众理性看待风险的态度；向国会和政府提出科技发展的建议。❸ 韩国也非常重视科技评估工作，根据韩国科学技术创新特别法之规定，韩国政府于 1999 年将韩国科技政策管理研究所（STEPI）改组为韩国科技评价院（Korea Institute of S&T Evaluation and Planning），直接隶属于韩国科技部。❹

我国科技评估特别是风险评估起步较晚，借鉴一些在评估领域起步较早国家的成熟经验，从以下几个方面加强我国的科技风险评估工作：其一，加

---

❶ [EB/OL]. [2011-1-27]. http://tech.enorth.com.cn/system/2003/09/27/000641284.shtml.

❷ [EB/OL]. [2011-2-5]. http://www.tekno.dk/subpage.php3?page=statisk/uk_about_us.php3&language=uk&toppic=aboutus.

❸ 参见李仲轩. 风险社会与法治国家——以科技风险之预防为立法核心 [D]. 台北：台湾大学，2007：145.

❹ [EB/OL]. [2011-2-5]. http://tech.enorth.com.cn/system/2003/09/27/000641284.shtml.

强科技风险评估的立法保障。目前我国只有科学技术部颁布的《科技评估管理暂行办法》，这是明显不足的，要通过完善科技立法，使科技风险评估工作规范化、制度化、常态化。其二，保持科技风险评估工作的独立性。众所周知，有利益就会有妥协，如果科技风险评估工作完全是由单方利益代言人组成的，那么科技风险评估就失去了设立的意义。所以，应该从财政上、政治上保持科技风险评估的独立性，同时对参与评估的人员的选择要持多元化态度。其三，要注重培养我国科技风险评估人才库的建设，只有加强人才队伍建设，才能使风险评估领域有长足发展。其四，要对评估结果予以充分尊重，对评估结果要在立法上对其效力予以确认，并且评估结果也可以成为行业规范制定的依据。[1]

4.2.3　科技风险管理与刑法立法

如前文所述，科技风险管理的最大目标是预防风险，最大程度发挥科技对人类的有利一面。当科技发展产生的风险超越了一定限度，仅凭管理的手段恐怕很难奏效。面对科技发展的负面效应越来越大，人们对未来的自然环境和后代的身体健康，产生了深深的忧虑。特别是近年来，全球性的一些重大的科技风险实害化的实例，使民众的风险意识更加强化。于是在普通民众的心理中，对风险甚至是谈虎色变，把刑法看做是预防科技风险的一把利剑，只要是产生了科技风险，无论程度如何，统统由刑法进行处罚，认为刑法应该全面地提前介入科技风险的预防。这实际上就是一种纯粹的安全主义刑法思想，安全主义刑法思想在刑事立法上有两个反应，即刑法的普遍干预和刑法处罚的靠前化，主张把许多对人类有严重威胁的危险行为入罪化，把许多危害超个人法益的行为入罪化。这种纯粹的安全主义刑法思想认为，对

[1] 参见曹晟，田大山. 美国科技评估立法实践及其对中国的借鉴意义［J］. 自然辩证法通讯，2004（6）：60-61.

风险社会中的科技风险预防，刑法是最必要和最充分的控制手段。[1] 当然，在风险社会中，充分重视刑法的积极预防功能的观点无可厚非，但是如果无节制地运用刑法来管理科技风险的观点，就值得商榷。对于科技风险管理，刑法本身就具有局限性，让刑法完全介入，不利于科技进一步发展，不如对有些轻微风险通过政治商讨，通过风险设置者和被害者之间的沟通来解决。[2] 刑法是其他部门法的最后保障法，具有最后补充性的特点。所以，对于某些科学技术风险，应根据其对法益的危害程度，首先考虑采取民法或者是行政法的手段来处理，而后才考虑使用刑法的可能性。况且，如果对某些程度较轻的科技风险，总是采取刑法的手段，将会阻碍人类在科技领域的创新活动。

所以想要借助刑法预防科技风险，要处理好刑法的进取性与刑法的谦抑性之间的关系。刑法对科技风险的超前介入，必须贯彻刑法的谦抑性原则，这关乎社会的发展和人权的保障。这就要求刑法对科技风险的反应要具有目的正当性、手段必要性和比例相当性。刑罚作为社会最为严厉的处罚手段，只能是社会正义的底线，是最后手段。所以，要对风险进行严格的评估，把具有严重危险的行为列入刑法的范畴，而对于具有争议的风险或者是可以容许的风险排除在刑法之外。面对科技风险的潜在危害性持续上升的态势，需要国家和市民社会理性地看待新型犯罪，应该采取多元综合的治理方略来控制风险，所以这就要求运用合理的刑事政策来应对风险。刑法积极进取应对科技风险之时，实际上也是一个寻找有效的社会综合治理措施的过程。[3] 为了解决风险社会的诸多风险挑战，应该采用严而不厉的刑事政策。在具体的立法过程中，犯罪构成应从结果本位转到行为本位主义上来，对重大的科技风险予以犯罪前置化处理，合理地运用犯罪构成要件的扩张功能，严密刑事

---

[1] 参见康伟. 对风险社会刑法思想的辩证思考［J］. 河北学刊，2009（6）：150.

[2] 参见许一泰. 在危险社会刑法之任务［EB/OL］.［2011-1-23］. http://www.criminallawbnu.cn/criminal/info/showpage.asp?pkid=8376.

[3] 参见张光君. 刑法须谦抑，也需进取［N］. 检察日报，2009-10-22（3）.

法网。此外，刑法对科技风险的介入还要考虑可容许的危险。科学技术的发展给人们带来生活的便利，但其也给未来带来一定的风险。科学技术本身没有价值趋向，它的价值取决于使用它的人类，不同的使用用途有不同的价值关系。❶ 例如，互联网在当今的高速发展，给人们带来了交往信息的便利性，地球越来越小了，办公可以不到办公室内，买菜也可以在家进行。但是如果恐怖主义分子利用网络传递恐怖信息，也是非常迅捷的。但我们不应因噎废食，只有达到人类所不能容许的危险之时，才能对行为进行刑罚处罚。

4.3　刑法的立法应对——以罪的完善为视角

风险社会中，刑法更关注于风险的预防与控制，刑法立法中罪的完善是实现预防的重要手段之一。刑法价值观念的变迁必将对罪名的设立与完善起到推动作用，更加注重预防犯罪的有效性。风险社会下的刑事立法应当更加关注犯罪化的趋势，注重刑罚的一般预防，具体来说主要从以下几个方面予以实现。

4.3.1　刑法立法应具有前瞻性

在刑法立法领域，对刑法立法是超前化立法，还是经验化立法，一直以来就存在争论。在对 1979 年《刑法》进行修订的过程中，不少专家学者认为 1979 年《刑法》严重滞后于社会发展进程，应在修订中贯彻前瞻性立法思想，刑法立法不仅要具有实践性，更要有超前性。❷ 有学者主张超前性立

❶ 参见许一泰. 在危险社会刑法之任务［EB/OL］.［2011-1-24］. http://www.criminallawbnu.cn/criminal/info/showpage.asp?pkid=8376.

❷ 参见应后俊. 修改刑法宏观问题的几点建议［J］. 法学家，1989（5）：23.

法能够预见未来社会发展趋势，能够处理好法典稳定性和社会生活变动不居之间的矛盾，保持刑法的相对稳定性。❶ 有学者认为，如果一味强调刑法只能对成熟的问题进行干预，那么只能被动地应对新出现的犯罪类型。❷ 也有学者认为过度的超前性立法容易导致犯罪化程度过高，脱离我国实际，刑法立法可以具有先导性，而不可过度超前。❸ 笔者认为，两种观点的立足点不同，滞后性立法实际上是经验主义的产物，而超前性立法是建构理性主义的产物。超前立法并不是完全无视经验主义，而是完全扎根于社会实践，与经验主义立法不同的是，超前立法不是仅对已成熟的社会经验进行法律上的认可，而是要求立法者充分发挥其主观能动性，在立法预测的基础之上将以后肯定会产生的新社会关系纳入法律调整的范围内，其实际上是现在与未来之间的统一，是以建构主义理性为主、经验主义理性为辅的立法模式。❹ 对于风险社会而言，控制和预防风险更是法律的主要任务之一，对未来风险的预测和预防更是刑法立法的应对方向，所以风险社会的刑法立法应更具有前瞻性。

超前性立法最终要涉及犯罪圈的问题，犯罪圈过于扩大，会阻碍社会的不断进步，人们会变得缩手缩脚；犯罪圈过于狭小，对于未来的风险预防就非常乏力，不利于风险的防范。所以风险社会之中，在贯彻超前性立法之时，要把注重现实与关注未来合理结合起来，以保障刑法能够从容不迫地应对未来风险。我国于 1979 年制定了新中国成立以来的第一部刑法典，当时采取的是经验型立法方式，本着立足于当前的社会现实制定相应法条，结果造成与后来的经济社会发展状况很快脱节的局面。在 1997 年《刑法》修订以后，在刑法典分则中增设了不少犯罪，但是仍然不能满足迅速变化的社会形势。到目前为止，已经出台了 1 部单行刑法、9 个刑法修正案及大量的司

---

❶ 参见陈兴良. 我国刑法立法指导思想的反思［J］. 法学，1992（7）：14.

❷ 参见孙国祥. 初论中国刑法的现状与改革［J］. 南京大学学报，1988（2）：16.

❸ 参见胡川. 立法可先导不可超前［J］. 法学，1991（4）：10.

❹ 参见赵秉志. 刑法基础理论探索［M］. 北京：法律出版社，2003：39.

法解释，增加了很多新的罪名。诚然，不断增加的刑法修正案、司法解释，都是结合现实社会中出现的新问题、司法实践中出现的新情况，为解决新型犯罪无法可依的局面出台的。这种立法初衷本身是无可厚非的，但是这体现了一种被动的立法思路，采取的立法技术也是按照问题暴露、解决方案成熟到出台修正案或司法解释。被动性不能算是立法的缺陷，而是立法的固有特征，但是在立法者能够避免被动立法的情况下，应最大限度的超前立法，变被动为主动。当前的刑法立法实际上处于两难际遇，一方面受到司法实务界的诟病，认为现行刑法有些条文已经严重滞后于社会发展现状，无法服务当前社会现状，诸如对一些高科技犯罪、环境犯罪就处罚乏力；另一方面又受到理论界的苛责，认为 1997 年《刑法》公布到现在，就被大量的修正案、立法解释、司法解释所包围，刑法典有可能被纷繁芜杂的司法文件所包围，不论刑法典的中心位置是否被撼动，刑法典都有被虚化的危险。[1] 我国现行刑法中，就有很多法条缺乏一定的前瞻性，造成法到用时方恨少的不利局面。例如，近年来对于索马里海盗，我国已经派出了海军舰艇到相关海域，对中国舰船实行武装护航，这在国际法上是有法律依据的。但是，相比国际法而言，国内法却没有相关的法律规定，仅有现行《刑法》第 122 条的劫持船只、汽车罪和一些侵犯人身财产权利的条文与其相关。[2] 所以，在实践中，只能以劫持船只罪、故意杀人罪、故意毁坏财物罪等予以处罚，这起不到对海盗类犯罪行为的威慑作用，也不能充分发挥罪名的评价功能。

社会的高速发展给刑法立法提出了更高要求，立法者应对风险社会中的一些危害公共安全犯罪、高科技犯罪、环境犯罪等，进行审慎的科学预测，把握未来发展的态势，在罪名的创设上，不仅要把当前应当处罚的行为入罪化，还要把对未来可能发生且具有一定风险的行为入罪化，并在科学测定刑法介入后司法承受能力的基础上制定规范。只有这样，才能避免因书面上的

---

[1] 参见李立众. 刑法一本通［M］. 北京：法律出版社，2003：1.

[2] 参见田鹏辉. 论风险社会视野下的刑法立法技术——以设罪技术为视角［J］. 吉林大学社会科学学报，2009（3）：58.

立法内容与司法实践越来越远而产生的不良社会效果。[1] 当然，超前性立法也是有一定限度的，而不是没有限度的超前，那样只能是立法的冒进。

前瞻性地设置罪名在罪之种类及未来的时间上都应具有一定的限度，而不是盲目、无限地超前。风险社会中，犯罪化与非犯罪化是对立统一的，是一个问题的两个方面。从我国目前的社会发展状况来看，犯罪化和非犯罪化都应该重视，而且应更重视犯罪化，构建严而不厉的严密刑事法网。一方面传统的犯罪的发生率不会短期内大幅下降；另一方面犯罪与高科技手段结合得越来越紧，犯罪的高智能型、高流动性、高隐蔽性特征凸显。所以，应该针对有关恐怖主义犯罪、知识产权犯罪、黑社会性质组织犯罪、侵犯信息隐私犯罪、生物基因犯罪等进行重点预测，在科学评估的基础之上，有针对性地超前设置相关罪名。例如，以转基因技术为例，随着转基因食品大行其道，人们一度以购买转基因食品为潮流。不可否认，转基因作物的确有很多优点，比如抗病虫害、抗倒伏性强，而且种植成本较低，市场竞争力大。但是转基因技术如果应用不当，则有可能对周边的生态环境造成影响，甚至造成一些传统作物的优良基因逐渐消失的恶果。此外，长期食用转基因食品，是否会对人类的健康产生危害，仍然没有明确的科学依据。可以看出，转基因技术至少是一种非常有风险的科学成果，为了提前避免转基因作物给人类和生态环境造成危害，需要对转基因作物首先采用行政法予以管制，对其研发、生产要全程监管和设置行政许可，而且转基因食品需要有明确标示，如果有行为突破了行政法的管理界限，滥用转基因技术，那么就可以在刑法上予以处罚。日本对于转基因作物的培育就有相关规定，如果转基因作物与其他作物杂交有可能产生基因污染，那就可以禁止此类行为的发生，如果未经许可或者是经行政禁止后继续研发的，就应受到刑法处罚。[2] 所以，我国也应在刑法立法中规定相关的基因类犯罪，以应对风险社会的挑战，改变刑法被动立法的局面。

---

[1] 参见赵秉志. 刑法基础理论探索［M］. 北京：法律出版社，2003：39.

[2] 参见何鹏，李洁. 危险犯与危险概念［M］. 长春：吉林大学出版社，2006：184.

4.3.2 犯罪构成应具有开放性

开放的构成要件理论为德国刑法学家威尔哲尔首创，具体是指由于立法者没有详尽描述构成要件的各个要素，仅根据刑法规范对构成要件的文字描述还不能判断其是否具有违法性，还需要法官进行其他补充判断的构成要件。[1] 根据我国犯罪构成理论，同样也存在着因为构成要件规定的不够完整而导致的违法性判断的非自足性，所以也存在着开放的构成要件。罪刑法定原则已经由严格走向松弛、由绝对走向相对，开放的构成要件正是配合这一趋势而产生的，其与罪刑法定原则是内在统一的，从构成要件的明确性在立法层面上的实现可能性来讲，开放的构成要件并没有违背罪刑法定原则。[2]

开放的犯罪构成要件的开放性主要是针对法官而言的，当立法者没有详尽描述构成要件之时，法官可以对法条的适用进行解释。一直以来，我国刑法立法机关和最高司法机关，都认为可以制定一个包罗万象、逻辑严密的刑法体系，总是试图将犯罪构成要件精细化，甚至法条中的每个字也要尽量予以说明，唯恐疏漏于万一。大量的司法解释使刑法逐渐被架空，刑法的适用变成了司法解释的适用，法官的主动性完全丧失，遇到法条没有明确规定的，就依赖于司法解释，法官成了法律的传声筒。犯罪构成是立法者根据普遍的价值需求而创设的罪刑表达方式，是认定行为罪与否的规范标准，它本身就具有实践性，是一个开放的体系，需要不断地从外界吸取实践的气息，以适应新的社会发展状况。[3] 正如大塚仁教授所言："本来不希望有什么开放的构成要件，在刑罚法规上无余地表示出构成要件的内容乃是理想，即使留下微小的由解释论来决定的余地，从罪刑法定的旨趣而言，也不是什么好事

---

[1] 参见赵秉志. 外国刑法原理［M］. 北京：中国人民大学出版社，2000：94.

[2] 参见刘艳红. 开放的犯罪构成要件理论研究［M］. 北京：中国政法大学出版社，2002：3.

[3] 参见田鹏辉. 论风险社会视野下的刑法立法技术——以设罪技术为视角［J］. 吉林大学社会科学学报，2009（3）：60.

情。但是，作为现实的问题，又不得不在一定的规范内设立开放的犯罪构成要件。”❶ 与开放的构成要件相对应的是封闭的犯罪构成，具体是指刑罚法规所规定的构成要件，对于行为是否构成犯罪已经做了详尽描述，不再需要法官作出相应的补充。❷“法律只能订立一些通则，不能完备无遗，不能规定一切细节，把所有问题都包括进去。”❸ 立法的局限性决定了任何一种犯罪，立法者都不可能毫不费力地将犯罪成立需要的所有要素详细予以规定，例如成立犯罪所需要的各种情节的严重程度等。我国是一个大国，各个地区的政治经济、文化发展都很不均衡，在立法之时，不能规定的过细，规定的过细就难以适用，法官也会怠于开动脑筋进行判决的法律推理。从另一个角度讲，规定再细也不能保障万无一失，那样也会放纵犯罪。我国现行刑法分则的具体条文中，就存在一些规范过于具体细致，大大削弱了构成要件的类型化功能，在对有些不影响社会危害性的行为主体、行为方式，行为时间等作出非常详尽的规定，从而造成“看全不全”的被动局面，无法涵盖出现的新问题。例如，《刑法》第 409 条规定：“从事传染病防治的政府卫生行政部门的工作人员严重不负责任，导致传染病传播或者流行，情节严重的，处三年以下有期徒刑或者拘役。”法条规定此罪的主体只能是政府卫生行政人员，而在司法实践中，从事防治传染病防治的往往是政府卫生事业单位的人员，这就有可能导致放纵犯罪。又如《刑法》第 408 条规定的环境监管失职罪，对犯罪主体的规定也有类似缺陷，容易造成立法与实践之间的裂隙。

现实生活本身就是变动不居的，总会涌现出新的疑难案件。我们在司法实践中遇到了疑难问题，很多都是由于案件处于法律概念外延的边缘，而任何词语的意义在使用中都会由核心向边缘游弋，使它的外延模糊化。当模型自身的涵义难以对词源中所涵盖的纷杂的信息准确界定之时，也就是哈特所

❶ ［日］大塚仁. 犯罪论的基本问题［M］. 冯军，译. 北京：中国政法大学出版社，1993：56.

❷ 参见赵秉志. 外国刑法原理［M］. 北京：中国人民大学出版社，2000：94.

❸ ［希腊］亚里士多德. 政治学［M］. 北京：商务印书馆，1983：163.

言“法律的空缺结构”大显身手之时。[1] 随着科学技术的快速发展，工业化进程的快速推进，人类进入了风险社会，风险社会中的风险有些已经超越了人类的认识能力。与传统工业社会相比，社会发展已不是日新月异，而是时时更新，风险社会充满了不确定性，增加了社会的治理难度，也给管理者和立法者提出了挑战。犯罪也呈现出行为方式的多样性、行为主体的虚拟化、空间跨度大等特点，有些行为是难以认定的，例如虚拟世界的经济交往等，已经无法从传统的角度去理解，也并非为现有刑法典所能涵盖。[2] 开放的犯罪构成非常适合风险社会的刑事立法，它有效地弥合了现实与未来之间的空隙，对严密刑事法网大有帮助。具体到立法当中，我们可以通过以下手段实现对风险社会的应对。其一，设置一定的兜底条款。我国现行刑法就有此种罪名，例如《刑法》第 114 条规定：“防火、决水、爆炸以及投放毒害性、放射性、传染病病原体等物质或者以其他危险方法危害公共安全，尚未造成严重后果的，处三年以上十年以下有期徒刑。”由于司法实践中危害公共安全类的犯罪手段繁多，特别是科技的高速发展和普及，也给此类犯罪提供了新的行为方式，刑法不可能逐一列举，但是如果不予以规范，又会放纵犯罪，所以用“其他危险方法”作出了概括性规定。其二，在刑法分则中设置一些“弹性构成要件”，弹性构成要件所用的方法就是以法律概念的模糊性，来应对犯罪客体的纷繁多变，例如刑法立法中的情节犯、数额犯等。确定的规范给司法人员留下的是刚性，不确定的规范是运用模糊性给司法者留下合理的空间，刚性与柔性的完美结合，才形成法网恢恢之局面。[3] 其三，在刑法分则中对个别犯罪设置推定的犯罪构成。推定犯罪构成是指刑事立法以已知的客观事实为依据提出新的犯罪构成。[4] 例如我国《刑法》第 395 条第 1

---

[1] 参见［英］哈特. 法律的概念［M］. 张文显，译. 北京：中国大百科全书出版社，2003：127.

[2] 参见田鹏辉. 论风险社会视野下的刑法立法技术——以设罪技术为视角［J］. 吉林大学社会科学学报，2009（3）：61.

[3] 参见储槐植，侯幼民. 论刑事立法方法［J］. 中外法学，1992（4）：51.

[4] 参见储槐植，侯幼民. 论刑事立法方法［J］. 中外法学，1992（4）：52-53.

款："国家工作人员的财产、支出明显超过合法收入，差额巨大的，可以责令该国家工作人员说明来源，不能说明来源的，差额部分以非法所得论，处五年以下有期徒刑或者拘役；差额特别巨大的，处五年以上十年以下有期徒刑。财产的差额部分予以追缴。"通过推定，减轻了公诉机关的证明责任，严密了法网，特别是在现今严峻的腐败形势下，有助于减少风险社会中的政治风险。

4.3.3　刑法的前置化处罚

刑法的前置化处罚，就是将犯罪的成立标准提前，意味着处罚尚未产生实际危害的行为。世界各国刑法前置化的主要表现为：增加危险犯的设立，将预备行为、未遂行为入罪化处理，增加持有型犯罪的数量等。[1] 在现代风险社会中，为了化解民众的不安感，刑法介入早期化是非常必要的，也与积极的一般预防理论相契合。有学者指出，如果说通过刑法的前置化处罚是用来避免危险的话，莫不如说是为了强化公民对法的忠诚意识。[2] 刑法前置化所关注和评价的是行为本身，主张是行为对法益造成了危险。立法者逐渐把刑法的防卫线向前推进了，刑法不再等待危害结果的出现，而是注重于行为的非价判断，以惩罚手段威慑带有社会风险的行为。常见的刑法前置化方式有以下几种。

4.3.3.1　增加危险犯的设立

第一，增加故意危险犯的设立。我国刑法中，大多数故意犯罪都是以结果为犯罪成立的标准，以法益受到实际侵害为可罚性的依据，而没有以危险作为处罚依据，这难以应对危机四伏的风险社会。为了维护公共利益，在实

---

[1] 参见张明楷. 刑事立法的发展方向［J］. 中国法学，2006（4）：24.

[2] 参见［日］山口厚. 危险犯总论［G］//王充，译. 何鹏，李洁. 21 世纪第四次（总第十次）中日刑事法学术讨论会论文集——危险犯与危险概念. 吉林：吉林大学出版社，2006：12.

害结果发生之前，刑法就应将足以造成危险的行为入罪化处理。这样做能够提高民众对刑法的认知程度，缩小民众和刑法法规之间的距离，在自身或他人实施某项行为时能感受到刑法的基本价值取向，进而增加民众对法的忠诚度。正如边沁所指出的，惩罚的作用不可能超过心理上已有的关于惩罚以及罪与罚之间联系的观念。如果心里没有惩罚的观念，那么惩罚就完全不起作用，惩罚本身就是无效的。心理上要想到处罚观念，就必须记住它，要记住它，就必须了解它。[1] 我国刑法中，有一些规定结果犯的条文用危险来替代。例如，现行《刑法》第 342 条规定了非法占用农用地罪："违反土地管理法规，非法占用耕地、林地等农用地，改变被占用土地用途，数量较大，造成耕地、林地等农用地大量毁坏的，处五年以下有期徒刑或者拘役，并处或者单处罚金。"行为人一旦实施了破坏耕地数量较大的行为，就会对环境和粮食安全造成一定的现实或潜在的危险，如果等到造成严重后果时，刑法才去干预，那毁坏的耕地就很难恢复了。所以有必要在严重危害后果发生之前，就对其进行积极干预，才能起到对环境和粮食安全的有效保护。又如《刑法》第 339 条中的非法处置进口的固体废物罪，第 124 条的破坏广播电视设施、破坏公用电信设施罪，第 135 条中的重大劳动安全事故罪，第 137 条的工程重大安全事故罪，第 331 条的传染病菌种、毒种扩散罪等都应适时地规定为危险犯。

第二，增加过失危险的设立。现代刑法严格限制过失犯罪的范围，往往以过失犯罪为例外，而且过失行为如果要构成罪，必须发生实害结果，所以危险犯往往存在于故意犯罪之中。随着高科技在医疗、能源等领域的不断应用，社会生产力得到了极大提高，但其内在的危险性也在不断地增加。从事高危行业的工作人员，一旦违反安全操作规程，就有可能过失地将他人的生命、健康或重大公私财产置于严重的危险状态。过失危险行为是否入罪化处理，在学术界存在一定的争论。持否定观点的学者认为，过失犯罪历来都是

---

[1] 参见边沁. 道德与立法原理导论［M］. 时殷弘，译. 北京：商务印书馆，2000：238.

结果犯，是结果无价值；而危险犯通常存在于直接故意犯罪中，是行为无价值，在结果无价值的过失犯罪中规定行为无价值的危险形态缺乏科学根据。[1]同时，过失危险犯与信赖原则和允许的危险理论相冲突，会加重从事危险业务人员的刑事责任。[2] 笔者对此持不同看法，认为过失危险行为可以入罪化处理。①过失危险行为入罪化不仅是一个刑法理论问题，更是一个公共政策问题。传统社会之中，人们的生活方式较为简单，科技发展水平较低，社会中所存在的风险较少，因此刑法对于过失危险行为不予入罪化处理是符合当时的社会现状的。而风险社会之中，危机四伏而且具有后果的不可预测性，如果等到危害发生之后进行处罚就为时已晚，刑法的首要功能是预防而不是报应，所以刑法在重大法益面临危险之时，应积极介入，适应社会发展的变化，做到与时俱进。②过失危险犯行为入罪化并没有提出过于苛刻的要求。如果行为人在从事业务活动尽到了谨慎的注意义务，严格按照法律法规或者工作规程进行业务活动，即便发生了重大危害结果也不会对其予以追责，危险行为更是如此。例如汽车在公路上正常行驶，行人违法穿越公路，发生了重大交通事故，汽车司机不会构成交通肇事罪。如果并未发生交通事故，而仅对穿越公路的行人造成了危险，更不可能追究司机的刑事责任。所以，过失危险行为的入罪化，并不违背信赖原则和可容许的危险理论。③过失危险行为入罪化在很多国家都有成熟立法例。“海外刑法理论一反结果为中心的过失论，提出以行为为中心的过失论。即处罚过失犯罪不是因为造成危害结果，而是因为行为人违反注意义务，这昭示着过失犯罪由结果责任向行为责任转化的倾向。”[3] 例如德国新的食品法第 8 条规定：任何人因过失而把可能会对人体健康产生危害的物质作为食品投放市场，将会被处以长达 1 年的徒

---

[1] 参见陈兴良．刑法适用总论（上卷）［M］．北京：法律出版社，1999：188.

[2] 参见胡鹰．过失犯罪导论［M］．北京：中国政法大学出版社，1995：198-199.

[3] 参见俞利平，王良华．论过失危险犯［J］．法律科学，1999（3）：70.

刑。[1] 英国1988年道路交通法第4条第2款规定：任何人由于饮酒或者药物而不适宜开车，在道路或其他公共场所驾车即构成犯罪。[2] 在我国刑法立法当中，过失危险犯属于个别性立法，例如《刑法》第330条规定的妨害传染病防治罪、第332条规定的妨害国境卫生检疫罪。与其他国家相比，我国立法数量是较小的，而且对于公害类犯罪按危险犯立法的较少，这与从重处罚公害犯罪的潮流不符。目前，应在一些危害重大法益的犯罪中设立过失危险犯，例如对于危害重大公共安全和破坏环境类犯罪，设立失火危险罪、重大责任事故危险罪等。通过过失危险行为的入罪化，培养相关从业人员严谨的工作作风，使其知道国家对重大危险行为的态度，尽量减少可能的危险，以起到预防犯罪的作用。

第三，增加抽象危险犯的设立。按照危险的判断标准，危险犯可以分为具体危险犯和抽象危险犯。具体危险犯中的危险属于构成要件的内容，不是假定或者抽象，具体危险是否存在，需要法官在个案中加以判断，属于司法认定的危险。对于抽象危险犯来说，行为本身就具有可罚性，不需要法官进行司法判断。抽象危险犯的增加往往意味着国家对危险的重视，因为抽象危险犯可以使法官不用再去判断具体的危险，仅依据一般社会常识即可判别。可见，抽象危险犯重视行为无价值。目前我国刑法立法中，抽象危险犯的数量较小，不适应社会危险不断增加的趋势。判断是否应用抽象危险犯立法方式，应遵循以下条件：①在有具体危险犯立法之后，该领域仍然事故频发，没有达到预期立法目的；②判断具体危险存在一定的困难，而社会形势又需要刑法予以超前保护。具体来讲，例如《刑法》第134条的重大责任事故罪、第136条的危险物品肇事罪等都应该设置抽象危险犯。实际上，《刑法修正案（八）》将醉酒驾驶行为入罪化处理，就反映出立法者对特定领域

---

[1] 参见［德］许逎曼. 传统过失刑事责任观念在现代社会中的弊病［J］. 王秀梅，译. 法学家，2011（3）.

[2] 参见［英］J·C·史密斯，B·霍根. 英国刑法［M］. 李贵方，译. 北京：法律出版社，2000：52.

的抽象危险犯立法趋势。在《刑法修正案（九）》中对危险驾驶罪入罪后实践中出现的情形予以了总结，对构成要件中的行为类型予以了扩充，体现了刑法关注公共安全的立法趋势。❶

4.3.3.2 预备行为入罪化

传统刑法理论认为，应当以构成要件的该当性作为追究刑事责任的依据，犯罪预备行为还没有实施构成要件的行为，一般不对预备行为予以处罚。但是，风险社会之中，面临诸多难以预料的风险，而有些风险一旦变为现实，就会造成无法弥补的损失。所以，当行为人实施某些重大犯罪的预备行为时，就可以对其入罪化处理，这也是基于社会共同体安全的需要。例如，日本在2001年增设的有关银行卡电磁记录的犯罪明显地体现了这一做法。这一立法不仅将非法制作银行卡电磁记录和使用储存有非法制作的电磁记录的银行卡的行为规定为犯罪，而且还将转让、借与、走私、非法持有该卡，获取、提供、保管有关制作银行卡的电磁记录信息以及为制作磁卡准备器械与材料的行为，统统规定为犯罪。这被认为是基于国际化和IT化背景的各种危险源的事前排除而产生的对策。❷ 又例如，如德国刑法伪造货币的预备行为（第149条）、销售堕胎药物（第219条b）、诈骗保险金（第265条）、预备侵略战争（第80条）也体现了这一做法。❸ 我国刑法对预备行为入罪规定较少，主要有第294条第1款规定的组织、领导、参加黑社会性质

---

❶ 《刑法修正案（九）》第8条规定，将刑法第133条之一修改为："在道路上驾驶机动车，有下列情形之一的，处拘役，并处罚金：（一）追逐竞驶，情节恶劣的；（二）醉酒驾驶机动车的；（三）从事校车业务或者旅客运输，严重超过额定乘员载客，或者严重超过规定时速行驶的；（四）违反危险化学品安全管理规定运输危险化学品，危及公共安全的。机动车所有人、管理人对前款第三项、第四项行为负有直接责任的，依照前款的规定处罚。有前两款行为，同时构成其他犯罪的，依照处罚较重的规定定罪处罚。"

❷ 参见［日］伊东研祐. 现代社会中危险犯的新类型［G］//郑军男，译. 何鹏，李洁. 21世纪第四次（总第十次）中日刑事法学术讨论会论文集——危险犯与危险概念，长春：吉林大学出版社，2006：187-188.

❸ 参见赵书鸿. 风险社会的刑法保护［J］. 人民检察，2008（1）：43.

组织罪，第295条规定的传授犯罪方法罪。这是不够的，应进一步加大对重大危险领域的预备行为入罪化立法。例如，对伪造货币罪的预备行为入罪，对将造成环境污染的预备犯立法。这些领域要么涉及国家的经济安全，要么涉及国家的公共安全，所以要提前规避风险，前置化处罚预备行为。

4.3.3.3 增设持有型犯罪

持有是独立的行为形态，还是属于作为或不作为的范畴，理论上一直存在争议。但在刑法立法上，持有这种行为方式已经获得广泛的认同。持有犯罪中，持有的对象一般都是具有高度危险的犯罪工具，例如持有枪支弹药，这符合风险社会预防风险的需要。在世界范围内，对高度危险领域的持有型犯罪立法，已经较为普遍。英国1953年犯罪预防法规定，如果某人在其住所外，持有供夜盗等犯罪使用或与这些犯罪有关的物品的，即构成犯罪。❶此后，英国在1959年淫秽出版法、1968年的盗窃罪法、1968年的火器法、1971年的滥用毒品法等法律中又分别规定了拥有淫秽出版物、携带供犯罪使用的工具、持有火器弹药、非法持有毒品等行为规定为犯罪。❷ 在美国，几乎所有的州刑法典都规定了持有非法药物、持有隐藏武器、持有犯罪工具、持有赃物等持有型犯罪的规定。❸ 另外，大陆法系国家的刑法中也规定有不少持有型犯罪，如法国刑法典第222－37条的非法持有毒品罪，意大利刑法典第435条的非法持有爆炸物罪、第699条的非法携带武器罪，日本刑法典第140条的持有鸦片或者吸食鸦片之器具罪等。❹ 从刑事政策的角度来看，持有型犯罪立法主要的政策功能有三：其一，通过禁止人们持有危险物品来防止严重犯罪的发生；其二，发挥犯罪构成要件的堵截功能，防止行为人逃

---

❶ 参见［英］J·C·史密斯，B·霍根. 英国刑法［M］. 李贵方，译. 北京：法律出版社，2000：52.

❷ 参见［英］鲁伯特·克罗斯，菲利普·A. 琼斯. 英国刑法导论［M］. 赵秉志，等，译. 北京：中国人民大学出版社，1991：56.

❸ 参见梁根林. 刑事法网：扩张与限缩［M］. 北京：法律出版社，2005：80.

❹ 参见梁根林. 刑事法网：扩张与限缩［M］. 北京：法律出版社，2005：80.

脱法律制裁；其三，减少了公诉机关对持有刑犯罪上游犯罪的举证压力。对我国刑法而言，也存在一些持有型犯罪立法。例如《刑法》第 128 条第 1 款规定的非法持有枪支弹药罪，第 172 条规定的持有、使用假币罪。但持有型犯罪的立法仍然不尽周延。为了严密刑事法网，增设一定的持有型犯罪是预防风险的必然要求。例如为了预防聚众斗殴等大规模杀伤性犯罪，应增设持有犯罪工具罪、准备凶器集合罪等[1]。

4.4　刑法的立法应对——以刑罚的完善为视角

4.4.1　加大对危害公共安全类犯罪的处罚力度

中国正在步入风险社会，社会中存在着很多公共安全隐患，但我国对公共安全的保障措施并不完备，这就更加剧了公共安全的风险。当前，我国公共安全事件层出不穷，已经造成了大量的人身伤亡和财产损失，公共安全形势非常严峻，防范和控制此类事件的发生，已成为决策层和普通民众都非常关心的议题。从当前我国的社会形势来看，公共安全的涵义比较广泛，主要包括食品安全、药品安全、人身财产安全、环境安全等方面。[2] 公共安全的涵盖面非常广泛，其归根结底涉及社会稳定问题，如果这个问题解决不了或者解决不好，将影响社会稳定并进而影响经济发展大局。所以，在充分发挥社会管理手段的同时，也应该重视刑罚的独特预防和惩处功能，在保障人权的基础之上，充分发挥刑罚的积极作用，坚决捍卫社会公共安全，使广大人民群众有安全感，建设社会主义和谐社会才能落到实处。

刑罚具有惩罚和预防犯罪的功能，刑法的预防又可以分为一般预防与特

---

[1] 参见张明楷．刑事立法的发展方向［J］．中国法学，2006（4）：32.

[2] 参见游伟，赵运峰．公共安全视域下的刑法对策思考［J］．法治论丛，2008（5）：36.

殊预防，一般预防是防止社会上的一般人不去犯罪，特殊预防是防止犯了罪的人再去犯罪。刑罚的惩罚功能是刑罚的天然功能，是刑罚区别于其他部门法的本质特征。无论是什么刑罚处罚方法，对于罪犯来讲，都预示着其要么人身权、要么财产权被剥夺或者被限制。惩罚作为刑罚的基础功能，从产生之日起就客观存在，不是人们妄加揣测的。刑罚惩罚功能的存在，是由犯罪与刑罚的天然对应关系所决定的，如果刑罚不能给罪犯精神上或者肉体上产生一定的痛苦，或者说刑罚产生的痛苦远远小于犯罪所带来的快乐，那么刑罚就起不到有效遏制犯罪的作用。只有使罪犯亲身体验到了刑罚的痛苦，感到犯罪是得不偿失的，那才能使这些危险分子不敢以身试法。❶ 这也是刑罚的本来意义所在。当前有一种思潮，认为只要谁提了严厉打击犯罪，谁就是重刑主义，谁就是与整个人权保障的大环境相背离，谁就是专制主义的回归。还有人认为，重刑主义是没有受过法学专业教育的普通老百姓的朴素口号，甚至认为这是无知的表现，需要进行法学启蒙。❷ 诚如有些报道所言，网上民意调查显示，多数网民都认为应该对有些犯罪实施严厉的刑罚打击。中国青年报社会调查中心通过民意中国网、3G 门户网进行的调查显示，对于目前我国对酒后驾车处罚力度，81. 3% 的人认为“过轻”，只有 11. 1% 的人认为“合适”，1. 2% 的人认为“过重”，仅 6. 4% 的人表示“不清楚”处罚规定。❸ 在泛化的重刑主义思潮中，也说明了人民群众对社会现实的认识。实际上，“刑平国用轻典，刑乱国用重典”，是封建时代中，民众对乱国的呼喊。而今日之“乱”，并非国家之乱，而是社会转型期利益分配不均衡之乱。民意所主张的重刑主义，并非就无知到对所有犯罪行为一律重刑处罚，民间多年来对醉酒驾驶肇事、重大环境污染事件呼吁重刑处罚，实际上是源于对

---

❶ 参见高铭暄. 刑法专论（上编）[M]. 北京：高等教育出版社，2002：497.

❷ [EB/OL]. [2011-2-11]. http：//hn. rednet. cn/c/2003/11/13/486715. htm.

❸ [EB/OL]. [2011-2-11]. http：//www.chinanews.com/gn/news/2009/08-20/1826609.shtml.

自身和社会安全的关心。[1] 实际上，当前中国的刑罚的主要问题是，立法者能否对需要重罚的行为重，对不需要重罚的行为轻。民意是法律的试金石，我们应该相信民众的法律理性，在熙熙攘攘的网络背后，隐藏的并非是民众盲目的重刑主义，实际上是民众对法律公正的一种企盼。

显而易见，如果对社会危害严重的危害公共安全的犯罪，刑罚的惩罚功能不能有效发挥其作用，对相关的罪犯不能及时予以惩处，会导致相类似的事件频繁发生，从而造成政府在应对公共安全事件上力不从心，造成民众对法律公正和效力的失望。2010 年 9 月，最高人民法院、最高人民检察院、公安部、司法部联合下发《关于依法严惩危害食品安全犯罪活动的通知》，要求依法严惩危害食品安全犯罪活动，切实保障广大人民群众生命健康安全，维护社会主义市场经济秩序，促进社会和谐稳定。在一次食品安全犯罪对策研究讨论会上，公安部治安局有官员坦言，在近年来查办的轰动全国的三聚氰胺毒奶粉事件，公安部在办案中查获的生产销售三聚氰胺奶粉的主犯，最后仅被判了三年有期徒刑，而且还缓刑三年，侦办此案花费了很多司法资源，但最终的结果远远不能震慑犯罪，也起不到刑罚的一般预防作用。后来，公安部在侦办天津某奶制品公司制售有毒有害食品案件中，办案人员抓获涉案人员时，该公司一位高管当场就扬言，你们判不了我几年。[2] 有学者表示，现在食品安全问题已经成为严重的社会问题。老百姓都离不开吃喝，如果没有质量保障，老百姓就没有安全感，因此对食品安全犯罪应该严厉打击。不过，更重要的是要从防范入手，不能等事情发生后再严打，而是要完善法律，加强威慑作用，防止此类犯罪的发生。又如我国现在频繁的矿难事件，往往属于责任事故。我国《刑法》第 134 条规定："在生产、作业中违反有关安全管理的规定，因而发生重大伤亡事故或者造成其他严重后果的，处三年以下有期徒刑或者拘役；情节特别恶劣的，处三年以上七年以下有期

---

[1] 参见王琳. 民众要的是司法公正，不是重刑主义［EB/OL］.［2011-2-11］. http: //news.163.com/09/0824/10/5HFNKSR9000120GR.html.

[2] ［EB/OL］.［2011-2-11］. http：//news. sina. com. cn/c/2010-08-30/023218037107s. shtml.

徒刑。”对于重大矿难的责任人，使用重大责任事故罪的话，刑罚明显偏轻，不符合罪刑相适应原则的要求。对此，王志祥教授认为，作为业务过失犯罪，重大责任事故犯罪应该相应提高，起刑点提高到 10 年有期徒刑比较合适，这样也可以拉开与一般过失犯罪的梯度。在实践中，为了缓解民意压力，又不违背刑法的规定，采用了其他罪名予以定罪的迂回方式。2011 年 11 月 16 日，造成 76 人死亡的河南平顶山新华四矿特别重大瓦斯爆炸事故案作出一审宣判，以“以危险方法危害公共安全罪”追究相关责任人刑罚，这是中国首用“危害公共安全罪”追责矿难责任人。的确，这样严惩了相关责任人，但是并没有起到罪名的标示性和评价性作用。[1] 所以，我们应合理地加大对危害公共安全相关犯罪的刑罚处罚力度，以做到“当宽则宽，当严则严，宽严相济”。《刑法修正案（八）》也体现了这一立法主旨，例如将《刑法》第 144 条修改为：“在生产、销售的食品中掺入有毒、有害的非食品原料的，或者销售明知掺有有毒、有害的非食品原料的食品的，处五年以下有期徒刑，并处罚金；对人体健康造成严重危害或者有其他严重情节的，处五年以上十年以下有期徒刑，并处罚金；致人死亡或者有其他特别严重情节的，依照本法第一百四十一条的规定处罚。”这删除了“五年以下有期徒刑或者拘役”中的“拘役”，意味着食品安全犯罪最低也将被判处有期徒刑；对于罚金，也没有规定数额上限，实际上也加大了罚金的处罚力度。《刑法修正案（八）》同时加大了对生产、销售不符合卫生标准的食品行为的处罚力度，将原来刑法中罚金数额限制的规定取消，明确对造成食品中毒事故、人体健康危害的行为，除追究刑事责任外，将处罚金或者没收财产。

---

[1] ［EB/OL］.［2011-2-11］. http://www.chinanews.com/fz/2010/11-16/2659918.shtml.

4.4.2 我国现有刑罚制度的完善

4.4.2.1 自由刑的完善

当前我国社会发展迅速，暗流涌动的风险下隐藏着各种犯罪的隐患，而目前的刑罚机制完全不能满足人们对于社会安全的需要，人们越来越缺乏安全感，社会也越发躁动不安。在这种特殊国情之下，基于对权力制约和权利保护的考虑，我们不可盲目提倡废除监禁刑，而有必要考虑充分发挥监狱执行的优点，使之适应风险社会的需要。[1] 就短期自由刑而言，其弊端在学术界已经达成共识。第一，短期自由刑时间过短，刑罚的威慑作用没有发挥出来，起不到很好的一般预防作用，此外由于执行机关在短时间内无法准确把握罪犯的特点，没有个别化处遇措施，也起不到很好的特殊预防效果。第二，被适用短期自由刑的罪犯，往往是比较轻微的犯罪，廉耻心尚未泯灭，如果将其投入监所服刑，无异于给其打上了犯罪标签，使其易产生破罐破摔之心理，导致其回归社会后继续犯罪，产生新的犯罪风险。第三，对于短期自由刑的罪犯，在监所看押期间容易交叉感染，学会更多的犯罪手段和经验，这就大大增加了其成为累犯的风险，对公共安全也是潜在的风险。在我国的司法实践中，短期自由刑的适用非常广泛，容易产生新的社会风险。为了预防犯罪风险，有必要在宽严相济的刑事政策指引下，对短期自由刑制度进行适度完善，主要的策略是加强短期自由刑的易科非监禁刑制度，例如易科罚金刑，易科社区矫正、易科资格刑等。此外，在短期自由刑的执行过程中，建立执行犹豫制度，在司法中尽量减少短期自由刑的适用。[2] 在近期颁布的《刑法修正案（八）》中对易科制度就有所体现，《刑法修正案

---

[1] 参见柳洁. 我国刑罚制度之革新——基于风险社会理论的思考［G］//中南财经政法大学刑事司法学院. 风险社会与刑事政策的发展研讨会论文集，158.

[2] 参见赵秉志，陈志军. 论我国短期自由刑问题的应对方案［J］. 人民司法，2003（8）：23-24.

(八)》第2条规定："在刑法第三十八条中增加一款作为第二款：判处管制，可以根据犯罪情况，同时禁止犯罪分子在执行期间从事特定活动，进入特定区域、场所，接触特定的人。原第二款作为第三款，修改为：对判处管制的犯罪分子，依法实行社区矫正。"

对于长期自由性而言，我国先前存在的是"死刑过重，生刑太轻"的局面，不利于风险社会中犯罪预防的需要。我国以前的死刑缓期执行制度，根据当时的司法解释，其实际相当于24年有期徒刑，而无期徒刑的上限是22年，下限是15年。而在司法实践中，被判处死刑缓期执行的，一般来说18年左右即可重获自由；对于被判处无期徒刑的，一般来说15年就可重获自由；对于被判处15年有期徒刑的，往往13年就可获释。与此相比较，我国目前的死刑立法过多，执行也较多，而死刑是否具有神话中的威慑作用，理论界及司法界目前持否定态度，而且死刑过多也起不到人们预想的一般预防作用。但是，盲目完全废除死刑，也不符合我国目前的社情民意，所以限制死刑的适用，找到死刑的替代措施，是目前来说的最合理办法。所以，有期自由刑应该延长其服刑年限，至少实际执行年限应该增长，而且对于一些严重危害公共安全的犯罪，要限制减刑假释的适用，以有效的发挥刑罚的一般预防作用。在《刑法修正案（八）》中，"死刑过重，生刑过轻"现象有所改善，废除13个经济性非暴力犯罪死刑罪名，显示了我国对生命权尊重的态度，同时增加了对犯重大危及人身和公共安全的犯罪，判处有期自由刑的实际服刑年限，形成了预防犯罪的罪刑阶梯，也显示了刑法对风险社会公共安全的回应。例如，《刑法修正案（八）》第4条规定："将刑法第五十条修改为：判处死刑缓期执行的，在死刑缓期执行期间，如果没有故意犯罪，二年期满以后，减为无期徒刑；如果确有重大立功表现，二年期满以后，减为二十五年有期徒刑；如果故意犯罪，查证属实的，由最高人民法院核准，执行死刑。对被判处死刑缓期执行的累犯以及因故意杀人、强奸、抢劫、绑架、放火、爆炸、投放危险物质或者有组织的暴力性犯罪被判处死刑缓期执行的犯罪分子，人民法院根据犯罪情节等情况可以同时决定对其限制减刑。"

近期颁布的《刑法修正案（九）》则取消了走私武器、弹药罪、走私核材料罪、走私假币罪、伪造货币罪、集资诈骗罪、组织卖淫罪、强迫卖淫罪、阻碍执行军事职务罪、战时造谣惑众罪九个死刑罪名。同时还进一步提高了对死缓罪犯执行死刑的门槛。《刑法修正案（九）》对贪污罪量刑幅度也采取了开放式的犯罪构成，同时对情节特别严重的被判处死缓后，可以根据情形适用终身监禁、不得减刑。❶

4.4.2.2　资格刑的完善

我国刑法中的资格刑包括两种，即剥夺政治权利和驱逐出境两种，驱逐出境由于只适用于外国人，不在本书的讨论范围。我国《刑法》第 54 条规定："剥夺政治权利是剥夺下列权利：（一）选举权和被选举权；（二）言论、出版、集会、结社、游行、示威自由的权利；（三）担任国家机关职务的权利；（四）担任国有公司、企业、事业单位和人民团体领导职务的权利。"《刑法》第 56 条规定："对于危害国家安全的犯罪分子应当附加剥夺政治权利；对于故意杀人、强奸、放火、爆炸、投毒、抢劫等严重破坏社会秩序的犯罪分子，可以附加剥夺政治权利。独立适用剥夺政治权利的，依照本法分则的规定。"可以看出，我国的资格刑主要适用于危害国家安全类的犯罪分子，严重的暴力型犯罪和危害公共安全类的某些犯罪，而且资格刑的适用主体只能是自然人，不能适用于单位。我国刑法立法明显重视危害国家

---

❶ 《刑法修正案（九）》第 44 条规定："将刑法第三百八十三条修改为：'对犯贪污罪的，根据情节轻重，分别依照下列规定处罚：（一）贪污数额较大或者有其他较重情节的，处三年以下有期徒刑或者拘役，并处罚金。（二）贪污数额巨大或者有其他严重情节的，处三年以上十年以下有期徒刑，并处罚金或者没收财产。（三）贪污数额特别巨大或者有其他特别严重情节的，处十年以上有期徒刑或者无期徒刑，并处罚金或者没收财产；数额特别巨大，并使国家和人民利益遭受特别重大损失的，处无期徒刑或者死刑，并处没收财产。对多次贪污未经处理的，按照累计贪污数额处罚。犯第一款罪，在提起公诉前如实供述自己罪行、真诚悔罪、积极退赃，避免、减少损害结果的发生，有第一项规定情形的，可以从轻、减轻或者免除处罚；有第二项、第三项规定情形的，可以从轻处罚。犯第一款罪，有第三项规定情形被判处死刑缓期执行的，人民法院根据犯罪情节等情况可以同时决定在其死刑缓期执行二年期满依法减为无期徒刑后，终身监禁，不得减刑、假释。'"

安全类犯罪中剥夺政治权利的适用，因为法条的表述是“应该”，而对于危害公共安全类犯罪则表述为“可以适用”，这说明我们现行刑法还没有完全走向市民社会。

风险社会中，危害公共安全类的犯罪日益增多，例如环境犯罪、危害交通安全类犯罪、恐怖主义犯罪等，而且很多犯罪是由单位实施的。可见，我国刑法中的资格刑无论从种类，适用范围上而言，都是不完善的。以环境犯罪为例，往往都是由单位、团体实施的，而我国的资格刑缺乏对环境犯罪的关注，是不利于环境保护的。我国的环境犯罪集中规定在刑法分则第 6 章中的第 6 节，即破坏环境资源保护罪，共有 15 个罪名，每个罪名均可以由单位构成。风险社会中的环境犯罪，最显著的特点就是有组织的不负责任，如果费尽周折确证了环境污染的具体责任单位，但最终仅对单位判处罚金，起不到应有的预防犯罪作用，只能是拿钱买污染，“罚金缴纳、烟囱冒烟”。[1]又如近年来热议较多的危险驾驶行为入罪化，终于在《刑法修正案（八）》中得以确定。《刑法修正案（八）》第 22 条规定：“在刑法第一百三十三条后增加一条，作为第一百三十三条之一：在道路上驾驶机动车追逐竞驶，情节恶劣的，或者在道路上醉酒驾驶机动车的，处拘役，并处罚金。有前款行为，同时构成其他犯罪的，依照处罚较重的规定定罪处罚。”本罪将危险驾驶行为入罪化的标准提的很靠前，直接设置为行为犯，只要有危险驾驶行为，即使行为人没有足以造成危险状态或者是造成实害后果，也定罪处罚，这很符合风险社会对公共安全犯罪的提前预防之本意。但是立法并非没有缺憾，对此类犯罪，仅处以拘役并处罚金，好像对犯罪人的震慑作用并不是很大，会不会造成罚钱了事的局面也尚未可知。[2] 所以对此类犯罪，也应规定相应的资格刑，例如永久剥夺犯罪人或剥夺犯罪人一定时间段的驾驶资质，并处以罚金。诚然行政法规中也有类似吊销驾驶证照的处罚，但是对于此类涉及公共安全的犯罪，用刑法之规定剥夺其驾驶证照，会有更大的昭示和威

---

[1] 参见姜俊山. 风险社会语境下环境犯罪立法研究［D］. 长春：吉林大学，2010：105.

[2] 参见王守俊. 危害交通安全犯罪的刑事立法［J］. 人民论坛，2010（26）：79.

慑作用，有利于刑法一般预防功能的实现。

应对风险社会，我国刑罚制度中的资格刑规定无论从种类和适用范围上都有待于完善，对此我们应该借鉴其他国家成功的立法经验。从世界范围来看，资格刑主要有以下几种类型。其一，剥夺一定的权利。其中，有的属于剥夺公权性质的，例如集会示威权等；有的属于剥夺个人收入方面的，如禁止发放津贴等；有属于民法中的权利，如亲权，例如意大利刑法典第 34 条："剥夺父母权和停止行使父母权。剥夺父母权也意味着剥夺父母根据民法典第一编第九章规定的权利而享有的、针对其子女财产的一切权利。停止行使父母权也意味着在停止期间无权根据民法典第一编第九章的规定行使父母对其子女财产的一切权利"；[1] 有的属于剥夺个人荣誉方面的，如剥夺某项荣誉权。其二，禁止担任一定的职务。例如禁止出任公职机关职务，禁止出任公司董事经理职务。如意大利刑法典第 32 条－2 规定："禁止担任法人和企业的领导职务使被判刑人丧失在禁止期间担任董事、监事、清算人、总经理、负责起草公司会计文件的领导人和任何其他包含法人或企业代表权的职务的全能。"[2] 其三，禁止从事某种特定职业或技艺，如意大利刑法典第 35 条之规定。[3] 对于我国当前的资格刑完善，应该从适用范围和资格刑种类两个方面考虑问题。在适用范围上，应该适用于单位、团体等。在资格刑种类上，应该增设剥夺特定职业的从业权利、剥夺特定的资格证照、剥夺特定的荣誉权等。而在具体的分则罪名中，应该增加对一些危害公共安全类犯罪的自然人和单位的资格刑适用，这样才能起到积极的一般预防作用。《刑法修正案（九）》对此做了一定响应，在刑法总则部分增加了违反职业所要求业务的

---

[1] 意大利刑法典［M］. 黄风，译. 北京：法律出版社，2007：17.

[2] 意大利刑法典［M］. 黄风，译. 北京：法律出版社，2007：16.

[3] 意大利刑法典［M］. 黄风，译. 北京：法律出版社，2007：18.

有关禁止从事相关职业的规定。[1]

4.4.2.3　财产刑的完善

我国刑法中的财产刑属于附加刑的范畴，分为罚金和没收财产。罚金是指经法院判据，强制犯罪人向国家缴纳一定数量的金钱的刑罚处罚方法，我国《刑法》第52条、第53条规定了罚金刑的适用及缴纳方法。没收财产是指经法院判决，没收犯罪分子个人所有财产的一部分或者是全部，我国《刑法》第59条、第60条对没收财产进行了规定。我国刑法中的罚金刑主要适用于经济犯罪、财产类犯罪等，适用方式有单处罚金、并处罚金、选处罚金。没收财产是一种最为严厉的财产刑，一般适用于危害性巨大的犯罪，一类是危害国家安全类犯罪，另一类是贪利型犯罪，对此两类罪判处没收财产，有剥夺犯罪能力之旨趣。[2]

风险社会中，一些危害公共安全类的犯罪，往往犯罪主体都具备一定的经济基础，所以应注重对此类犯罪的刑罚处罚上财产刑的适用。还以环境犯罪为例，在刑法分则中破坏环境资源保护罪一节中，共有15个罪名中，基本上都有罚金刑的规定。这也从侧面反映了我国现行刑法对风险社会中环境危机的回应，是值得积极肯定的。但是，现行刑法对危害公共安全类犯罪的罚金刑立法还是不够的。例如，《刑法》第294条的组织、领导、参加黑社会性质组织罪中，原先就没有附加罚金刑。众所周知，黑社会性质组织往往具有很强的经济基础，有一定的保护伞，常利用金钱去收拢一些社会闲散人员为其实施犯罪行为，或者用重金收买政府工作人员为其提供保护。所以在

---

[1] 《刑法修正案（九）》第1条规定："在刑法第三十七条后增加一条，作为第三十七条之一：'因利用职业便利实施犯罪，或者实施违背职业要求的特定义务的犯罪被判处刑罚的，人民法院可以根据犯罪情况和预防再犯罪的需要，禁止其自刑罚执行完毕之日或者假释之日起从事相关职业，期限为三年至五年。被禁止从事相关职业的人违反人民法院依照前款规定作出的决定的，由公安机关依法给予处罚；情节严重的，依照本法第三百一十三条的规定定罪处罚。其他法律、行政法规对其从事相关职业另有禁止或者限制性规定的，从其规定。'"

[2] 参见马克昌. 刑罚通论［M］. 武汉：武汉大学出版社，2002：217.

对此类犯罪实施刑罚处罚之时，除了主刑之外，立法还应规定相应的罚金刑，以剥夺其犯罪能力和基础，起到预防再犯的作用。庆幸的是，《刑法修正案（八）》对此进行了修改，增加了罚金刑，《刑法修正案（八）》第 43 条规定：将《刑法》第 294 条修改为："组织、领导黑社会性质的组织的，处七年以上有期徒刑，并处没收财产；积极参加的，处三年以上七年以下有期徒刑，可以并处罚金或者没收财产；其他参加的，处三年以下有期徒刑、拘役、管制或者剥夺政治权利，可以并处罚金。"实际上，还有一些危害公共安全类犯罪没有增设相应的罚金刑，例如《刑法》第 124 条的破坏广播电视设施罪、公用电信设施罪，就没有罚金刑的规定，而实际上此类犯罪往往是为了盗窃电缆后变卖图利，从结果上威胁了公共安全，从个人角度是贪利型犯罪，判处罚金刑可以使其经济上受到重创，使其得不偿失而不再选择犯罪。总之，我们应该从经济基础上削弱犯罪分子再次犯罪的能力，使其不能犯罪，从而对风险社会中很多危害公共安全类犯罪起到应有的预防作用。

4.4.2.4 累犯制度的完善

累犯是指因为犯罪而受过一定的刑罚处罚，刑罚执行完毕或者赦免以后，在法定期限内又犯一定罪的犯罪人。[1] 由于累犯的主观恶性和人身危险性较大，所以对累犯从严处罚，这已成世界各国的通行做法。累犯制度设计的初衷，是以预防未然犯罪为初衷的，这与风险社会中刑法的预防倾向是相吻合的。所以，完善累犯制度，是有利于发挥刑罚的预防作用。以美国为例，近几十年来的刑事司法偏重于犯罪的预防，设置了严厉的累犯制度，最为著名的就是联邦三振出局法（*Three Strikes Law*）。联邦三振出局法最早出现在 1984 年携带武器的职业犯罪法案（*Armed Career Criminal Act*，ACCA）中，现为美国联邦法典第 18 篇第 924 条。该法典规定，受联邦刑事指控的被告

---

[1] 参见高铭暄，马克昌．刑法学［M］．4 版．北京：北京大学出版社，2007：300.

人，如果曾有三项定罪，其中有两次是“严重的毒品犯罪”或者是“暴力重罪”，那么再犯携带武器所实施的重罪，就要提高处刑。除非被判处死刑，否则至少是15年监禁，最高为终身监禁。在美国实行三振出局规则的大多数州，一般情况下，行为人犯第三次重罪时（三振），就自动适用终身监禁（出局），并且这种终身监禁必须要在25年后才能够有假释机会，惩罚相当严重。❶

反观我国的累犯制度，在刑法总则中有两条规定。一是现行《刑法》第65条的一般累犯制度，二是《刑法》第66条的特别累犯制度。一般累犯的构成条件是，因故意犯罪被判处有期徒刑以上刑罚的犯罪分子，在刑罚执行完毕或者赦免以后，五年内再故意犯应当判处有期徒刑以上刑罚之罪。特别累犯的构成条件是，危害国家安全的犯罪分子在刑罚执行完毕或者赦免之后，在任何时候再犯危害国家安全罪的。在刑法分则当中，有一条累犯的特别规定，即现行《刑法》第356条规定：“因走私、贩卖、运输、制造、非法持有毒品罪被判过刑，又犯本节规定之罪的，从重处罚。”可以看出，我国的累犯制度是不尽完善的，不利于风险社会的犯罪预防。第一，累犯从重处罚，都是在法定刑的范围之内处罚，很难让人感受得到，不利于一般预防。第二，对于特别累犯，规定了危害国家安全类的犯罪，而没有规定危害公共安全类的犯罪，不适应当前公共安全事件频发的社会现状。第三，在刑法分则中，比毒品犯罪危害大的犯罪很多，但仅规定了毒品犯罪的累犯，不尽合理。所以，对我国当前的累犯立法，应从以下几个方面完善：①累犯应该予以加重处罚，这也是刑罚对罪犯人身危险性的一种反应，也有利于一般预防。②在特别累犯中，应加入危害公共安全类的犯罪。③在刑法分则中，应该对有些危害巨大的犯罪，加入累犯条款。例如，屡次实施危害食品安全的行为应加重处罚。对此，《刑法修正案（八）》也对累犯制度进行了修改，一定程度上加重了处罚力度。例如，“对被判处死刑缓期执行的累犯以

---

❶ ［EB/OL］.［2011-2-13］. http://www.chinacourt.org/html/article/200811/21/331729.shtml.

及因故意杀人、强奸、抢劫、绑架、放火、爆炸、投放危险物质或者有组织的暴力性犯罪被判处死刑缓期执行的犯罪分子，人民法院根据犯罪情节等情况可以同时决定对其限制减刑。”

4.4.3　适时引入保安处分制度

保安处分是指为了防卫社会的目的，而对具有犯罪危险性的人和可能被用于犯罪的物进行安全化处置措施。保安处分起源于西方，最早论及保安处分的是德国学者克莱因，保安处分研究的繁盛则始于 19 世纪末期。以菲利、李斯特为首的刑事实证学派提出了社会防卫思想，认为犯罪是多重原因综合导致的，追究刑事责任应当考虑社会防卫的需要，应当寻求刑罚的辅助手段，例如隔离、矫正等手段对行为人进行改造，以期达到社会防卫之目的。保安处分适用原则有必要性原则，伦理运行原则和社会相当性原则。[1] 很多国家都规定了保安处分制度。例如泰国刑法典第 39 条至第 58 条，详细规定了保安处分的适用条件，对象、适用措施等。纵观世界各国刑法，规定保安处分的种类大致有三种：一是剥夺自由的措施；二是不剥夺自由的措施；三是财产上的措施。随着风险社会的来临，风险的管控受到各国的高度重视，理论界也有声音呼吁我国应在刑法中设立保安处分制度。对于我国当前的刑罚体系改革来说，是否引进和以何种方式引进保安处分制度，在风险社会的视野下，其意义就更加重大了。适用刑罚的主要根据是犯罪行为的严重社会危害性，往往是被动适用，强调有罪必罚。与此不同，适用保安处分主要针对行为人的人身危险性，往往是主动适用，强调有险必防。此外，对于刑罚无法适用的无责任刑事责任能力人，保安处分则能以合理的方式适用以预防社会风险。所以，基于风险社会之背景，保安处分提供的预防手段更加细

---

[1] 参见赵秉志. 外国刑法原理（大陆法系）[M]. 北京：中国人民大学出版社，2000：342.

密、更为靠前，有利于防范和化解社会风险。❶ 保安处分在刑事立法上的方式，根据各国立法体例，主要有以下三种方式：①一元制立法模式。即全盘否定刑罚，在刑法中以保安处分代替刑罚，代表性的是菲礼草案。②二元制立法模式。在刑法中既规定了刑罚，又规定了保安处分，保安处分作为刑罚的辅助手段。具有代表性的是日本刑法典、德国刑法典。③单行立法模式。以单行立法的方式规定保安处分，代表性的有比利时的社会防卫法等。❷

我国目前处于社会转型期，各种社会风险尤其是公共安全形势日益严峻，适时引入保安处分制度并无不妥。近年来的很多社会敌意事件也是值得我们深思的，2005 年 2 月 20 日，新疆鄯善发生了一起持刀杀人案件，一成年男子持刀闯入该县商业中心三楼溜冰场，砍杀正在嬉戏的儿童，造成 6 人死亡，多人受伤，据查这是一起疯狂报复社会的案件，行凶者是当地农民，有 10 年吸毒史，而且在案发近期多次扬言要杀人。❸ 恶性事件的发生，的确具有一定的偶发性，但是暴露出的隐患却不能小觑，如何合法有效地监管矫正具有明显反社会性格的危险分子，是一个大问题。我国《刑法》第 17 条第 3 款规定："因不满十六周岁不予刑事处罚的，责令他的家长或者监护人加以管教；在必要的时候，也可以由政府收容教养。"《刑法》第 18 条第 1 款也有类似规定，对于不负刑事责任的精神病人，应当责令其家属或监护人予以严加看管，必要时由政府强制医疗。此外，我国还有劳动教养制度和一些行政法规中的处罚措施，对于一些有人身危险性但不够刑罚处罚的人适用。但是从总体上看，我国现行的这些类似保安处分的措施给人的感觉是，杂乱无章，执法混乱。首先立法主体比较多，有利益的地方多立法，没利益的地方大家都不管。其次，具体实施时，程序混乱，有侵犯人权之嫌。最后，有些措施设置很不合理，比如先前的劳动教养制度，比轻微犯罪判有期

---

❶ 参见李希慧，邱帅萍. 论风险社会下保安处分制度的地位［G］//中南财经政法大学刑事司法学院. 风险社会与刑事政策的发展研讨会论文集，146.

❷ 参见徐松林. 保安处分及我国刑法制度的完善［J］. 现代法学，2001（4）：132.

❸ ［EB/OL］.［2011-2-15］. http：//news. qq. com/a/20050224/000093. htm.

徒刑实际服刑的时间都长，引发了很多批评，最终导致了劳动教养制度的废除。❶

保安处分制度往往需要对社会情势充分了解，对危险者的各方面进行深入细致的研究，并利用所能用到的一切资源对危险者进行适当的隔离与矫正。这就需要综合各种学科知识，如医学、心理学、社会学等，并形成各式各样的综合治理机制。刑法具有一定的刚性，制度上的张力较小，原则性也较强。保安处分具有一定的灵活性，这是刑法所不能给予的。行政法律制度则不同，它既没有刑法所要求的稳定，其本身也可以构成一种多维的法律制度体系，进而满足保安处分的要求。行政法律制度内部，形成了法律、法规、规章等多重效力层级的法律制度体系，层级越高的制度，效力越高，也就越抽象，越需要稳定性，层级越低则效力越低，也就越具体，稳定性需求也就越低。所以，保安处分行政法化比较适合其自身特点。此外，我国虽然没有明确的保安处分制度，但是也设立了不少相关的法律制度，为统一的保安处分法的出台积累了一定的经验。而这些立法规定往往是以行政法律法规的形式出现的，我们可以利用现有的立法成果，结合当前的社会形势，制定一部适合我国国情的保安处分法。❷ 最后，还需要说明的是，在保安处分的立法中，应该建立正当的法律程序，适用保安处分应经过司法审理程序，当事人也享有各种正当诉讼权利，而不能以防卫社会，规避风险为由行破坏人权之实。

---

❶ 2013 年 11 月 15 日公布的《中共中央关于全面深化改革若干重大问题的决定》提出，废止劳动教养制度。2013 年 12 月 28 日全国人民代表大会常务委员会通过了《关于废止有关劳动教养法律规定的决定》，这意味着已实施 50 多年的劳教制度被依法废止。该决定规定，劳教废止前依法作出的劳教决定有效；劳教废止后，对正在被依法执行劳动教养的人员，解除劳动教养，剩余期限不再执行。

❷ 参见李希慧，邱帅萍. 论风险社会下保安处分制度的地位［G］//中南财经政法大学刑事司法学院. 风险社会与刑事政策的发展研讨会论文集，146.

第 5 章

刑法危机的司法应对

5.1　处置风险衍生犯罪的司法政策

5.1.1　宽严相济的刑事司法政策——风险社会的题中之意

风险社会是社会进步的必然，我们不能持一种悲观主义的态度。我们需要的是一种反思理性的思维方式，正视现代社会风险必然的同时，认真反思人类社会应对风险的手段方法所隐含的风险，这也恰恰契合了现代刑事政策学的批判特性。❶ 风险社会是可以超越的，跨越风险社会也是社会可持续发展的必然，而和谐社会正是风险社会的理想彼岸。❷ 2004 年 9 月，中国共产党在十六届四中全会上提出了构建社会主义和谐社会的命题，我们所要建设的社会主义和谐社会，应该是“民主法治、公平正义、诚信友爱、充满活力、安定有序、人与自然和谐相处的社会”。❸ 随后，在十六届六中全会上，党中央又作出了《关于构建社会主义和谐社会若干重大问题的决定》。刑事司法是维护国家安全、公共安全、公民权利的重要手段，是社会公平正义的最后保障。因此，刑事司法工作在社会主义和谐社会的建设中，具有举足轻重的地位。以建设社会主义和谐社会为指导，中央对刑事法治工作提出了相应要求，最为重要的就是宽严相济的刑事司法政策。2005 年 12 月，全国政法工作会议召开，会上再次强调要注重贯彻宽严相济的刑事政策，促进社会和谐稳定，并进一步明确提出：“宽严相济的实质就是对刑事犯罪区别对待，做到既要有力打击和震慑犯罪，维护法制的严肃性；又要尽可能减少社会对抗，化消极因素为积极因素，实现法律效果与社会效果的统一。”随后，在 2006 年 3 月召开的十届全国人大四次会议上，最高人民法院、最高人民检察院在工作报告中也都明确强调要认真贯彻宽严相济的刑事司法政策，坚持区别对待。宽严相济的刑事司法政策的经典表述是：“当宽则宽，当严则严，宽以济严，严以济宽，宽严相济”。

政策和策略是社会管理的重要法宝，刑事司法政策更是稳定祥和社会秩序的生命线。从宏观上讲，刑事司法政策属于公共政策的范畴。风险社会中，作为国家社会管理的一种策略的表现方式，公共政策的主要目的在于改善和强化社会正常秩序，以期减少人们对风险的恐惧，增加安全感。公共政

---

❶ 卢建平. 风险社会的刑事政策与刑法［G］//中南财经政法大学刑事司法学院. 风险社会与刑事政策的发展研讨会论文集，34.

❷ 参见庄友刚. 跨越风险社会——风险社会的历史唯物主义研究［M］. 北京：人民出版社，2008：4-6.

❸ ［EB/OL］.［2011-2-23］. http：//baike. baidu. com/view/10891. htm.

策的制定必定会植根于执政者视野中的公共利益和国家利益，也就类似于经济学中的最大多数人的最大福利。公共政策必然存在功利主义导向，倾向于公共社会秩序和安全。❶ 风险社会的刑事司法政策，应有加大预防犯罪之功效，但在重视预防的同时，也应关注人权保障。而宽严相济的刑事政策，恰恰和风险社会的秩序需求相暗合，同时宽严相济的刑事政策也能起到缓和社会矛盾，减少社会对立面之功效，充分发挥了刑事司法的社会调节器之功能。目前我们正在努力建设社会主义和谐社会，说明国家已经认识到所处的风险社会背景，所以宽严相济的刑事司法政策契合于社会转型期的中国。也许有人会说，宽严相济刑事政策强调的是宽，是减少社会的对立面，在现实刑事司法中的刑事和解制度、轻微罪不起诉制度等就是宽严相济刑事司法政策的具体体现，而风险社会更加关注社会秩序，注重的是公共安全，所以宽严相济不适合于风险社会。对此，笔者持不同看法。看待事物应该持一分为二的立场，我们应该深刻领会宽严相济刑事司法政策的真实内涵，才能准确把握其核心要义。宽严相济中的“严”，主要是指对危害社会严重的犯罪，侵害公共安全的犯罪，应当坚决在立法和司法上从严惩处，必须依法从重打击黑社会性质组织犯罪、涉毒贩毒类犯罪、环境污染重大犯罪、食品安全重大犯罪等严重危害社会公共秩序的犯罪。此外，对于贪污贿赂型犯罪也要严格查办，风险社会中的风险除了科技风险之外，还有政治风险，当前我国社会腐败现象比较严重，民众对此呼声甚高，如果在司法中不能公正严肃地惩处此类犯罪，势必会激发进一步的社会敌意，引起巨大的政治风险。所以，对于危害严重的犯罪分子处以严厉处罚，也是刑法威慑功能的具体体现，这样就可以起到一般预防之作用。实际上对危害巨大的犯罪在法律范围之内严惩，并没有激化社会对立面，相反使普通民众看到了法律的威严和公信力，从而产生一种社会安全感和对司法机关的信赖感，这都是有利于社会稳定的。对于宽严相济中的

❶ 参见劳东燕. 刑法基础的理论展开［M］. 北京：北京大学出版社，2008：9.

"宽"，是指在坚持打击严重犯罪的同时，对于一些不涉及公共利益的轻微刑事案件，在司法中采用更为宽缓的方式来化解矛盾。例如刑事和解制度、协商式司法制度、微罪不起诉制度等，尽最大努力地在法律允许的范围之内，减少社会对立面和潜在犯罪风险。实际上，对轻微犯罪的宽是能够化解社会风险的。试想，对于一件不涉及公共利益的轻微刑事案件，行为人又是初犯，如果对其采取宽缓的处罚，比如微罪不起诉，采取社区矫正的方式，不使其疏离于社会之外，而避免了交叉感染之危险。此外，这样也可以节省大量的司法资源，使司法机关有精力应对危害严重的刑事犯罪。最后，宽严相济的刑事司法政策，和西方的轻轻重重刑事司法政策的内在精神都是相契合的。风险社会中，采用宽严相济的刑事司法政策，在司法上严密了法网，震慑了严重犯罪，同时减少了社会对立面，降低了新生风险，有利于风险社会向和谐社会的跨越。❶

当然，在坚持宽严相济刑事司法政策的同时，应该逐步加强社会保障、公共福利、医疗保险等社会政策的完善，这正如德国刑法学家李斯特所言："最好的社会政策就是最好的刑事政策"。刑事司法政策主要是在犯罪之后的政策，以实然的犯罪作为其适用对象。对于纯粹的犯罪预防，则不是刑事司法政策的疆域，而应该是广泛的社会政策所能涵盖的。❷ 社会政策是一个大体系，它包括公平合理的市场经济秩序、公平公信的法治环境、充满温情的社会福利制度、人与自然的和谐相处等，只有各种政策的综合治理，才能避免社会转型期重大矛盾的爆发，从而逐步构建社会主义和谐社会，这也是我们所渴望的。

---

❶ 参见张亚平. 宽严相济刑事政策研究［D］. 北京：中国人民大学，2008：21.

❷ 参见庄绪龙. 幼儿园惨案与刑事司法政策的适用反思［EB/OL］.［2011-2-25］. http：//article. chinalawinfo. com/Article_ Detail. asp？ArticleID=56106.

5.1.2　避免刑事司法地方化

刑事司法地方化，是指司法机关及其工作人员在正常的刑事司法活动中，由于地方党委或行政机关不当干预，导致司法机关及其工作人员丧失其在刑事司法中的独立性，不能正常行使刑事司法权的一种不当现象。[1] 司法独立是一个基本的法治原则，是国际社会广泛认同的宪政原则。中国自改革开放以来，法治化进程逐步提速，从“无法无天”的“文革”到建设社会主义法制国家，再到依法治国基本方略的制定，都体现了我国从人治到法治的坚定决心。司法独立是社会主义法治国家的重要体现，是国家长治久安的重要保障。国际上，有很多司法文件都规定了司法独立原则，这是国际上一直以来都坚持的准则。[2] 我国也不例外，我国《宪法》第126条规定：“人民法院依照法律规定独立行使审判权，不受行政机关、社会团体和个人的干涉。”第131条规定：“人民检察院依照法律规定独立行使检察权，不受行政机关、社会团体和个人的干涉。”刑事司法涉及国家重要的审判权和检察权，涉及公共秩序和公民基本权利，是社会正义的底线，所以刑事司法权更是司法独立的重中之重。我国《刑事诉讼法》第3条规定：“对刑事案件的侦查、拘留、执行逮捕、预审、由公安机关负责。检察、批准逮捕、检察机关直接受理的案件的侦查、提起公诉、由人民检察院负责。审判由人民法院负责。除法律特别规定的以外，其他任何机关、团体和个人都无权行使这些权力。”我国《刑事诉讼法》第5条规定：“人民法院依照法律规定独立行使审判权，人民检察院依照法律规定独立行使检察权，不受行政机关、社会团体和个人的干涉。”但是，在司法实践中，司法机关和司法工作人员在行使司法权的过程中，往往受到地方行政机关的不当干涉，特别是在一些涉及公共利益的

---

[1] 参见常明，张昌辉. 司法地方化透析［J］. 理论观察，2006（5）：93.

[2] 参见刘作翔. 中国司法地方保护主义之批判——兼论“司法权国家化”的司法改革思路［J］. 法学研究，2003（1）：83.

重大刑事案件上，地方利益的考虑往往占据了上风，法院和检察院只能是听招呼，看地方政府脸色行事。

在风险社会中，司法地方化的危害是很大的，很多地方政府只考虑地方利益，对于一些涉及公共利益的事件，一切以地方经济利益和政府形象为指挥棒，把司法机关作为自己的附庸甚至是“打手”，如果司法机关坚持依法办事，就会被当地党委政府冠之以不讲政治、不讲稳定、不讲大局的大帽子。在环境保护和地方经济利益冲突之时，很多地方政府没有环境保护的风险意识，没有认识到可持续发展的重要意义，仅是停留在表面，一旦到了经济利益立竿见影之时，根本不考虑关乎子孙后代的生态环境，一切为地方经济利益让道。例如，“1997 年，时任婺源县中云镇方村村委会主任的俞某发，以发展香菇生产为由，未经林业行政主管部门审批，只凭镇党委书记梅某民的一张签批条，就组织村民无证采伐，造成滥伐天然林活立木 923.677 立方米的严重后果。事件发生后，镇长王某民为掩盖事实真相，实施了一系列包庇行为。然而在 1997 年 4 月被森林公安机关立案侦查后，三名犯罪嫌疑人非但未受到法律追究，反而受到提拔和重用，群众意见很大。1999 年 8 月至 10 月，中共上饶地区纪委先后 3 次召集上饶地区森林公安局领导开会，部署对此案的复查工作。1999 年 10 月 25 日，省、地森林公安局组成联合调查组，在地、县纪检部门的支持配合下，对此案进行了复查，进一步摸清了此案的来龙去脉，案情真相大白，俞某发等 3 人的犯罪事实清楚，证据确凿。但是，当森林公安局依法提请报捕、要追究犯罪嫌疑人的刑事责任时，却收到了有关部门关于俞某发等 3 人的行为不构成犯罪，不予批捕的决定。2000 年 10 月 24 日，中央电视台《焦点访谈》节目对此案予以披露。最高人民检察院立即派出调查组，赴江西省开展调查。2000 年 11 月 4 日，江西省人民检察院对此案作出复核决定：撤销上饶检察分院对俞某发等 3 人的不批准逮捕书。俞某发、梅某民涉嫌滥伐林木罪，王某民涉嫌包庇罪，应予以批准逮捕。2000年11月10日，上饶市森林公安局对3名犯罪嫌疑人逮捕归案。”❶ 还有一些涉及公共利益特别是人民群众的公共事件，地方政府有些官员为了个人的政治前途，常常利用司法机关乱作为，不当激化干群矛盾，产生了很大的政治风险。❷ 所以，我们要谨防刑事司法地方化的倾向，从政策上、制度上保障司法机关及其工作人员能够正常独立地行使刑事司法权，依法维护社会公平正义，维护社会公共秩序，只有这样依法治国才不是一句空话。当然，这些情况的存在，也与改革开放以来，考核政府官员的不当导向有关，一切围绕GDP增长转圈，一切以城市建设为导向，当前的普遍性的雾霾就是已经显现出来的沉重代价，而那些仍在进行量变的自然环境危机更存隐忧。

要实现刑事司法的真正独立，不受地方各级行政机关的制约，不是一朝一夕的事情，需要靠政策和制度综合治理。首先，要加大司法独立意识的认同，我国是一个封建传统意识较深的国家，自古以来法律被当作统治的工具，司法和行政权长期合二为一，君主是最高司法裁判者，地方官员也是司法官员。普通民众自身也有一种思维惯性，即使是司法问题也都诉诸党委、政府，长期下来形成了一种恶性循环，导致群众不断上访，地方政府不断给法院打招呼，法院不断地听招呼，最后使司法丧失了独立性和公信力。❸ 所以，笔者认为，要加大宣传力度，使地方政府和民众认为司法就应该独立，使这种意识成为习惯，而在相关基础教育的教科书上也要深化这种理念。其次，要逐步改革司法机关的体制，这是个老话题，但是这个老问题不解决，司法就无法真正独立。要从财政上单列法院的经费，不使其依赖于地方财政，而是中央政府直接支付，只有财政上独立了，才不会造成“吃人家嘴短”的不利局面。最后，要彻底根除地方保护主义，地方保护主义往往只注重本区域的经济发展，不注重整个国家大局发展，往往造成短视效应，特别

---

❶ [EB/OL].[2011-2-21]. http://news.sina.com.cn/c/237674.html.

❷ 参见游伟. 刑事司法应当避免行政化和地方化 [N]. 法制日报，2009-05-27 (12).

❸ 参见常明，张昌辉. 司法地方化透析 [J]. 理论观察，2006 (5): 94.

是在环境保护方面。所以，刑事司法对环境保护要积极介入，探索环境公益刑事诉讼的设立，积极发挥刑事司法判决的终局性特点，积极介入环境公共事件，预防环境风险的不断加剧。

党的十八大报告将全面推进依法治国确立为推进政治建设和政治体制改革的重要任务，对加快建设社会主义法治国家做了重要部署，法治在党和国家治国理政理念中的重要地位更加突出。十八大报告要求“更加注重发挥法治在国家治理和社会管理中的重要作用”，具体到司法工作中，意味着深入推进司法体制和工作改革，大胆破除不适应社会主义民主政治和市场要求的，制约司法独立、公正司法的组织障碍、制度障碍，切实提高司法机关的宪法地位，充分发挥审判权和检察权在宪法法律中的独特作用。❶

5.1.3　加强行政执法与刑事司法的衔接

行政执法是指国家行政机关、经有关机关授权或者委托的组织，根据其法定职权对违反行政法律法规的行为，进行相应的管理和处罚的行政行为。❷刑事司法是指国家专门司法机关，依据刑法和刑事诉讼法等对犯罪行为采取的处罚行为。❸ 在司法实践中，行政执法与刑事司法不是脱节的，而是经常有交叉的，两者之间需要有效衔接，具体是指在查处涉嫌犯罪的行政违法案

---

❶ 2015 年，中共中央办公厅、国务院办公厅印发了《领导干部干预司法活动、插手具体案件处理的记录、通报和责任追究规定》共计 13 条内容，并主要建立了记录、通报和责任追究三项制度。中央司法改革领导小组办公室负责人表示，在该规定确立的制度体系中，记录制度是前提，是基础。在该规定的起草过程中坚持的原则是，凡是领导干部干预司法活动、插手具体案件处理的，不管什么形式，都应当如实记录，随案入卷。另外，针对实践中有的领导干部不直接出面，打着组织的旗号，或者授意关系较密切的人干预司法机关办案的现象，该规定还明确，以组织名义向司法机关发文发函对案件处理提出要求的，或者领导干部身边工作人员、亲属干预司法活动、插手具体案件处理的，司法人员也应当进行记录，并留存相关材料。

❷ 参见周玉华，王继青. 论行政执法与刑事司法的衔接［J］. 山东审判，2006（1）：4.

❸ 参见陈新生，金石. 行政执法与刑事司法衔接中的问题及对策［J］. 国家检察官学院学报，2006（6）：45.

件过程当中，各有关部门在各司其职、各负其责的前提下，相互配合、相互制约，确保依法追究涉嫌犯罪人员的刑事责任的办案协作制度。[1] 实践中，行政执法和刑事司法不是孤立存在的，而是经常联系在一起的，当行政违法行为达到了严重危害社会的程度，直至触犯了刑法规定时，这就关系到从行政执法到刑事司法的过渡，涉及行政执法与刑事司法的有效衔接上。如果衔接不当出现疏漏，就会导致犯罪人得不到相应的处罚，犯罪之后仅受到行政处罚甚至是罚钱了事。特别是近年来一些涉及公共利益的重大案件，没有得到相应的刑罚处罚，使民众产生了怀疑司法公正性的心理定式，也放纵了相应的犯罪。此外，行政执法与刑事司法严重脱节，也会使行政执法人员不作为、乱作为，缺乏有效监督，产生职务犯罪的风险。根据不完全统计，2006年至2008年，我国检察机关共立案查处徇私舞弊不移交刑事案件犯罪嫌疑人382人。近些年来，我国行政执法机关查处了大量的行政违法案件，但最后移交到刑事司法部门的却很少，以至于最后造成了这些案件演变为重大刑事案件，这暴露出行政执法与刑事司法衔接中出现的突出问题。[2]

风险社会中，防控风险体系是各个部门法共同构建的，但刑事司法往往和行政执法联系更为紧密，如果两者的执法衔接部分出现裂隙，就会使风险扩大，所以需要不断完善两者之间的衔接机制。当前我国行政执法与刑事司法衔接中出现的问题主要有：其一，案件移送的法律依据不是很完善。例如，国务院颁布的《行政执法机关移送涉嫌犯罪案件的规定》属于行政法规，不属于法律范畴，所以对行政机关的约束力也是有限的。而且在这个规定当中，对行政机关在移送涉嫌犯罪案件中的细节问题规定得不够详细，对证据的性质和地位问题也没有明确，这就造成在实践中移送依据不够的局面。[3] 其二，部分行政机关为了本部门的利益，常常用罚款等经济制裁手段代替刑罚，在环境保护案件中就常常出现这种情况，只要交钱就可以继续污

---

[1] 参见刘远．行政执法与刑事司法衔接机制研究［J］．法学论坛，2009（1）：72.

[2] ［EB/OL］．［2011-3-1］．http://www.chinapeace.org.cn/shgl/2010-03/09/c_ 13202938.htm.

[3] ［EB/OL］．［2011-3-2］．http://www.zjhn.jcy.gov.cn/shownews.asp?id=1719.

染，这就导致行政执法与刑事司法之间出现移交迟缓和不移交现象。其三，行政执法部门和刑事司法部门之间的案件信息沟通机制不畅，由于行政执法机关往往对案件是否构成刑事案件把握不准，如果案件信息又不能共享，容易造成刑事司法机关与行政执法机关无法交流意见，等到问题出来了，追究犯罪的难度就增大了。❶ 其四，各级行政执法机关之间、行政执法机关和司法机关之间缺乏有效的监督机制。在行政执法机关，上下级之间的监督往往流于形式。行政执法机关和司法机关之间的衔接就更是监督的盲区，司法机关往往被动地等待案件的移送，这往往导致放纵犯罪。

为了完善行政执法与刑事司法之间的衔接。应从以下几个方面着手：第一，整体提升检察机关的法律地位。检察机关受当地财政制约，人事编制由当地组织人事部门管理，所以要想在行政执法监督中发挥应有作用，其人事财政应该是真正独立的。此外，检察机关在党内往往地位不高，相反公安局长往往是同级党委常委、政法委书记或者是行政副职，而检察长则是在其领导之下开展工作，所以应提升其政治地位。❷ 第二，建立案件信息共享机制，保障沟通渠道顺畅。现代社会是一个信息社会，大数据时代已经到来，信息畅通是保障各个部门之间合作的基础。以安全生产领域为例，我国当前重特大安全事故频频发生，每起安全事故背后都有渎职犯罪的影子。所以，行政执法机关和检察机关应就事故调查、证据认定、案件移交等设置信息共享机制，充分利用互联网进行信息交流，增强案件执法的透明度，整个过程随时接受检察机关的监督。在信息交流的同时，还应建立重大案件联席会议机制，将其不断制度化，常态化。❸ 第三，不断完善行政执法机关所采证据与刑事司法证据之间的转换，应该通过立法的方式明确行政执法机关所采证据的法律效力，只要其具有客观性、真实性和关联性，检察机关就可以直接将其转换为刑事证据予以使用，而不用再重复审查，这样就节省了司法资源，

---

❶ 参见林燕."两法"衔接，步向体制建设阶段［N］. 检察日报，2009-04-22（3）.

❷ 参见陈文茜. 行政执法与刑事司法的衔接机制研究［D］. 北京：中国政法大学法学院，2007：26.

❸ ［EB/OL］.［2011-3-2］. http://www.legaldaily.com.cn/zt2009/2009-05/21/content_1094021.htm.

同时也提高了司法效率。[1] 第四，在行政执法与刑事司法衔接的背后实际上呈现了行政权与司法权的博弈。中国的封建帝制被推翻仅仅百年有余，传统的一些糟粕仍有历史惯性，民众中已经形成行政权超逾司法权的社会心理定势。近代中国在立法过程中，又受德日法律中行政权力不断扩张之影响，创设了许多侵犯司法权的行政规范。新中国成立后，这种思维的历史惯性依然存在，有事找政府而不是通过正当的司法渠道，民众普遍认为法院在司法裁判过程中要听党委政府的招呼。但是，如果我们仓促将行政权纳入司法权之制下，则会丧失行政效率。比较合理的方式是，一方面保持行政权的灵活性，另一方面是保持司法的独立统一性，在国家利益、公共利益和个人利益之间实现和谐统一，党的十八大报告也充分显示了这种改革的方向。

5.1.4 注重引导刑事司法中的舆论

进入风险社会，除了科技风险、自然风险、公共安全风险等，我国政府面临的另一个重大挑战是谣言风险，特别是随着网络世界的不断扩张，谣言的传播速度更是瞬间遍及大江南北。谣言的危害性不仅在于自身内容的虚假性，更在于其往往催生群体性敌意事件的发生，这就是风险社会中的谣言风险。在贵州瓮安事件、新疆乌鲁木齐“7·5”事件、湖北巴东邓玉娇事件等中，都可以看到谣言的强大扩散性和危害性，谣言逐渐成为风险社会中的重要风险来源。[2] 很多公共事件的起因，都与司法处理不当有关，特别与刑事

---

[1] [EB/OL]. [2011-3-2]. http://www.legaldaily.com.cn/zt/content/2009-05/21/content_1094018.htm?node=7993.

[2] 马凌. 风险社会中的谣言风险及对策 [J]. 浙江工商大学学报，2010 (1): 45.

司法有着密切的关系，贵州瓮安事件[1]就是比较典型的刑事案件处理不当转化为群体性事件的范例，足以引起我们的重视和反思。

在刑事司法过程中，要想避免舆论导致比刑事案件自身更大的风险，就要注重合理的舆论引导工作，使舆论既起到监督司法公正的作用，充分发挥其正能量，又不会被不当利用，刑事司法机关要勇于接受舆论的监督，善于运用舆论的正面导向力量。我国《宪法》第 125 条明确规定："人民法院审理案件，除法律规定的特别情况外，一律公开进行。"这里的公开进行是指，人民法院审理案件既要向群众公开，又要向媒体公开。刑事司法涉及公民的基本权利，所以在办理刑事案件过程中，司法机关及其工作人员要注重接受媒体的监督。特别是近些年来，大数据、互联网思维已经渗透到人们生活的

[1] 2008 年 6 月 22 日凌晨 0 时 27 分，贵州省瓮安县公安局 110 指挥中心接到报警，称在西门河大堰桥处有人跳河。凌晨 3 时，16 岁的中学女生李某芬在河中被其叔李某忠等人捞起，急救人员证实李某芬已经死亡。报警的三名青年被警方带走。当日上午，死者父亲等人到瓮安县雍阳镇派出所询问案情，被告知已交到瓮安县公安局刑侦队负责。刑侦队告诉他们，李某芬系自己投水死亡，与当时在场另外三名青年无关，要求家属自行埋葬尸体。死者父亲等人不服，提出要进行法医鉴定。当晚，瓮安县公安局刑侦大队技术科的法医到现场做鉴定。由于怀疑李某芬并非自杀，李某芬的家属用冰棺将尸体冷冻后停放在出事现场，同时从附近的居民点接来电线，还用竹竿和编织布搭起棚子遮盖冰棺，现场有六七十人围观。法医在做完常规检查后认定李某芬系溺水死亡。由于当时家属没有质疑是奸杀，法医并没有检查死者外阴。死者家属在签字后认为鉴定只是"拿着手电随便照了照"，过于随便，因此到黔南州公安局申请第二次复检。同时有传言说女生可能是被两名当地青年强奸后掐死并抛尸河中。25 日，黔南州公安局派来的法医进行了第二次尸检，按照死者家属委托书中的要求做了解剖，并对死者死前有否中毒和性行为进行了检验取样。26 日检验结果公布，称排除了服毒和强奸的可能性。但死者家属认为法医"取走了部分器官"，并且没有公布结果。这时往停尸处围观的人增多，有传言说元凶是瓮安县委书记的侄女，另外两个参加行凶的男生和当地派出所所长有亲戚关系。又有传言说元凶是副县长的孩子，死者的"叔叔、爷爷、奶奶因上告被打住院抢救，妈妈被打得说话含糊，已失去理智，婶婶被剪去头发关押到派出所"。另外，死者的二叔瓮安县玉华乡中学教师李某忠在离开公安局途经当地保险公司门前时，遭多名不明身份的人士打伤而入住医院（此前曾有李某忠被公安局唆使的黑社会打至重伤，并于 28 日死于医院的传闻，但死亡一说已被李某忠本人证伪）。女孩的同学前去问询，也被殴打。民众纷纷前去围观，有人辱骂警察，结果有三人被打后入住医院，引起民愤，加之当地干群矛盾淤积已久，随后升级为打砸抢等一系列群体性事件。上述案件内容参见［EB/OL］.［2011-3-1］. http://society.people.com.cn/GB/8217/126097/.

方方面面，网络舆论以其开放性、互动性、高效性出现在人们的视野中，逐渐以强势姿态超越了其他传统媒体的社会影响力，成为司法监督中的中坚力量。加之一些网络工具的普及运用，自媒体时代已经来到，在网络中，普通百姓可以真正拥有自己的话语权，打破了精英阶层在媒体中一枝独大的局面。[1] 对于刑事司法而言，网络监督为公众提供了一个自由参与刑事司法的场域，更有利于维护司法公正，更有利于打击司法腐败，推动社会发展。

任何事物都是具有两面性的，舆论传播也不例外。网络水军[2]的出现可以导致信息严重失实，从而促使不明真相的民众产生错误判断。一旦这种经过人为造势的虚假言论传播开来，就会成为摧毁力巨大的舆论武器，在刑事司法过程中，常常会造成司法机关极为被动的局面。在“哈尔滨警察打死青年”一案中，网络上刚开始以警察打死人作为噱头，使事件迅速发酵引起了网民极大的愤慨，让哈尔滨市警方非常被动。而过后不久，网上又有人发帖指出死者是“官二代”，平常就作风霸道，这又激发了群众仇富、仇官心理，舆论一下子彻底转向，对死者开始唾弃，对涉案警察开始同情，这导致司法机关左右为难。所以，处于现在的网络及自媒体时代，想彻底封杀言论是不现实的，也是不民主的。那么，既然面对舆论是个必然，司法机关不妨使用大禹治水的方式，在法治的沟渠之内，合理地引导舆论，化被动应付为主动参与。对此，河南省高级人民法院的很多做法值得借鉴。首先，该院提出了司法大众化的理念，鼓励群众积极参与到司法当中来，让其诉求充分地表达出来，并将其吸纳到审判过程中去，去伪存真，在合乎法律的基础上化解矛盾，促进和谐司法。其次，积极推进判决书上网，接受舆论监督。在改革初期，河南各级法院还只是将部分判决书上网，现在已是全部上网。谣言有时

---

[1] 参见傅勇辉，刘志栋. 网络舆论对刑事司法的影响及应对实证研究［EB/OL］.［2011-3-2］. http://www.chinacourt.org/html/article/200912/25/387903.shtml.

[2] 网络水军即受雇于网络公关公司，为他人发帖回帖造势的网络人员。为客户发帖回帖造势常常需要成百上千个人共同完成，那些临时在网上征集来的发帖的人被称作“网络水军”。版主把主帖发出去后，获得最广大的“网民”的注意，进而营造出一个话题事件，所有网络公关公司都必须雇佣大批的人员来为客户发帖回帖造势。

需要真相来化解，不公开反而给群众造成了遐想的空间，所以在阳光下“暴晒”，恰恰符合“看得见的公正才是真正的公正。”最后，逐步建立重大刑事案件网上审判直播制度。重大刑事案件往往涉及矛盾较多，舆论关注度高，所以网上直播审判过程，接受广大网民监督，更能满足人民群众追求真相的心理。总之，舆论是一把双刃剑，用之不当则两受其害，用之得当则政通人和。我们的司法机关应该充分认识当前的社会形势，注重引导舆论，利用舆论，化解社会风险，促进和谐司法。

近年来，利用网络实施的各类违法犯罪活动日益增多，网络诽谤犯罪尤甚：有的利用网络匿名特性，恶意编造虚假信息中伤他人，如艾滋女“闫某利”案❶；有的利用社会矛盾，挑动民众情绪，制造社会敌意事件；有的利用他人隐私，以删除负面信息为砝码，恶意敲诈个人或单位，社会上还出现了专门以造谣，炒作为业的“推手公司”“网络公关公司”。网络诽谤并非法律术语，指的是利用现代网络传播工具，如电子邮件、博客、微博、QQ、微信、帖子等，恶意捏造事实并予以散布，侵害他人人格尊严和名誉的行为。网络诽谤是以网络为传播媒介而实施的诽谤行为，其传播速度和危害程度为传统诽谤所不及，对危害达到一定程度的，不采用刑罚措施恐难发挥刑法的最后保障作用。网络中信息纷繁芜杂，网民对网络言论真假难辨，而在具体查处此类行为中，有关部门界限把握不准，时常过犹不及，给政府公信力造成二次伤害，“跨省追捕王某案”❷ 就是典型例证。目前，很少有国家

❶ 2009年10月14日，一位自称来自河北容城县的女子闫某利，在博客上公布了279名曾与自己发生过性关系的男性手机号码，并称自己身染艾滋病。10月21日，警方将“艾滋女”事件始作俑者杨某抓获并刑事拘留，杨某承认，整个事件是因前女友闫某利提出分手而怀恨报复所做。

❷ 2010年11月23日，宁夏吴忠警方跨省到甘肃省兰州市，将图书馆职员王某抓走。《拘留通知书》上的依据是和其他多数被“跨省抓捕”者都相同的诽谤罪。王某被抓捕的原因是他多次举报大学同学马某在公务员考试中有作弊行为。而马某的父亲是宁夏回族自治区扶贫办副主任，其母是宁夏回族自治区吴忠市委常委、政协主席。在向各部门举报无效后，王某便在网络发帖，由此引来这场“跨省抓捕”。2010年12月2日凌晨，宁夏回族自治区吴忠市市委、市政府通报，决定纠正跨省刑事拘留王某错案，王某获得赔偿。

对网络诽谤行为单独立法，多数国家仍适用普通诽谤罪对其予以规制，并且在刑法介入以前，都采用民事手段予以处理，具有一定的梯度，这充分显示出刑法的谦抑性。此外，对网络服务商在诽谤案件中的相应责任，一般认为主观上无法知晓，客观上谨慎注意，两者兼备方可主张免责。

网络不是法外之地，为规范网络行为，2013年9月《最高人民法院、最高人民检察院关于办理利用信息网络实施诽谤等刑事案件适用法律若干问题的解释》的出台，具有很强的现实意义。网络犯罪之势日增，网络环境必须净化，该解释可以说是应时之举。该解释对一些新型网络犯罪提供了法律依据，例如网络水军有偿删帖、发帖等，同时也对一些难以确定危害标准的行为予以界定，例如对网络诽谤的定罪标准的量化。[1] 为维护信息网络安全，针对网络违法犯罪行为的新情况，《刑法修正案（九）》进一步完善了惩处

---

[1] 《最高人民法院、最高人民检察院关于办理利用信息网络实施诽谤等刑事案件适用法律若干问题的解释》第1条规定："具有下列情形之一的，应当认定为刑法第二百四十六条第一款规定的'捏造事实诽谤他人'：（一）捏造损害他人名誉的事实，在信息网络上散布，或者组织、指使人员在信息网络上散布的；（二）将信息网络上涉及他人的原始信息内容篡改为损害他人名誉的事实，在信息网络上散布，或者组织、指使人员在信息网络上散布的；明知是捏造的损害他人名誉的事实，在信息网络上散布，情节恶劣的，以'捏造事实诽谤他人'论。"第2条规定："利用信息网络诽谤他人，具有下列情形之一的，应当认定为刑法第二百四十六条第一款规定的'情节严重'：（一）同一诽谤信息实际被点击、浏览次数达到五千次以上，或者被转发次数达到五百次以上的；（二）造成被害人或者其近亲属精神失常、自残、自杀等严重后果的；（三）二年内曾因诽谤受过行政处罚，又诽谤他人的；（四）其他情节严重的情形。"第3条规定："利用信息网络诽谤他人，具有下列情形之一的，应当认定为刑法第二百四十六条第二款规定的'严重危害社会秩序和国家利益'：（一）引发群体性事件的；（二）引发公共秩序混乱的；（三）引发民族、宗教冲突的；（四）诽谤多人，造成恶劣社会影响的；（五）损害国家形象，严重危害国家利益的；（六）造成恶劣国际影响的；（七）其他严重危害社会秩序和国家利益的情形。"

网络犯罪的法律规定。[1]

5.2　风险社会视野下的刑法解释

5.2.1　罪刑法定原则的相对理解

5.2.1.1　明确性的基本理解

罪刑法定原则又称罪刑法定主义，是现代西方刑法制度最重要的一项原则，其基本精神就是法无明文规定不为罪，法无明文规定不处罚，其核心是公民权利的保障和国家刑罚权的限制。我国在 1997 年《刑法》第 3 条确立了罪刑法定原则，从而实现了罪刑法定的立法化，表明我国刑法在民主与法

---

[1] 《刑法修正案（九）》从六个方面对网络犯罪行为进一步规范：一是，为进一步加强对公民个人信息的保护，修改出售、非法提供因履行职责或者提供服务而获得的公民个人信息犯罪的规定，扩大犯罪主体的范围，同时，增加规定出售或者非法提供公民个人信息情节严重的犯罪。二是，针对一些网络服务提供者不履行网络安全管理义务，造成严重后果的情况，增加规定：网络服务提供者不履行法律、行政法规规定的信息网络安全管理义务，经监管部门责令采取改正措施而拒不改正，致使违法信息大量传播的，或者致使用户信息泄露，造成严重后果的，或者致使刑事案件证据灭失，情节严重的，以及有其他严重情节的，追究刑事责任。三是，对设立用于实施诈骗、传授犯罪方法、制作或者销售违禁物品、管制物品等违法犯罪活动的网站、通信群组的；发布有关制作或者销售毒品、枪支、淫秽物品等违禁物品、管制物品或者其他违法犯罪信息的；为实施诈骗等违法犯罪活动发布信息的，明确规定为犯罪。四是，针对在网络空间传授犯罪方法、帮助他人犯罪的行为多发的情况，增加规定：明知他人利用信息网络实施犯罪，为其犯罪提供互联网接入、服务器托管、网络存储、通信传输等技术支持，或者提供广告推广、支付结算等帮助，情节严重的，追究刑事责任。五是，针对开设“伪基站”等严重扰乱无线电秩序，侵犯公民权益的情况，修改扰乱无线电通信管理秩序罪，降低构成犯罪门槛，增强可操作性。六是，增加规定：编造虚假的险情、疫情、灾情、警情，在信息网络或者其他媒体上传播，或者明知是上述虚假信息，故意在信息网络或者其他媒体上传播，严重扰乱社会秩序的，为犯罪行为。

治的道路上迈出了重要的一步，具有里程碑的意义。然而，“徒法不足以自行”，罪刑法定立法化仅是一个开端，如果不想使罪刑法定原则成为一句法律口号或者一条法律标语，必须使罪刑法定原则在司法活动中得以切实贯彻落实，这就是罪刑法定原则的司法化。❶

按照罪刑法定原则的要求，刑事立法对于犯罪的构成要件和法定刑及其适用的条件，都必须予以明文规定。由于法律明文规定的目的在于保证刑法的安定性，防止司法擅断。因此，明确性原则乃罪刑法定原则的基本内容之一。刑法规定的明确性，是使公民能够根据刑法规定预测自己行为的法律后果，体现罪刑法定原则的“实质的侧面”。❷ 刑法的明确性不同于刑法的确定性，尽管它们都要求刑法必须明白，使人能确切了解犯罪构成的内容，准确地区分罪与非罪，以保障该法律没有明文规定的行为不会成为该规范适用的对象。两者之间也有区别，明确性是从内部限制犯罪构成的结构，借以约束刑法规范的立法表现形式；确定性则是从外部规定犯罪构成的范围，目的是防止抽象的法律规范被适用于其应有的范围之外。❸ 明确性要求刑法对犯罪与刑罚的描述必须明确，以使人们正确地区分罪与非罪的界限，正确地适用刑罚。

5.2.1.2　“明文规定”的相对理解

我们也应看到，刑法的明确性是相对的，不存在绝对的明确性。从实然的角度来看，刑法的明确性总是相对的，其原因既有主观的，也有客观的。主观的原因，如立法者有意设置弹性条款，以便使立法者就尚未掌握的现有犯罪状况或未来社会情势做到有备无患；有时立法者还有意使用模糊用语，将一些立法时存在争议且一时不好明确又无法回避的问题干脆留待司法去解

---

❶ 参见陈兴良. 罪刑法定司法化研究［J］. 法律科学，2005（4）.

❷ 参见张明楷. 刑法学（上）［M］. 北京：法律出版社，1997：42.

❸ 参见［德］杜里奥·帕多瓦尼. 意大利刑法学原理［M］. 陈忠林，译. 北京：法律出版社，1999：24.

决；客观的原因，如立法技术水平不足，语言文字本身的模糊性或多义性，作为刑法规范对象的社会生活现实本身的复杂性等。刑法规定犯罪构成，又不可能对各种犯罪成立的各个要件要素都做绝对明确具体的规定，所以刑法应有的明确性程度与实然相比无疑会有一定的距离，这正是刺激刑事立法不断完善和发展的动力。因此，在理想刑法中，“明文规定”应当就是明确规定。而在实定刑法中，“明文规定”则不等于“明确规定”。在司法实践中，定罪处罚必须满足“法无明文规定不定罪、法无明文规定不处罚”的基本要求，但不得以“法无明确规定”为理由对那些刑法明文规定而仅缺乏绝对明确性的犯罪行为不予以定罪处罚，那样恰恰是违背“法律明文规定为犯罪行为的，依照法律定罪处刑”的规定的。❶

由此看来，实行罪刑法定原则，绝不是宣告法律是万能的，法官只需对号入座即可，刑法的实施需要法官领悟刑法的内在精神，需要法官发挥其主观能动性。首先，法官要成为探索法律真谛的人。人类长期以来形成的文明成果在法治领域的体现需要我们去学习，去合理地借鉴或移植。其次，法官要做深刻感悟社会现实生活的人。罪刑法定不是纸面上的标签，不是挂在墙上的口号，罪刑法定也不是一个固定不变的绝对值，罪的范围和刑的幅度总是有一个“模糊界域”的，即使是最简单的故意杀人罪，何为“杀人”行为就有争论（如安乐死问题）。❷ 任何案件都无法照搬照抄法律规定，特别是在社会转型时期，对国家社会发展大局的把握对于法院正确办案是必不可少的。所以，我们认为法官进行创新解释不是类推，更不是创造法律，而是把法治理念的精髓结合当代的社会现实，赋予其合法合理的含意。

5.2.2 “合目的性”解释方法的选择

工业革命与现代科技深刻改变了人类的生活秩序与方式，一方面提供了

---

❶ 参见肖中华. 走出罪刑法定原则司法化的误区［J］. 华东司法评论，2003（2）.

❷ 参见王祖德，金泽刚. 罪刑法定原则司法化的三个观念问题［J］. 法学，2003（1）.

传统社会无法想象的物质便利，另一方面也产生了众多新生危险源，导致技术风险的日益扩散。现代社会越来越多地面临各种人为风险，从黑客病毒、核污染到交通事故，从转基因食品、环境污染到群体性事件等，工业社会由其自身系统制造的危险而身不由己地突变为风险社会。贝克以反思现代化为视角，按照风险分配、个体化法则、科学和政治的衰微这样的思路展开其风险社会的理论。贝克认为，人类面临着威胁其生存的由社会所制造的风险；随着全球化趋势的增强，未来的不确定性与全球化趋势结合在一起；社会的中心将是现代化所带来的风险与后果；在风险社会里，个体感知、家庭生活，社会角色、民族认同以及民主政治等都被风险化了，一切个体存在的方式就是风险生存；在风险社会里，两种不同的分配逻辑，即当代的风险分配逻辑和传统的物品分配逻辑共同运行并交织在一起。[1]

徒法不足以自行，刑法解释是弥补刑法立法与司法实务之间空隙的有效手段，在风险社会背景下，刑法解释应有积极的态度。庞德认为，现代法律最主要的机能较之于传统社会的法律已经发生变化，其转变的方向是经由分析解释并在此基础上实现报应式惩罚社会违法犯罪的行为而逐渐立足于以社会防卫为目的的功利性的追求上来。因此，这就使得作为制定法的刑法解释成为工具理性的产物，它自始至终受法律危害社会秩序目的的支配。目的论解释成为现代刑法体系中最终起作用的解释方法。日本著名的刑法学者町野朔教授指出，刑法解释必须考虑刑法是为了实现何种目的，必须进行适合其目的的解释。当文理解释、体系解释或者主观解释不能给予单一的解释或者即使暗合了某种解释时，必须由风险社会中刑法的根本目的来最终决定。对于刑法的解释依照不同的角度划分，存在各种各样的解释方法，有扩大解释、限缩解释、文理解释、论理解释、目的解释等，但是当各种解释出现偏差和矛盾的时候，刑法的合目的性解释是最符合刑法解释的根本目标的，也是刑法实现其功能的必然选择。实际上，从绝对的罪刑法定原则到松动的罪

---

[1] 参见［德］乌尔里希·贝克. 风险社会［M］. 何傅闻，译. 南京：译林出版社，2003：15-22.

刑法定原则的转换，也是刑法对风险社会作出的合理让步。刑法作为现代风险社会威慑风险类犯罪、防控风险危险的最有力工具，在具体争议案件面前应立足于刑法的现代性功能，自觉地引进合乎安全和秩序目的之解释方法，在刑事司法的具体过程中最大化地实现刑法对于犯罪的威慑、防控机能。只有这样，才能在立法不能朝令夕改的情况下，发挥刑法解释之合理作用，有效应对风险社会带来的刑法危机。在风险社会中，合目的性解释方法得到了广泛应用，以下是几个范例：

第一，对刑法文本中的文字合目的性解释。现行《刑法》第 218 条规定了销售假冒注册商标的商品罪，如何理解其中的“销售”二字，学术界就存在不同的看法，有的将销售从民法意义上进行理解，认为只要假冒商品完成即为交付；有的主张以收到货款为销售行为的完成；也有的主张以合同的签订为销售行为的完成。对销售行为的不同理解，对本罪的定罪与量刑有着重要的影响。在具体解释过程中，我们要考虑到风险社会中刑法应加强其预防犯罪的功能，进行合目的性解释。上述观点中，以交付即为销售的看法来自于物权流转理论，将物的实际交付作为物权流转的标志，这实际上排除了虽然签订了销售合同，但还没有交付就被工商机关发现的情况，造成无法入罪的情形。将销售行为理解为收到货款，也有同样的弊端。所以，应将销售行为理解为以签订合同为标准，当然签订合同的方式是多种多样的，这样解释可以最大程度地惩治破坏市场经济秩序的行为。又如现行《刑法》第 116 条规定的破坏交通工具罪，第 117 条规定的破坏交通设施罪，对其中破坏的理解应以防范风险的目的为导向，不能将破坏仅理解为是对交通工具或交通设施的物质性破坏，还应该包括功能性的损害，例如改变航标灯的正确指向，也应该属于毁坏的范畴，应依法定罪量刑。

第二，危害公共安全犯罪中的合目的性解释。风险社会中，人们对公共安全的关注程度大幅度增强，对周遭的生存环境处于警惕状态，人们在生活中的不安全感增加了。例如，双汇瘦肉精事件使国内肉食品行业龙头的双汇公司损失上百亿元，甚至面临倒闭危险，深深陷入了国民的信任危机。成都孙某铭酒后驾车撞人案，是定交通肇事罪还是定以危险方法危害公共安全罪，当时成为各界争论的焦点。孙某铭的判决结果是以危险方法危害公共安全罪，并被判处无期徒刑。孙某铭案为全国对此类案件的处理提供了范例，将此种严重危害型犯罪行为的主观从过失上升至间接故意，排除交通肇事罪的适用，以危险方法危害公共安全罪定罪处罚。在判决的具体过程中，实际上也引入了合目的性解释方法。首先，这是刑法对于风险社会中民众对于公共安全状况强烈期待的反应。其次，这并不违背罪刑法定这一刑事法治所必须恪守的原则，从客观上来说，恶性交通事故犯罪的行为人在“行为时”已经明确预见到可能会发生危害社会的结果，却对交通安全法规明知故犯，肆意放任危害结果的发生，将这种放任心态解释为间接故意也不违背罪刑法定原则。基于此，2009 年最高人民法院颁布了《最高人民法院关于醉酒驾车法律适用问题的意见》。该意见明确指出：对于醉酒驾车造成重大伤亡的，依照《刑法》第 114 条规定以“以危险方法危害公共安全罪”定罪处罚。最高人民法院以司法解释的方式统一予以界定，对此类案件提供了明确的解释适用标准，也以国家最高司法机关的名义表明，刑法应当成为威慑和防控风险社会中的危险性犯罪的有力手段。

第三，对公民权利保障的合目的性解释。除了对于危害公共安全类的犯罪进行合目的解释外，对待危害公民权利的犯罪也应采用合目的性解释方法。例如，《刑法》第 20 条规定了正当防卫制度，从防卫时间、防卫对象、防卫动机、防卫限度几个方面对正当防卫进行了认定。对于正当防卫条件成立的认定，应该结合案件事实，结合鼓励合法自救的刑法立法本意，进行解释。例如，妇女甲被某乙强奸，为了达到长期霸占的目的，乙将甲非法拘禁，并在甲身上锁上铁链。甲趁乙熟睡之际，用铁链将乙打死。对于此案，如果机械地按照正当防卫的条件，那么甲不符合防卫时间的条件。但是结合甲现实的困境，将其解释为危险状态正在持续，并随时可能发生，那甲就成立正当防卫。这种解释方法表面上看是一种扩大解释方法，实际上是对严重危及人身安全的风险性犯罪的合目的性解释。实际上，如果上述案例不成立正当防卫，那么既强奸又囚禁的案件会大幅攀升，不利于犯罪的防控。

第四，对法人犯罪的扩大解释。在法人犯罪中，经常遇到雇佣问题，也就是如何对雇佣范围进行解释。在英美刑法中，成立法人犯罪需要满足三个条件：①具有特定的意图，具体行为人的意图可归诸法人；②具体行为人所实施的非法行为在受雇佣的范围以内；③具体行为人实施犯罪行为时有增进法人利益的意图。可以看出，这三个要件主要是解决代理人的哪些行为和意图能被看做是法人组织的行为和意图，也就是雇佣范围的问题。普通法上的传统委托定义将雇佣范围限定在经由委托人的直接授权或者是默示授权的行为，但是法院在审理具体案件中，往往认为即使存在与代理人与法人的明确指示相违背的情况，也认定为属于雇佣范围。❶ 通过这样的解释，雇佣范围实际上就比较宽泛了，只要直接行为人实施与工作相关的活动就属雇佣范围。正是基于法人犯罪往往给现代社会秩序带来的风险较大，法院才基于控制风险的目的，倾向于对雇佣范围做扩大解释，使法人不易逃避责任，也解决了有组织的不负责任的弊端。

5.2.3　法官解释的限度

在刑法解释中，不能超过必要的限度。英国学者丹宁勋爵指出，“一个法官绝对不可以改变法律编织物的编织材料，但是他可以，也应该把皱折熨平”。❷ 如此说来，“熨平法律皱折”是自由裁量权的施展范围，“改变法律编织材料”则超越裁量权限，超越解释的限度，形成司法权对立法权的侵犯，有破坏罪刑法定之危险。这一“编织物”的譬喻看似具体，实则抽象，仍让人在具体操作中无所适从。我国正处于社会转型时期，法制尚不完备，我们需要的既不是机械运用法律的法官，更不是恣意妄为的法官，而是真正

---

❶ 参见劳东燕. 公共政策与风险社会的刑法［J］. 中国社会科学，2007（3）：137.

❷ 参见［英］丹宁. 法律的训诫［M］. 刘庸安，等，译. 北京：群众出版社，1985：10.

公正、正确运用法律、创造性解决纠纷的法官。❶

解释法律应有一定的限度，刑法解释的限度是“文义的射程之内”或“在国民的预测可能性范围之内”。按照通常理解，文义射程是语词含义涵摄的范围，即刑法用语根据日常判断的结论。如果以刑法语词含义涵摄范围作为一个大的选择集，内中包含的众多选择项构成刑法语词的范围，那么超出这一范围的解释则构成限度的违反。但是选择集的宽广取决于标准，在标准选择上可以是立法者标准、法官标准、检察官标准，还可以是学者标准。采取不同标准获得的解释限度不同，但对于法律适用“终端”的法官而言，判别标准应当是一般人的标准，即“一般人预测的刑罚权范围”。这种刑罚权的范围需要根据一国的法治环境、刑事司法的具体情形，基于法官内心的良知作出。同样地，科学而合理的解释应当以一般人理解为限度，包括立法解释、司法解释和学理解释。具体来讲，首先，法官解释应受刑法条文的限制，法律文本和解释者之间的关系毕竟是一种给予和接受的关系，在这种关系中，给予是决定性的，接受只能是在给予制约下的接受。因此，解释者对法律文本的理解，应该以承认和服从法律文本的权威为前提，重视法律文本的“视界”，在其所能允许的范围内展开。不顾法律文本所能接纳的理解程度，随心所欲，任意驰骋解释者的意志和想象，就不是法律解释。❷ 如果法官解释超出刑法条文的“射程”，就是创造刑法，而不再属于解释刑法的范围。其次，社会的平均价值观念也是法官进行扩大解释的限制。“经验、常识、情理等民间知识与生活逻辑参与对刑法文本的适用解释，既是刑法适用解释的知识论基础，也是刑法适用解释的基本规则。”❸ 最后，扩大解释，不仅要受刑法条文和社会平均价值观念的限制，还要受司法公正观念的限制。法官是公正的化身，公正是法官的生命。“司法机关公正司法，是其自身存在的合法性基础。正是因为人们相信司法机关是公正的，才将解释法律、判

---

❶ 参见刘士国. 法解释的基本问题［M］. 济南：山东人民出版社，2003：17.

❷ 参见张志铭. 法律解释操作分析［M］. 北京：中国政法大学出版社，1998：49-50.

❸ 参见张明楷. 法治、罪刑法定与刑事判例法［J］. 法学，2000（6）.

断是非的权力交给法院并服从它的判决。如果没有对社会公正的普遍需要，如果仅仅是为了维持一种统治秩序，社会其实可以不需要司法机关。独立的、不依附于其他机关的司法机关在古代中国不发达，就是一个证明。同样，在现代社会，如果司法机关不能保持其公正性，司法机关也就失去了自身存在的社会基础。公正是司法的生命。"[1] 法官是司法机关的核心，法官公正是司法公正的基础，所以法官解释也应当遵行公正的理念。

5.3　刑事司法程序应对的几点思考

风险社会中，恐怖主义犯罪和一些借助高科技手段的犯罪，给刑法理论及实践造成了一定的冲击。刑事诉讼法是公民权利的保障法之一，其与法治国原则和宪法的人权保障原则都有联系。环境污染事件、公共安全事件、群体暴力事件等涉及秩序的犯罪，在现代传媒手段的扩散下，已经深刻地影响到人们的心理，对安全的需求在有些层面已经超越了传统的人权保障理念。刑事诉讼法有其固有价值取向，在全球风险社会到来之际，也受到了一定的影响。基于刑事一体化的角度，刑法应与刑事程序法一起，共同应对风险社会的挑战。

5.3.1　美国"9·11"事件对刑事司法程序理念的影响

"9·11"事件是指美国东部时间2001年9月11日上午（北京时间9月11日晚上），恐怖分子劫持了4架民航客机撞击美国纽约世界贸易中心和华盛顿五角大楼的历史事件。包括美国纽约地标性建筑世界贸易中心双塔在内

---

[1] 参见沈宗灵. 法理学［M］. 北京：北京大学出版社，2001：326.

的6座建筑被完全摧毁，其他23座高层建筑遭到破坏，3 000余人死亡，美国国防部总部所在地五角大楼也遭到袭击。2010年11月，乌尔里希·贝克在俄罗斯国家杜马发表了专题演讲，题为："9·11事件后的全球风险社会"，深入地剖析了"9·11"事件对全球政治经济、民众心理等多方面的影响。贝克指出：这次恐怖袭击并不是针对美国军方，而是针对广大无辜民众；这次袭击也创造了一个由"不要谈判""不要和解""不要沟通""不要和平"的仇恨话语体系。从表象上看，一系列人肉炸弹的从容赴死令常人难以理解，但实际上是将精神和肉体都皈依于组织，超越了对死亡的恐惧，由乌萨马·本·拉登创造的世界恐怖主义诞生了。❶

"9·11"过后，美国《华盛顿邮报》进行了民意调查，其结果显示接近70%的美国民众愿意舍弃个人自由来打击恐怖主义。❷美国参众两院以压倒性多数通过了《爱国者法案》，该法案长达300多页，涉及刑事程序法中的诸多制度，反恐法案与刑事诉讼程序产生了一定冲突。不久，美国出兵阿富汗打击基地组织，布什根据军事行动授权法案颁布了一道军事命令，宣布成立特别军事法庭，并制定了适用于在阿富汗战场俘获的疑犯的特别诉讼程序。布什对外界宣称，美国现有的刑事程序的有关规定，运用在打击恐怖主义的军事行动中显然是不够的。美国民众和政府的抉择错误吗？很多学者对美国采取反恐措施提出了批评，认为美国政府的做法过于功利，是程序正义的倒退。对于这些反对呼声，我们不应该人云亦云。为了多数人的安全，仅是在个别领域对涉嫌恐怖犯罪人实施特别的刑事诉讼强制措施，这是符合民众对巨大安全风险防范的心理期待。此外，功利主义的创始人边沁，也指出功利主义的目的是"为了最大多数人的最大幸福"。正义和功利并非是不能化解的矛盾，以功利主义为切入点，将反恐措施引入刑事诉讼程序，促进刑事诉讼的进一步改进，是应对恐怖主义风险的必要之举，但并非否定自由的

---

❶ 参见乌尔里希·贝克. 9·11事件后的全球风险社会［G］//王武龙，译. 薛晓源，周战超. 全球化与风险社会. 北京：社会科学文献出版社，2005：377-378.

❷ See：Brigid Mc Menamin，Land of the Free，Forbes，Oct. 15，2001，p. 56.

价值。

在英国，随着恐怖主义犯罪的日渐增多，英国司法制度也存在一种高效率打击犯罪的倾向，开始了对其引以为豪的沉默权制度的限制。早在 1971 年，英国的刑事法修改委员会就提出过一项草案，如果刑事被告人在警察对其讯问时，拒绝回答关键性问题，而该问题又是其在庭审过程中辩护所依据的事实，那么法庭可以当庭作出不利于被告人的推定。刑事司法具有自身独立的价值，但这个价值不应该片面地理解，应该理解为多元价值，多元价值之间不是一种非此即彼的关系。应该根据当时的社会形势，对其轻重缓急予以区分，突出优先价值，当社会形势发展到一定阶段时，再予以“钟摆式”的回归往复。[1]

“9・11”事件的发生，对我国反恐怖主义犯罪的司法实践产生了很大影响，而且近年来国内也出现了恐怖主义国际化的苗头，特别是新疆、西藏的民族分裂主义分子与国际恐怖主义相互勾结，给我国反恐怖主义犯罪提出了新的挑战。恐怖主义的特点就是以较小的代价换取巨大的危害后果，它追求的是使人们陷入无限的恐慌之中，例如，不知道什么时候、什么地点会有爆炸，损害民众对公共安全的合理期待。近年来，国内也发生了多起严重的恐怖事件，例如，“3・1”昆明火车站暴力恐怖案。[2] 公共安全涉及更多人的安全，所以在必要时可以牺牲部分人有限的自由，来换取公共安全的保障，例如，对重大危险品来源的举证责任倒置，对公共场所重大活动时嫌疑人的

---

[1] 参见龙宗智. 英国对沉默权制度的改革以及给我们的启示［J］. 法学，2000（2）：27.

[2] “3・1”昆明火车站暴力恐怖案，指的是 2014 年 3 月 1 日 21 时 20 分左右，在云南省昆明市昆明火车站发生的一起以阿不都热依木・库尔班为首的新疆分裂势力一手策划、组织的严重暴力恐怖事件。该团伙现场被公安机关击毙 4 名，击伤抓获 1 名（女），其余 3 名落网。此案共造成 31 人死亡、141 人受伤。2014 年 9 月 12 日，“3・1”昆明火车站暴力恐怖案一审宣判，被告人伊某、吐某、玉某死刑，剥夺政治权利终身；被告人帕某无期徒刑，剥夺政治权利终身。2014 年 10 月 31 日，“3・1”昆明火车站暴力恐怖案二审判决，维持一审判决。2014 年 9 月，9 名疑涉昆明火车站“3・1”严重暴力恐怖犯罪案件的嫌疑人在印度尼西亚被印度尼西亚警方发现，其中 4 人在苏拉威西被警方围捕，3 人逃进森林，另 2 人趁乱逃入马来西亚。2015 年 7 月，印度尼西亚法院对其中三名来自中国新疆的维吾尔族犯罪嫌疑人进行审判。

留置等。但是，这种对人权保障的突破是有限制的，是基于重大公共利益的考虑才有可能突破，而且应有相应程序性的规定。在风险社会中，刑事司法依然要保障自由。实际上，在应对恐怖主义犯罪的司法程序中，肯定会产生自由与安全之间的紧张关系，价值取向应该以安全为优先考虑，同时兼顾保障自由。但是，优先考虑安全依然要考虑程序保障限制，这种自由应是最低程度的要求。也就是说，在惩治恐怖主义犯罪过程中，绝对不能超越我国已经加入的国际条约中的最低人权标准，主要是指嫌疑人或者是被告人应该受到人道主义对待，并享有获得公正审判的权利，以及生命权的程序性权利。❶此外，在当前恐怖主义正呈现国际化的趋势下，往往本国恐怖主义分子与国际恐怖主义分子相互勾结，在国外制定计划，在国内具体实施。所以，在打击恐怖主义犯罪时，要有国际合作主义理念，建立国与国之间的联合打击恐怖主义犯罪的长效机制，促进国际刑事司法协助，打破国家之间的引渡壁垒。湄公河“10·5”惨案❷，最终依靠国际合作得以妥善处理，主犯被绳之以法。总之，恐怖主义犯罪具有传染效应，扩散范围也较大，有效的协助是各国义不容辞的责任，不能以意识形态的不同为由，而拒绝刑事司法合作。2015年颁布的《刑法修正案（九）》为维护公共安全，加大了对恐怖

---

❶ 李佑标. 关于惩治恐怖犯罪程序的思考［J］. 公安研究，2003（10）：82-83.

❷ 湄公河“10.5”惨案：2011年10月5日上午，“华平号”和“玉兴8号”两艘商船在湄公河金三角水域遭遇袭击。“华平号”上的6名中国船员和“玉兴8号”上的7名中国船员全部遇难；2011年10月10日，缅甸政府否认佤邦毒枭劫杀中国船员，并称泰国警方枪击中国船员。2011年10月12日，人保财险云南省西双版纳分公司向惨案中遇难的杨德毅、文代洪、何熙行、曾保成、陈国英5人兑现保险赔款50万元（人均给付10万元）；10月28日下午，泰国表示，嫌犯是隶属于泰国第三军区“帕莽”军营的9名士兵。2012年9月20日，惨案主犯糯康等人受审；11月6日，一审宣判糯康被判处死刑。

主义、极端主义犯罪的惩治力度。[1]

5. 3. 2　刑事司法中科技证据的运用

科学技术的发展就像一把双刃剑，在促进社会不断发展的同时，也给犯罪提供了工具。高科技犯罪与传统犯罪相比，危害更加严重，例如，利用计算机病毒破坏交通管理系统，很可能造成难以预料的严重交通事故。高科技犯罪在风险社会中呈现高发态势，打击高科技犯罪仅用刑法来规定相关危险犯是不够的。由于没有相关证据予以证实，无法预防和惩处此类犯罪。这说明传统证据制度在应对风险社会中的高科技犯罪时，显然是不完善的。

“以其人之道，还治其人之身”，运用高科技手段对科技犯罪进行取证，是刑事证据制度的应因之举，特别是对于网络犯罪、有组织犯罪和恐怖犯罪最为关键。但科技证据本身也是一把双刃之剑，在追诉机关利用科技手段高效率地获取犯罪信息的同时，也使民众的个人隐私暴露无遗。这又回到了自由与安全之争的老话题，如何平衡二者之间关系，是我们在科技证据立法中需要解决的问题。科技证据按照是否限制人身权利为标准，可以分为两类：一类是在不触及当事人权利的基础上，就可获得的科技证据，例如，血型鉴定，刑事责任能力的医学鉴定等。但这一类证据也存在争议，主要是检验技

[1] 《刑法修正案（九）》在刑法现有规定的基础上，作出以下修改补充：一是，对组织、领导、参加恐怖组织罪增加规定财产刑。二是，增加规定以制作、散发宣扬恐怖主义、极端主义的图书、音频视频资料或者其他物品，或者通过讲授、发布信息等方式宣扬恐怖主义、极端主义的，或者煽动实施恐怖活动的犯罪；增加规定利用极端主义煽动、胁迫群众破坏国家法律确立的婚姻、司法、教育、社会管理等制度实施的犯罪；增加规定明知是宣扬恐怖主义、极端主义的图书、音频视频资料或者其他物品而非法持有，情节严重的犯罪。三是，增加规定以暴力、胁迫等方式强制他人在公共场所穿着、佩戴宣扬恐怖主义、极端主义服饰、标志的犯罪。四是，将资助恐怖活动培训的行为增加规定为犯罪，并明确对为恐怖活动组织、实施恐怖活动或者恐怖活动培训招募、运送人员的，追究刑事责任。五是，将为实施恐怖活动准备凶器、危险物品或者其他工具，组织恐怖活动培训或者积极参加恐怖活动培训，为实施恐怖活动与境外恐怖活动组织或者人员联系，以及为实施恐怖活动进行策划或者其他准备等行为明确规定为犯罪。

术是否已经成熟，并得到科学界和法学界的公认，在日本就曾出现过法庭否认基因鉴定结果的案件。另一类是必须触及当事人个人权利的科技证据，例如监听、测谎等手段获取的证据，这一类证据的取得，往往会侵犯当事人的人身、财产权利。

在科技证据中，监听证据是一种常见的技术侦察措施，其在运用过程中经历了很多争论。近几年来，随着犯罪手段的日益提升，德国在刑事侦查中越来越多地运用电子监控手段，仅仅电话监听的司法令状，一年就达数千份。测谎仪在司法程序中的使用也是一个争议较大的问题，美国于 1921 年研制成功了世界上第一台测谎仪，并很快在加州破获了一起证据不足的盗窃案，引起了一时的轰动。后来在 1923 年弗莱伊案中，法院否认了测谎仪所做结论作为证据的可采性，而且为此还举行了一场花费很大的听证会，邀请了各方面的专家学者。当时的法官认为，在是否采信测谎证据的问题上，已经远远超出了外行的认知水平，仅靠常识是无法判断的，这就需要该科技领域的专家来予以判断。但是，如果科学技术水平刚刚跨越其实验阶段，还未达到其成熟阶段时，这个界限就很难把握。[1] 由于弗莱伊案件确定的测谎证据适用规则过于苛刻，当事人就利用该规则反对科技证据，法官明明知道某个证据对证明案件事实非常有利，但由于理论和立法的否定，只能排除相关证据。随着科技的日新月异，弗莱伊规则也呈现出一定的松动。目前，司法实践中很多法官认为判断科技证据也并非完全不能，法官对科技证据的审查有时并非是对其实质性审查，而是形式性审查，主要是排除一些不能采用的科技证据。

自改革开放以来，我国逐渐确立了社会主义市场经济体制，将科学技术视为第一生产力，高科技产业发展迅速，我国已经进入了网络大数据时代。与此同时，无论是犯罪的数量还是质量都产生了很大的变化。计算机病毒、网络恐怖主义、网上贩毒等利用高科技的犯罪大量出现，这就对我国传统的

---

[1] 参见樊崇义，陈永生. 科技证据的法定化——刑诉法修正不可忽视的一个重要问题［J］. 南都学坛，2005（2）：74-75.

侦查手段提出了挑战。科技证据以现代技术手段为载体，可以获得很多传统技侦手段不能获取的重要证据，这对查清案件真相很有帮助。与其他发达国家相比，我国的科技证据立法还是相当薄弱，有必要结合我国国情，并借鉴其他国家立法例，进一步完善刑事诉讼程序中的科技证据运用机制。

5.3.3　刑事公益诉讼的完善

环境问题是伴随着人类改造自然的能力大幅提高，对自然资源和生态环境毫无限制地加以破坏而产生的。虽然人们对环境的意识逐渐加强，全球环境状况却仍然日益恶化，早期的以环境污染事故为主的环境问题已演化成为全方位的生态灾难和环境危机。这些危机包括全球性的资源、能源短缺，生态系统恶化造成的社会动荡，全球变暖、酸雨、臭氧层破坏、雾霾等全球环境问题等。尤其是水源、能源已成为当前人类发展的瓶颈，日趋紧张的国际争端很多都是围绕着资源问题和生态危机而展开。

在日本，公害是指由于企事业单位的生产活动，或者是其他人为活动而在相当的范围内，造成的大气污染、水源污染、噪声污染、光污染等对人身健康和周边环境相关的损害。公害的特征有三个方面：其一，公害与灾害不同，公害是反复进行的人类正常活动造成的，而灾害是自然造成的，例如，地震、洪水等；其二，公害是以地域性的环境污染为媒介而产生的损害；其三，公害必须有实际的损害。❶ 公害犯罪在当前主要是指环境犯罪，现代环境犯罪理念要求刑法将整个生态环境作为保护对象，不需要以人类的利益作为衡量标准，人只是生态环境中的一部分，这就承认了整个生态的价值。环境犯罪具有自身的特殊性，现有的刑事诉讼制度已经不能满足环境犯罪案件的追诉需要。我国自 1997 年《刑法》颁布后，设立了一定数量的环境犯罪，每年实际发生的环境污染事故很多，但是最终被以环境犯罪相关罪名定罪的

---

❶ 参见冷罗生. 日本公害诉讼理论与案例评析［M］. 北京：商务印书馆，2005：24.

少之又少，这就值得我们对传统刑事诉讼制度应对环境问题予以反思。

传统的刑事诉讼价值观念，从哲学角度来看，是一种以人类为中心的价值观念，世界上的万事万物都应该以人为中心，所有的精神体验都应以人的感受为标准。这种狭隘的人本主义哲学观念，严重忽视了生态环境自身独有的价值，同时也妨碍了刑法对生态环境的应有保护作用。在刑事诉讼中，只有人类的各种利益受到犯罪侵害，刑事诉讼才予以启动，人才是主体，生态环境和孕育其中的动植物等只是满足人类需要的客体。当环境受到严重污染时，在这种人本主义理念指导下，很难进入诉讼程序，有必要在理念上予以更新。

在具体的司法实践中，环境犯罪的刑事追诉也存在很多问题。其一，环境犯罪不易发现，难于追究。特别在一些经济欠发达国家，本身就是资源消耗型发展模式，在其国内追诉环境犯罪是相当困难的，即使有的发展中国家有相关法律，也会因为追诉机关的环保意识淡薄和政府腐败，而得不到实际执行。其二，环境犯罪的被害人难以确定，由于环境污染的扩散范围较广，有些危害直接表现出来，而有些危害还没有显现出来，再者由于普通民众的信息不对称，对污染缺乏了解，甚至自己已经受害而尚不知悉。其三，环境犯罪的证据很难认定。在水污染、噪声污染等案件中，有的犯罪后果很难通过人类肉眼进行直观认识，往往需要借助先进的科学仪器才有可能证实。其四，追诉时效的限制。众所周知，环境犯罪具有一定的潜在性和累积性，它的危害后果不是立竿见影的，有时需要长时间的积累，有的危害在经过几十年后才显现出来，但因早已超过追诉时效而无法追责。其五，环境犯罪的起诉权存在一定的弊端。我国刑事诉讼法规定，公诉案件的起诉权在人民检察院，自诉案件的诉权在于被害人，而有时被害人又难以确定，这就造成了起诉权上的空档。《最高人民法院关于审理环境民事公益诉讼案件适用法律若干问题的解释》对社会组织可提起环境民事公益诉讼等方面作出了规定，扩大了公诉案件的起诉主体范围。

按照法律规定，检察机关行使法律赋予的监督权，但我国法律只对检察机关在刑事诉讼中的公诉权作出了具体的规定，对涉及公害犯罪中民事和行政公益诉讼的诉权没有规定。但是，风险社会中风险的受众是广大民众，所以没有人来维护他们的利益是很大的缺失。为了维护公共利益，有必要赋予检察机关公益诉讼权，建立公害犯罪的完整惩治体系。检察机关也是最合适的公益诉讼提起主体，主要原因有：其一，检察机关是最适合代表公众利益的诉讼主体。其二，我国近代相关立法体例有相关规定。例如北洋政府时期的《平政院编制令》和《行政诉讼法》，都规定了肃政厅长官可以提起公益诉讼。此外，《陕甘宁边区高等法院组织条例》也有检察长为公益代表人之规定。[1] 其三，赋予检察机关公益诉讼权符合我国进入世贸组织后的需要。加入世贸组织后，国家承担了大量的国际义务，很多都涉及公众利益，在贸易争端中需要一个组织来代表公益进行行政诉讼。其四，检察机关代表公众提起公益诉讼，体现了公平正义的诉讼价值。党的十八届四中全会明确提出，探索建立检察机关提起公益诉讼制度。这为检察机关维护公共利益，扩大司法职能指明了方向。为贯彻落实党的十八届四中全会关于探索建立检察机关提起公益诉讼制度的改革要求，2015 年 7 月最高人民检察院发布《检察机关提起公益诉讼试点方案》。该方案对试点案件的范围、诉讼参加人、诉前程序、提起诉讼和诉讼请求等作出明确规定，根据该方案，检察机关将重点对生态环境和资源保护领域的案件提起行政公益诉讼。

---

[1] 参见最高人民检察院研究室. 检察制度参考资料［M］. 北京：中国检察出版社，1980：12-16.

参考文献

一、图书

[1] 高铭暄．刑法学原理［M］．北京：中国人民大学出版社，1993.

[2] 高铭暄．刑法专论［M］．北京：高等教育出版社，2002.

[3] 马克昌．犯罪通论［M］．武汉：武汉大学出版社，1991.

[4] 马克昌．近代西方刑法学说史略［M］．北京：中国检察出版社，1996.

[5] 赵秉志．刑法新教程［M］．北京：中国人民大学出版社，2001.

[6] 赵秉志．外国刑法原理（大陆法系）［M］．北京：中国人民大学出版社，2000.

[7] 赵秉志．英美刑法学［M］．北京：中国人民大学出版社，2004.

[8]［英］安东尼·吉登斯．失控的世界［M］．周红云，译．南昌：江西人民出版社，2001.

[9]［美］阿尔温·托夫勒．第三次浪潮［M］．朱志炎，等，译．上海：上海三联书店，1983.

[10]［德］乌尔里希·贝克．风险社会［M］．何傅闻，译．南京：译林出版社，2004.

[11] 薛晓源，周战超．全球化与风险社会［M］．北京：社会科学文献出版社，2005.

[12] 庄友刚．跨越风险社会——风险社会的历史唯物主义研究［M］．北京：人民出版社，2008.

[13]［英］安东尼·吉登斯．现代性的后果［M］．田禾，译．南京：译林出版社，2001.

[14] [德] 乌尔里希·贝克，约翰内斯·威尔姆斯. 自由与资本主义 [M]. 路国林，译. 杭州：浙江人民出版社，2001.

[15] [德] 乌尔里希·贝克. 世界风险社会果 [M]. 吴英姿，等，译. 南京：南京大学出版社，2004.

[16] 李福胜. 国家风险 [M]. 北京：社会科学文献出版社，2006.

[17] 张汝伦. 现代西方哲学十五讲 [M]. 北京：北京大学出版社，2003.

[18] 许玉秀. 当代刑法思潮 [M]. 北京：中国民主法制出版社，2005.

[19] 陈兴良. 本体刑法学 [M]. 北京：商务印书馆，2001.

[20] [英] 彼得·斯坦，约翰·香德. 西方社会的法律价值 [M]. 北京：中国人民公安大学出版社，1999.

[21] 赵秉志. 刑法基础理论探索（第一卷）[M]. 北京：法律出版社，2003.

[22] 邢建国. 秩序论 [M]. 北京：人民出版社，1993.

[23] 李德顺. 价值学大词典 [M]. 北京：中国人民大学出版社，1995.

[24] [德] 博登海默. 法理学——法哲学及其方法 [M]. 北京：华夏出版社，1987.

[25] 陈金钊. 法理学 [M]. 北京：法律出版社，1996.

[26] 朱力. 变迁之痛——转型期的社会失范研究 [M]. 北京：社会科学文献出版社，2006.

[27] [法] 孟德斯鸠. 论法的精神（上册）[M]. 张雁深，译. 北京：商务印书馆，1961.

[28] [美] 戈尔丁. 法律哲学 [M]. 齐海滨，译. 上海：上海三联书店，1987.

[29] 马克昌. 刑罚通论 [M]. 武汉：武汉大学出版社，2002.

[30] 李仲轩. 风险社会与法治国家——以科技风险之预防为立法核心 [D]. 台北：台湾大学，2007.

[31] 韩忠谟. 刑法原理 [M]. 北京：中国政法大学出版社，2002.

[32] [日] 大谷实. 刑法讲义总论 [M]. 4版. 黎宏，译. 北京：中国人民大学出版社，2008.

[33] 马克昌. 比较刑法原理 [M]. 武汉：武汉大学出版社，2002.

[34] [日] 大塚仁 . 犯罪论的基本问题 [M]. 冯军，译. 北京：中国政法大学出版社，1993.
[35] 洪福增著 . 刑事责任之理论 [M]. 台北：台湾刑事法杂志社，1982.
[36] 张文等 . 刑事责任要义 [M]. 北京：北京大学出版社，1997.
[37] [英] 海泽尔 · 肯绍尔 . 解读刑事司法中的风险 [M]. 李明琪，译. 北京：中国人民公安大学出版社，2009.
[38] 何秉松 . 法人犯罪与刑事责任 [M]. 北京：中国法制出版社，2000.
[39] 甘添贵 . 捷径刑法总论 [M]. 台北：台湾瑞兴图书股份有限公司，2004.
[40] 张明楷 . 刑法的基本立场 [M]. 北京：中国法制出版社，2002.
[41] 高铭暄，马克昌 . 刑法学 [M]. 北京：北京大学出版社，2007.
[42] 邱兴隆 . 关于惩罚的哲学 [M]. 北京：法律出版社，2000.
[43] 张明楷 . 刑法学 [M]. 北京：法律出版社，2003.
[44] 丹宁 . 法律的训诫 [M]. 刘庸安，等，译. 北京：群众出版社，1985.
[45] 刘士国 . 法解释的基本问题 [M]. 济南：山东人民出版社，2003.
[46] 沈宗灵 . 法理学 [M]. 北京：北京大学出版社，2001.
[47] [英] 戈登 · 休斯 . 解读犯罪预防——社会控制、风险与后现代 [M]. 刘晓梅，等，译. 北京：中国人民公安大学出版社，2009.
[48] 林宗翰. 风险与功能——论风险刑法的理论基础 [D]. 台北：台湾大学，2006.
[49] 王拓. 风险刑法理论的现代展开 [D]. 北京：中国政法大学，2009.
[50] 卢建平. 风险社会的刑事政策与刑法 [C] //风险社会与刑事政策的发展研讨会论文集，武汉：中南财经政法大学刑事司法学院，2010.
[51] [德] 海因里希 · 耶赛克 . 德国刑法教科书 [M]. 徐久生，译. 北京：中国法制出版社，2001.
[52] 许玉秀 . 主观与客观之间——主观理论与客观归责 [M]. 北京：法律出版社，2008.
[53] 侯国云 . 刑法因果新论 [M]. 南宁：广西人民出版社，2000.
[54] 吴玉梅 . 德国刑法中的客观归责研究 [D]. 北京：中国人民大学，2006.

[55] 张明楷．法益初论［M］．北京：中国政法大学出版社，2003.
[56] 钟宏彬．法益理论的宪法基础［D］．台北：台湾政治大学，2009.
[57]［德］冈特·施特拉藤韦特，洛塔尔·库伦著．刑法总论Ⅰ——犯罪论［M］．杨萌，译．北京：法律出版社，2004.
[58] 姜俊山．风险社会语境下的环境犯罪立法研究［D］．长春：吉林大学，2010.
[59] 方泉．犯罪论体系的演变——自“科学技术世纪”至“风险技术社会”的一种叙述和解读［M］．北京：中国人民公安大学出版社，2008.
[60]［德］弗兰茨·冯·李斯特．德国刑法教科书［M］．徐久生，译．北京：法律出版社，2000.
[61]［日］大塚仁．刑法概说［M］．冯军，译．北京：中国人民大学出版社，2003.
[62]［日］曾根威彦．刑法学基础［M］．黎宏，译．北京：法律出版社，2005.
[63] 周光权．法治视野中的刑法客观主义［M］．北京：清华大学出版社，2002.
[64] 赵慧．刑法上的信赖原则［M］．武汉：武汉大学出版社，2007.
[65] 陈朴生．刑法专题研究［M］．台北：三民书局，1983.
[66] 林山田．刑罚学［M］．台北：商务印书馆，1983.
[67] 许福生．刑事政策学［M］．台北：三民书局，2005.
[68] 马克昌．近代西方刑法学说史略［M］．北京：中国检察出版社，2004.
[69] 苏俊雄．自由·责任·法［M］．台北：台湾元照出版公司，2005.
[70]［美］本杰明·N. 卡多佐．法律的成长、法律科学的悖论［M］．北京：中国法制出版社，2002.
[71]［韩］许一泰．在危险社会之刑法的任务［C］//韩相敦，译．赵秉志．现代刑事法治问题探索（第一卷），北京：法律出版社，2004.
[72] 周光权．刑法学的向度［M］．北京：中国政法大学出版社，2004.
[73] 高铭暄．刑法肄言［M］．北京：法律出版社，2004.
[74] 利子平，石聚航．风险社会中传统刑法立法的困境与出路［C］//风险社会

与刑事政策的发展研讨会议文集，武汉：中南财经政法大学刑事司法学院，2010.

[75] 储槐植．刑事一体化论要［M］．北京：北京大学出版社，2007.

[76] 风险社会与刑事政策的发展研讨会论文集［C］．武汉，中南财经政法大学刑事司法学院，2010.

[77] 刘树德．罪状建构论［M］．北京：中国方正出版社，2002.

[78] 刘平．保险学原理与应用［M］．北京：清华大学出版社，2009.

[79] 李立众．刑法一本通［M］．北京：法律出版社，2003.

[80] 何鹏，李洁．危险犯与危险概念［M］．长春：吉林大学出版社，2006.

[81] 刘艳红．开放的犯罪构成要件理论研究［M］．北京：中国政法大学出版社，2002.

[82]［希腊］亚里士多德．政治学［M］．吴寿彭，译．北京：商务印书馆，2006.

[83]［英］哈特．法律的概念［M］．张文显，译．北京：中国大百科全书出版社，2003.

[84] 张涛甫．风险社会中的环境污染问题及舆论风险［C］//上海市社会科学界第五界学术年会文集（2007）政治·法律·社会科学卷，上海：上海人民出版社，2007.

[85] 赵秉志．当代刑法学［M］．北京：中国政法大学出版社，2009.

[86] 劳东燕．刑法基础的理论展开［M］．北京：北京大学出版社，2008.

[87] 王志祥．危险犯研究［M］．北京：中国人民公安大学出版社，2004.

[88] 刘志伟．危害公共安全犯罪疑难问题司法对策［M］．长春：吉林人民出版社，2001.

[89] 刘志伟．业务过失犯罪比较研究［M］．北京：法律出版社，2004.

[90] 李希慧．刑法解释论［M］．北京：中国人民公安大学出版社，1995.

[91]［日］大谷实．刑法总论［M］．黎宏，译．北京：法律出版社，2003.

[92]［意］杜里奥·帕多瓦尼．意大利刑法学原理［M］．陈忠林，译．北京：法律出版社，1998.

[93] 王秀梅，杜澎．破坏环境资源保护罪［M］．北京：中国人民公安大学出版

社，1998.

[94] [日] 藤木英雄. 公害犯罪 [M]. 从选功，等，译. 北京：中国政法大学出版社，1992.

[95] 杨春洗，向泽选，刘生荣. 危害环境罪的理论与实务 [M]. 北京：高等教育出版社.

[96] 李希慧，邱帅萍. 论风险社会下保安处分制度的地位 [C] //风险社会与刑事政策的发展研讨会论文集，武汉：中南财经政法大学刑事司法学院，2010.

[97] 张亚平. 宽严相济刑事政策研究 [D]. 北京：中国人民大学，2008.

[98] 陈文茜. 行政执法与刑事司法的衔接机制研究 [D]. 北京：中国政法大学，2007.

二、期刊与报纸、网络文献

[1] 王小钢. 贝克的风险社会理论及其启示——评《风险社会》和《世界风险社会》[J]. 河北法学，2007 (1).

[2] 张道许. 风险社会视野下环境犯罪的刑法规制——以环境危险犯的设立为切入点 [J]. 京师法律评论，2010 (4).

[3] 杨雪冬. 全球风险社会呼唤复合治理 [N]. 文汇报，2005-01-10 (2).

[4] 王雅林. 全球化与中国现代化的社会转型 [J]. 中国青年政治学院学报，2003 (2).

[5] 季卫东. 风险社会的法治 [EB/OL]. [2010-11-12]. http://www.9ask.cn/blog/user/jiweidong/archives/2009/81309.html.

[6] 徐显明. 风险社会中的法律变迁 [J]. 法制资讯，2010 (1).

[7] [德] 乌尔斯·金德霍伊泽尔. 安全刑法. 风险社会的刑法危险 [J]. 刘国良，译. 马克思主义与现实，2005 (4).

[8] [德] 哈斯默尔. 刑法与刑事政策下自由与安全之紧张关系 [EB/OL]. [2010-10-20]. http://homepage.ntu.edu.tw/~ntuihs/05forum-ss07.htm.

[9] 董邦俊，王振. 风险社会中刑法人权保障机能之危机 [J]. 云南大学学报：

法学版，2010（1）.
[10] 姜涛．风险社会之下经济刑法的基本转型［J］．现代法学，2010（4）.
[11] 王振．风险社会中的刑法理论之流变［J］．法学论坛，2010（4）.
[12] 陈晓明．风险社会之刑法应对［J］．法学研究，2009（6）.
[13] ［日］関哲夫．法益概念与多元的保护法益论［J］．吉林大学社会科学学报，2006（3）.
[14] ［德］哈斯默尔．面对各种新型犯罪的刑法［EB/OL］．［2010-11-28］．http://www.baojian.gov.cn/bjsy/fxqy/2006-04/33ef6cf 688bc4f60.html.
[15] 舒洪水，张晶．法益在现代刑法中的困境与发展［J］．政治与法律，2009（7）.
[16] 屈学武．刑法修改八亮点——进入风险社会［EB/OL］．［2010-12-05］．http://news.163.com/10/0826/21/6F1SF6KF000146BD.html.
[17] 陈晓明．风险刑法的构造及内在危险［N］．检察日报，2009-11-02（3）.
[18] 王拓．风险刑法：风险社会下传统刑法的必要补充［N］．检察日报，2010-04-26（3）.
[19] 劳东燕．公共政策与风险社会的刑法［J］．中国社会科学，2007（3）.
[20] ［德］乌尔斯·金德霍伊泽尔．法治时代的危险、风险与和谐——德国著名法学家、波恩大学法学院院长乌·金德霍伊泽尔教授访谈录［J］．刘国良，译．马克思主义与现实，2005（3）.
[21] 蔡桂生．敌人刑法的思与辨［J］．中外法学，2010（4）.
[22] 胡川．立法可先导不可超前［J］．法学，1991（4）.
[23] 刘仁文．敌人刑法：一个初步的清理［J］．法律科学，2007（6）.
[24] 于改之，吴玉萍．刑法中的客观归责理论［J］．法律科学，2007（3）.
[25] 许发民．风险社会的价值选择与客观归责理论［J］．甘肃政法学院学报，2008（5）.
[26] 陈家林．论我国刑法学中的几对基础性概念［J］．中南大学学报：社科版，2008（4）.
[27] 黎宏．行为无价值论与结果无价值论：现状和展望［J］．法学评论，2005

(6).
[28] 钊作俊，李勇．结果无价值初论［J］．法律科学，2005（6）．
[29] 储槐植．要正视法定犯时代的到来［N］．检察日报，2007-06-01（3）．
[30] 刘期湘．监督过失的概念界定［J］．文史博览，2008（6）．
[31] 刘丁炳．监督过失理论研究［J］．求索，2008（2）．
[32] 吕英杰．监督过失的客观归责［J］．清华法学，2008（4）．
[33] 韩友谊．积极的一般预防［J］．河北法学，2005（2）．
[34] 马克昌．论刑罚的本质［J］．法学评论，1995（5）．
[35] 韩轶．刑罚预防新论［J］．法律科学，2004（5）．
[36] 王振．刑罚目的的新思维：积极一般预防［J］．太原师范学院学报，2008（2）．
[37] ［德］G. 雅科布斯．法益还是规范适用［J］．王世洲，译．比较法研究，2004（1）．
[38] 庄绪龙．我国刑事法应对风险社会举措初探［EB/OL］．［2010-12-22］．http://article.chinalawinfo.com/Article_ Detail.asp?ArticleID=51937.
[39] 赵秉志．刑法调控范围宜适度扩大——解析犯罪化与非犯罪化之争［N］．检察日报，2004-03-25（3）．
[40] 曹晟，田大山．美国科技评估立法实践及其对中国的借鉴意义［J］．自然辩证法通讯，2004（6）．
[41] 邢怀滨，陈凡．技术评估：从预警到建构的模式演变［J］．自然辩证法通讯，2002（1）．
[42] 康伟．对风险社会刑法思想的辩证思考［J］．河北学刊，2009（6）．
[43] 张光君．刑法须谦抑，也需进取［N］．检察日报，2009-10-22（3）．
[44] 应后俊．修改刑法宏观问题的几点建议［J］．法学家，1989（5）．
[45] 陈兴良．我国刑法立法指导思想的反思［J］．法学，1992（7）．
[46] 孙国祥．初论中国刑法的现状与改革［J］．南京大学学报，1988（2）．
[47] 田鹏辉．论风险社会视野下的刑法立法技术——以设罪技术为视角［J］．吉林大学社会科学学报，2009（3）．

[48] 储槐植，候幼民．论刑事立法方法［J］．中外法学，1992（4）．
[49] 赵秉志，王秀梅．大陆法系国家环境刑法探究［J］．南京大学法律评论，1992（2）．
[50] 时延安，阴建峰．过失破坏环境资源犯罪之比较研究［J］．浙江社会科学，2003（1）．
[51] 侯艳芳．关于我国污染环境犯罪中设置危险犯的思考［J］．政治与法律，2009（10）．
[52] 游伟，赵运峰．公共安全视域下的刑法对策思考［J］．法治论丛，2008（5）．
[53] 王琳．民众要的是司法公正，不是重刑主义［EB/OL］．［2011-02-11］．http://news.163.com/09/0824/10/5HFNKSR9000120GR.html.
[54] 赵秉志，陈志军．论我国短期自由刑问题的应对方案［J］．人民司法，2003（8）．
[55] 王守俊．危害交通安全犯罪的刑事立法［J］．人民论坛，2010（26）．
[56] 宋楠．我国资格刑研究及立法建议［J］．成都大学学报：社科版，2007（5）．
[57] 徐松林．保安处分及我国刑法制度的完善［J］．现代法学，2001（4）．
[58] 常明，张昌辉．司法地方化透析［J］．理论观察，2006（5）．
[59] 刘作翔．中国司法地方保护主义之批判——兼论“司法权国家化”的司法改革思路［J］．法学研究，2003（1）．
[60] 游伟．刑事司法应当避免行政化和地方化［N］．法制日报，2009-05-27（12）．
[61] 周玉华，王继青．论行政执法与刑事司法的衔接［J］．山东审判，2006（1）．
[62] 陈新生，金石．行政执法与刑事司法衔接中的问题及对策［J］．国家检察官学院学报，2006（6）．
[63] 刘远．行政执法与刑事司法衔接机制研究［J］．法学论坛，2009（1）．
[64] 林燕．“两法”衔接，步向体制建设阶段［N］．检察日报，2009-04-22（3）．
[65] 冯江菊．行政违法与犯罪的界限——兼谈行政权与司法权的纠葛［J］．行政法学研究，2009（1）．
[66] 马凌．风险社会中的谣言风险及对策［J］．浙江工商大学学报，2010（1）．

[67] 陈兴良．罪刑法定司法化研究 [J]. 法律科学，2005 (4).

[68] 王祖德，金泽刚．罪刑法定原则司法化的三个观念问题 [J]. 法学，2003 (1).

[69] 王平．论我国刑法解释的有效性 [J]. 法律科学，1994 (2).

[70] 徐晓峰．法治、法律解释与司法改革 [J]. 法律科学，1999 (4).

[71] 曾粤兴．刑法学研究进路论略 [J]. 甘肃政法学院学报，2005 (1).

[72] 张明楷．法治、罪刑法定与刑事判例法 [J]. 法学，2000 (6).

[73] 陈兴良．组织男性从事同性性交易行为之定性研究 [J]. 国家检察官学院学报，2005 (1).

[74] 肖乾利，季理华．组织、介绍同性卖淫行为的定性与刑法解释观念 [J]. 河西学院学报，2006 (4).

[75] 龙宗智．英国对沉默权制度的改革以及给我们的启示 [J]. 法学，2000 (2).

[76] 李佑标．关于惩治恐怖犯罪程序的思考 [J]. 公安研究，2003 (10).

[77] 樊崇义，陈永生．科技证据的法定化——刑诉法修正不可忽视的一个重要问题 [J]. 南都学坛，2005 (2).

三、外文

[1] Barbara Adam Ulrich Beck, Joost Van Loon. The risk society and beyond [M]. SAGE Publications Ltd. 2000.

[2] David Garland. The Culture of Control [M]. Chicago: The University of Chicago Press, 2001.

[3] Herbert Packer. The Limits of the Criminal Sanction [M]. Stanford: Stanford University Press, 1968.

[4] M. Wasson. Environmental offences: the reality of environmental crime [J]. Environmental Law Review, 2005.

[5] H. D. Rees. Can criminal law protect the environment? [J]. Journal of Scandinavian Studies in Criminology and Crime Prevention, 2001.

后　记

本书是在博士论文的基础上略加修改完成的，基本维持了博士论文的原貌，毕业五年之际，方将其付梓出版，确有偷懒的嫌疑，也难免有诸多疏漏之处。

感谢我的导师刘志伟教授，在专业上给我了很多帮助和启示，风险社会这个选题，是在刘老师的影响下确定的。我在读博士期间，刘老师耳提面命、谆谆教导，使我的专业素养不断提升。刘老师的平和心态，不急不躁的做事方式，与人为善的内在品质，都是我学习的榜样！

感谢赵秉志院长和北师大刑科院的所有老师，是他们的辛苦创业，给广大学子提供了优秀的学术平台，他们日常的精彩授课及学术活动中的微言大义，使我在专业研习上获益匪浅。每当我在学业中遇到困难之时，总有老师伸出援助之手，对他们的无私帮助表示由衷感谢！

感恩我的父亲，父亲晚年卧病在床，2009 年盛夏他辞世而去，2010 年盛夏我的幼子出世，一年之内，我饱尝了人生的悲欢离合！抱着幼子的我满含热泪，真正体会到父亲对我的恩情！父亲，我永远忘不了您送我上大学时在北京站的背影！父亲，我想念您！感恩我的母亲，是她多年来一人照顾我的父亲，挑起生活的重担，为子女遮风挡雨，母亲是伟大的！感谢我的爱人，在生活和学业上给了我很大的帮助，无论有什么困难都与我风雨同舟！

感谢所有善良的人们！感谢所有帮助过我的人！

张道许

二〇一六年五月于郑州